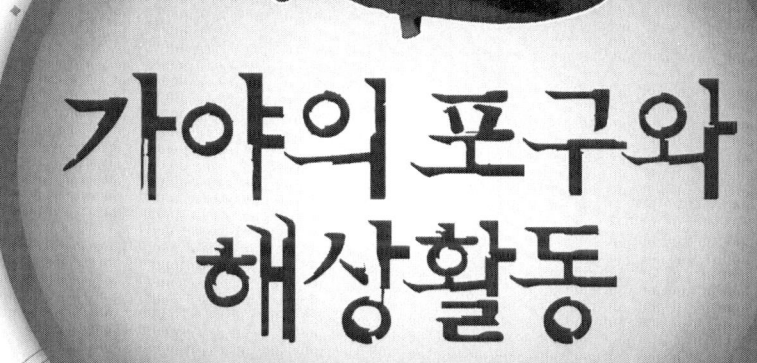

가야의 포구와 해상활동

인제대학교 가야문화연구소
김해시

가야의 포구와 해상활동

엮은이 | 인제대학교 가야문화연구소
펴낸이 | 최병식
펴낸날 | 2011년 12월 15일
펴낸곳 | 주류성출판사
서울특별시 서초구 서초동 1305-5
TEL | 02-3481-1024(대표전화) • FAX | 02-3482-0656
www.juluesung.co.kr | juluesung@yahoo.co.kr

값 18,000원

잘못된 책은 교환해 드립니다.

ISBN 978-89-6246-073-5   93900

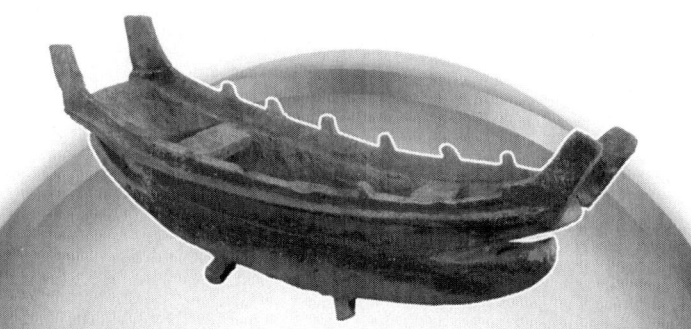

가야의 포구와 해상활동

인제대학교 가야문화연구소
김해시

開會辭

　김해시가 주최하는 제17회 가야사학술회의가 올해로 20주년을 맞이하게 되었습니다. 우리 김해시 전체가 힘든 구제역의 고통을 이겨내고, 가야문화축제의 한 마당으로서 이 학술회의를 개최할 수 있게 됨을 기쁘게 생각합니다. 오늘 참석해 주신 연구자 여러분, 김해시장님과 김해시민 여러분, 그리고 가까운 장래에 가야문화계승자가 될 학생 여러분께 감사의 말씀을 올립니다.

　자기 나라 역사가 선택이 되는 요즈음, 자기 고장의 역사에 대해 지속적인 관심을 가지고 가야사를 연구하고 발전시키고 있는 김해시의 노력은 남다르다고 생각합니다. 이번 학술회의부터 개최를 주관하게 된 인제대학교 가야문화연구소는 이러한 전통과 의지를 충분히 자각하고, 지금까지 많은 노력을 기울여 오신 김해시학술위원회와 김해문화원에 부끄럽지 않도록 최선을 다하고자 합니다.

　오늘 학술회의의 주제는 '가야의 포구와 해상활동'입니다. 수로왕은 김해에 서울을 정하면서 "여뀌 잎 같이 좁은 곳이지만, 하나를 넣으면 셋이 되고, 셋을 쓰면 다섯이 되는 길한 땅이다"라 했습니다. 해상활동에 적합한 옛 김해만과 항구들이 있고, 중국과 일본을 연결하는 지정학적 이점을 활용해 해상왕국으로 발전시켜 나갈

비전을 밝혔던 말이있습니다. 오늘의 발표와 토론이 이러한 가야 해상왕국의 역사적 환경과 국제도시적 면모를 새롭게 밝히는데 기여할 수 있기를 기대합니다.

 발표와 토론 참가를 수락해 주신 여러 선생님들과 이번 학술대회를 준비하는데 많은 도움을 주셨던 김해시청과 인제대학교 관계자 여러분께도 깊은 감사의 말씀을 올립니다. 아무쪼록 오늘의 학술대회가 계획대로 잘 진행되고 풍성한 결실을 맺을 수 있도록 끝까지 성원해 주시기를 기대합니다. 오늘 자리하신 모든 분들의 건승하심과 가정의 평안을 기원합니다.

2011. 4. 15.
인제대학교 가야문화연구소
소장 이 영 식

歡 迎 辭

　김해시가 주최하는 제17회 가야사학술회의에 왕림해 주신 연구자와 학생 여러분, 그리고 친애하는 김해시민 여러분 진심으로 환영합니다.

　벚꽃 흩날리는 좋은 봄날에 가야문화축제의 일환으로 개최되는 가야사학술회의는 가야의 서울이었던 우리 시가 가야사 연구의 발전과 가야문화의 전파를 목적으로 개최하고 있는 중요 행사입니다.

　어느새 20년째를 맞이하는 가야사학술회의의 개최를 시민여러분들과 함께 축하하고 싶습니다.

　금번 학술회의 주제는 '가야의 포구와 해상활동'이라 합니다. 철을 비롯한 가야의 문물들이 중국과 일본에 수출되고, 외국상인들이 가야의 거리를 오가던 해상왕국의 면모가 새롭게 밝혀질 것으로 기대합니다만, 마침 국제도시를 지향하고 있는 우리 시에 있어서도 참 시의적절한 주제가 될 것으로 생각합니다.

　얼마 전 인구 50만을 돌파한 우리 시에는 무려 1만 6천여 명의 외국인들이 등록 거주하고 있습니다.

　시내에 나가시면 이런 분들과 쉽게 만나게 되고, 국제화를 통한 지역개발이나 다문화가정과의 공생 등을 고민하고 있습니다만, 이미 2천년 전의 가야왕국은 활발한 해상무역을 전개하던 국제도시였습니다.

이번의 학술회의가 가야라는 과거사의 규명으로도 중요하겠지만, 아울러 우리 시의 당면과제인 국제화와 문화관광 등의 정책수립 등에도 좋은 방향과 참고자료를 제시해 줄 것으로 생각합니다.

국제화라면 영어 잘하고 해외 견문을 넓히는 것으로만 생각하기 쉽습니다만, 진정한 세계화란 우리 자신을 아는 일부터 시작한다고 생각합니다.

남과의 차이를 분명하게 인식하고, 남이 가지지 못한 우리만의 장점을 강조하는 노력이 필요합니다.

그렇기 때문에 우리 시가 가지고 있는 가야문화적 전통을 연구하고 활용하면서 후대에 전하는 일이 중요한 것입니다.

오늘의 학술회의가 그러한 역할의 중요 부분을 담당해주실 수 있기를 기원합니다.

오늘 발표와 토론을 맡아 주신 선생님들과 언제나 학술회의를 위해 많은 관심과 노력을 기울여주시는 우리 시 학술위원회 신경철, 조영제, 이영식 교수님과 송의정 국립김해박물관장님께 깊은 감사의 말씀을 올리면서, 이번부터 학술회의의 개최를 주관하는 인제대학교 가야문화연구소 여러분의 노고에도 치하의 말씀을 올립니다.

　아무쪼록 이번 학술회의가 계획한대로 순조롭게 진행되고, 좋은 연구발표와 깊이 있는 토론을 통해 가야사 연구의 진전에 기여할 수 있기를 빌며, 학술회의의 성과가 우리 시의 교육과 문화관광의 발전을 위한 자산의 축적으로 이어질 수 있기를 희망합니다.

　끝으로 오늘 이 자리에 참석해주신 학자 여러분과 시민 여러분의 가정에 언제나 사랑과 행복이 충만하시기를 기원하면서 환영사에 가름하고자 합니다. 감사합니다.

2011. 4. 15.

김해시장 김 맹 곤

祝　辭

　우리 시조에 '강산은 유구한데 인걸은 간데' 라는 구절이 있습니다. 그러나 지금 우리를 품고 있는 삶의 터전인 낙동강과 김해평야는 1만년 전부터 다양한 모습으로 우리의 먼 조상과 어우러져 있었습니다.
　그러는 동안 약 2000년 전에는 마침내 김해가 한반도에서 가장 활력있는 터전으로 등장합니다. 아마 철의 생산과 해산물, 소금의 교역 중심이 된 것 때문이었을 겁니다. 이후 김해는 각지의 나아가 각국의 사람들이 어울려 사는 터전이었음이 틀림없을 겁니다. 이는 김해 각지에서 나온 중국의 동전, 거울, 북방 초원의 청동솥 및 각종 왜계 유물을 통해 증명되고 있습니다.
　또한 우리 김해와 경상남도 일원에는 창고 터와 항구의 접안 시설 등 교역의 증거가 되는 많은 유적들이 확인되고 있습니다.
　이를 바탕으로 이번 학술회의는 가야의 교역 체계를 종합적으로 살펴보는 좋은 기회가 되어 앞으로의 연구에 많은 지표가 되기를 기대해 봅니다.
　역사는 반복된다고 흔히들 이야기 합니다. 지금 김해의 모습은 어떻습니까? 최소 2만명 이상의 외국인 근로자와 1400가구 이상의 다문화 가정이 함께 살아가고 있습니다. 과거와 다를 바 없는 활기찬 모습이 아닐까요?

  끝으로 이러한 소중한 학술회의를 마련해 주신 김맹곤 김해시장님과 관계자 여러분, 그리고 이 대회를 실무적으로 주관하신 인제대학교 가야문화연구소 이영식 소장님 외 이전부터 대회가 지속되도록 노력해 오신 분들께도 감사의 마음을 접하고자 합니다.

2011. 4. 15.
국립김해박물관장 송 의 정

目 次

開會辭 ･･ 5
歡迎辭 ･･ 7
祝　辭 ･･ 10

주제발표

1. 김해 관동리유적과 가야의 항구 ･･････････････････････････ 15
   - 김해 관동리 삼국시대 진지(津址)를 중심으로 -
   발표 : 소배경 (삼강문화재연구원)
   토론 : 심재용 (대성동고분박물관)

2. 토기로 본 가야성립 이전의 한일교류 ･･････････････････････ 51
   발표 : 이창희 (일본국립역사민속박물관)
   토론 : 이성주 (강릉원주대학교)

3. 포상팔국 전쟁과 지역연맹체 ··· 107
　　발표: 백승옥 (부산박물관)
　　토론: 백승충 (부산대학교)

4. 외래계문물을 통해 본 고성 소가야의 대외교류 ················ 149
　　발표: 하승철 (경남발전연구원)
　　토론: 홍보식 (부산박물관)

5. 대가야의 해상활동 ··· 215
　　- 하지의 대중국교류를 중심으로 -
　　발표: 이형기 (국토해양부)
　　토론: 윤명철 (동국대학교)

종합토론 ··· 257

김해 관동리유적과 가야의 항구
- 김해 관동리 삼국시대 진지(津址)[1]를 중심으로 -

소배경*

| 目 次 |

I. 머리말
II. 김해 관동리유적의 구조
  1. 古金海灣의 복원
  2. 유구의 입지와 배치
  3. 대형건물[특수건물]의 존재
  4. 지면식건물의 확인
  5. 생활용수의 확보
  6. 전용창고의 존재
  7. 작업장
  8. 교통시설
  9. 선착장[棧橋]
III. 김해 관동리유적의 성격
  1. 津의 개념과 적용
  2. 유적의 성격과 의의
IV. 맺음말

I. 머리말

김해지역은 한때 찬란한 문화를 꽃피웠던 금관가야의 한 영역에 속한다. 금관가야 세력은 낙동강을 중요한 교역로로 이용하였으며,

---

* 삼강문화재연구원
1) 三江文化財研究院, 2009,『金海 官洞里 三國時代 津址-김해 율하택지사업구간 내 발굴조사보고서-』.

낙동강 하류역과 김해평야 주변 구릉 말단부에서는 신석기시대에서부터 삼국시대까지의 많은 유적들이 발견되었다(도 1). 이 유적들을 이해하기 위해서는 고환경에 대한 해석이 따라야 한다. 특히, 古金海灣의 복원이 반드시 필요하며, 김해평야의 지형발달을 이해하는 기본 자료인 해수면변동의 연구가 필수적이다. 최근 들어 고고조사와 지리학의 학제간 연구로 古金海灣의 해수면 변동과 환경에 대한 연구성과[2]가 증가하고 있다. 특히, 김해 봉황동유적[3]과 김해 관동리유적은 古金海灣에 인접해 확인되었다.

김해 관동리유적은 반룡산의 남사면 아랫자락에 위치하고 있으며, 남쪽으로 율하천이 흐르고 있다. 하지만 고지형 분석결과, 이곳은 삼국시대에 內灣의 형태를 이루는 지형이어서 실제로는 관동리유적은 해안가에 위치하고 있다는 것이 밝혀졌다.

관동리유적에는 도로유구를 비롯해 삼국시대에서부터 통일신라시대에 이르는 대형 건물지 · 지면식건물지 · 우물 · 수혈 · 구상시설 그리고 古金海灣과 도로가 이어지는 곳에 설치된 인공구조물인 잔교(棧橋)시설[선착장]이 확인되었다. 유구의 내용과 지형적 입지 조건으로 보아 관동리유적의 성격을 규명해 보고자 한다.

---

2) 황상일, 2009, 「Ⅶ. 자연과학분석 1. 김해시 관동리지역의 Holocene 후기 지형발달」『金海 官洞里 三國時代 津址-김해 율하택지사업구간 내 발굴조사보고서-』, pp. 554~590
부산대학교기초과학연구소, 2003, 「김해 가야인 생활체험촌 조성부지 내 유적 지질환경조사」『김해 가야인 생활체험촌 조성부지 내 유적Ⅰ-김해 봉황동유적-』, pp. 80~128.
郭鍾喆 · 潘鏞夫, 1991, 「洛東江河口 金海地域의 環境과 漁撈文化」『가야문화연구』세 2호, pp. 59~86.
3) 경남발전연구원역사문화센터, 2003, 『김해 가야인 생활체험촌 조성부지 내 유적Ⅰ-김해 봉황동유적-』.

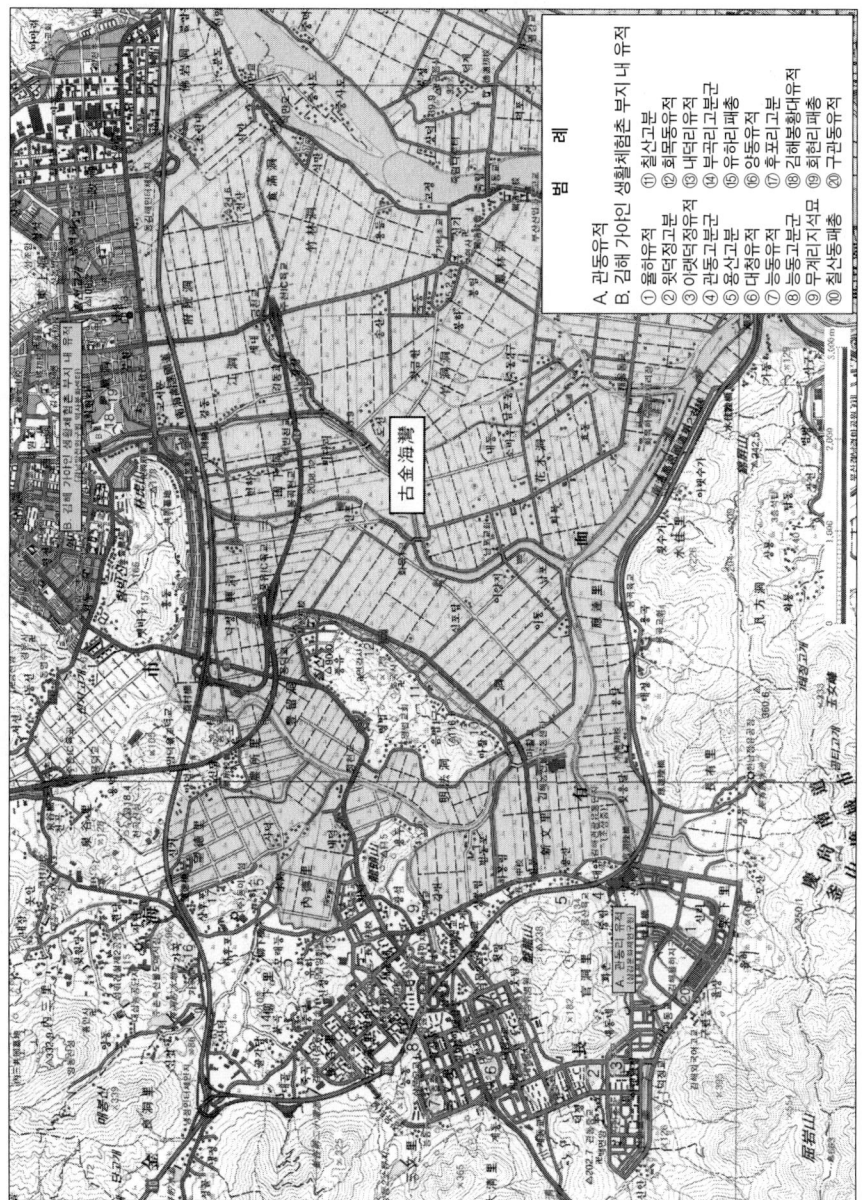

도 1. 조사대상지 및 주변유적 위치도(S=1/50,000)　　※고지형분석(황상일외, 2008)을 근거로 소배경 작도

도 2. 조사대상지역 지형도(2008)

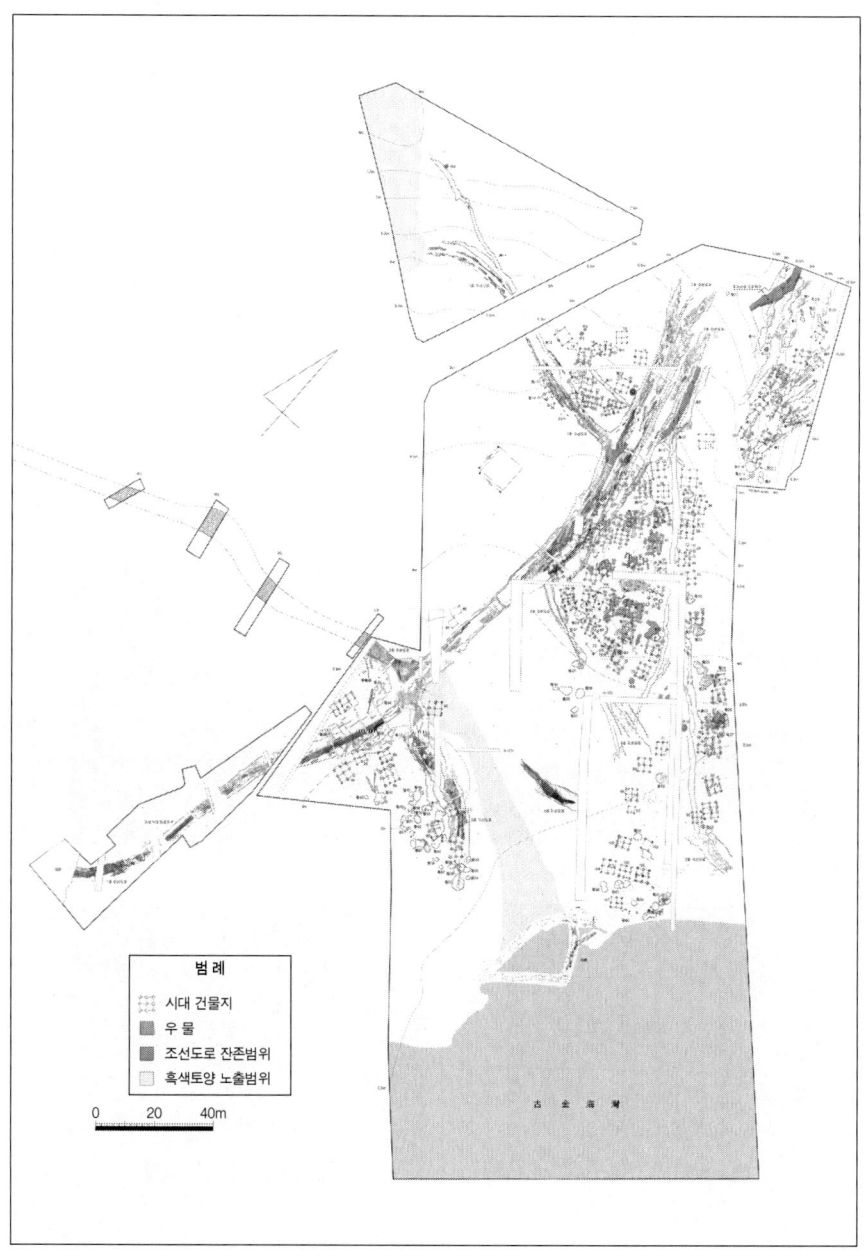

도 3. 관동유적 유구 배치도

Ⅱ. 김해 관동리유적의 구조

1. 古金海灣의 복원

 관동리유적은 반룡산(237m)의 남동사면 하단부와 율하천의 배후 습지의 경계에 해당되는 곳에 위치하며 율하천의 범람 또는 고김해만의 汽水域 환경에 의해 형성된 충적지이다(도 2). 관동리유적에서 실시한 연구에서 얻어진 해수준은 3,600±50 B.P, 3,270±50

① 3,500 B.P

② 2,300 B.P

③ 1,800 B.P

④ 현재 지형

도 4. 古金海灣의 해수면과 관동리유적

B.P경 최소한 평균 고조위가 1.7m 이상이었다는 것이다(도 4-①). 이후 2,300 B.P경 해퇴가 발생했으며 율하천 하류부에는 담수의 영향이 증가해 해수의 영향이 감소했다(도 4-②). 그러다가 1,800 B.P 이후 小海進이 발생해 관동리 지역에 해수의 영향이 다시 증가하여 內灣의 범위가 발굴지역까지 더욱 확장한 것으로 보인다(도 4-③). 이후 해수면이 점차적으로 하강하고 충적평야가 발달하면서 현재와 같은 모습으로 변화했다[4](도 4-④).

2. 유구의 입지와 배치[5]

관동리유적의 건물 배치는 크게 5개 군으로 구분 가능하다(도 5). 도로와 건물지의 입지와 분포를 살펴보면 다음과 같다.

A群 : 조사구역 구릉서사면에 해당된다. 생토인 황색점질토에서 확인되었다. 모두 11동의 건물지가 조사되었는데, 중복된 건물지를 제외하면 9동이 동시기에 존재한 것으로 판단된다. 구릉 경사 위쪽은 삭평이 심해 주혈의 잔존깊이가 얕다. 도로에서 약간 떨어진 곳이다. 북동쪽 경계까지 건물지 주혈들이 확인되는 것으로 보아 반룡산 북동쪽 구릉까지 건물지가 분포 할 것으로 생각된다[6]. 대부분 정면 2칸·측면 2칸의 구조가 기본이다. 이 구역에서 중심이 되는

---

4) 황상일, 2009, 앞의 논문, pp. 554~590.
5) 보고문의 「Ⅵ. 정리 1. 官洞遺蹟의 空間構成과 性格」부분을 참고하였다.
  趙賢庭, 2009, 「Ⅵ. 정리 1. 官洞遺蹟의 空間構成과 性格」『金海 官洞里 三國時代 津址』, pp. 527~527.

건물지는 5호인데, 가장자리에 溝를 넓게 파고 그 안에 다시 주혈을 설치하였다. 16주식이며, 면적은 30.6㎡이다. 5호 건물지 북서쪽에 우물 1기가 위치한다.

5호 건물지의 앞으로는 溝1호가 지나가는데, 내부에서 토기가 많이 출토되었다. 이 溝1을 경계로 구릉 경사 아래쪽에는 건물지가 확인되지 않았다. 특히 溝1호 내에 위치하는 큰 암괴 아래에서 제의와 관련되는 것으로 추정되는 광구소호 2점과 기대 1점이 출토되었다. 1구역 건물지군에서 확인된 구상시설은 구릉경사 위에서 아래로 진행한다. 여러 갈래로 노출되어 복잡한 형태를 보이고 있는데, 배수와 관련된 것으로 판단된다.

B群 : 이곳은 1호 간선도로에서 1호 지선도로로 이어지는 길모퉁이[街角]에 의해 구획되어 하나의 街區를 형성하고 있다. 도로의 하층과 중복되거나 연접된 것을 제외하면 대략 8~9동 정도가 동시기에 존재하였을 것이다. 건물지는 도로의 진행방향과 거의 평행하게 列狀으로 배치되었고, 동서쪽에 각 1개, 2개씩 우물이 설치되어 있다. 중심이 되는 건물은 도로와 근접해 위치하는 21호인데, 16주식이며, 면적은 33.7㎡로 대형이다.

---

6) 관동리유적과 접한 남해고속도로 확장부지와 김해유통단지 부지에서도 고상건물지·수혈주거지·주혈군 등이 확인되었다.
삼강문화재연구원, 2009, 「김해 관광유통단지 조성사업부지 내 매장문화재 시굴조사 약보고서」.
동아세아문화재연구원, 2009, 「고속국도 제10·104호선 냉정~부산간 확장공사 (제1공구)내 문화유적 발굴(시굴)조사 현장설명회」, pp. 16~18.

C群 : 1호 간선도로 동쪽은 지대가 낮아 회색점질토층에서 유구가 확인되었고, 이곳의 면적은 대략 2,400㎡정도인데, 중복된 건물지를 제외하더라도, 이곳에 건물지의 밀집도가 가장 높다. 이곳에서 면적 30㎡이상되는 대형 건물도 다수 확인되어 관동리유적에서 중심이 되는 곳으로 판단된다. 면적이 넓은 것은 31호(31.8㎡) · 40호(29.1㎡) · 69호(33.1㎡)이다. 중복된 것도 있지만 전체 47동의 건물지가 빽빽하게 들어서 있다. 건물지는 간선도로의 진행방향과 나란하게 列을 이루고 있다. 확인되는 것은 5열이다. 건물지의 배열은 도로의 진행방향을 의식하고 배치된 것으로 이것으로 관동리유적의 전체 조영이 계획성을 가지고 있음을 알 수 있다.

D群 : 1호 간선도로와 3호 지선도로의 길모퉁이[街角]근처의 건물지군이다. 지형적으로는 低地帶에서 다시 微高地로 전환되는 곳이다. 유구는 생토인 황색점질토층에서 확인되었다. 9동의 건물지와 22기의 수혈이 조사되었다. 수혈은 古金海灣으로 갈수록 밀집도가 높다. 평면이 땅콩모양인 수혈이 눈에 많이 띤다. 넓게 파낸 수혈에 또 다른 수혈이 있는 형태로 중복은 아니다. 수혈 바닥에서 소토와 목탄이 혼입된 수혈이 많다. 유물은 골편 · 토기편 · 지석 등이 출토되었다.

E群 : 잔교 근처의 건물지와 창고군이다. 잔교시설 근처에는 모두 20동의 건물지와 수혈 10기가 확인되었다. 특히 104호 · 105호 · 106호는 3동이 나란하게 배치되어 있다. 잔교와 관련해 기능을 담당한 공공 창고시설로 판단된다. 이 구역에서도 땅콩모양의 수혈

이 다수 확인되었다. 역시 내부토에 목탄과 소토가 다량 혼입되어 있으며, 바닥에 피열된 흔적이 관찰된다. D群에서 관찰되는 수혈과 유사하다. 모두 해안가에 인접해서 확인된다.

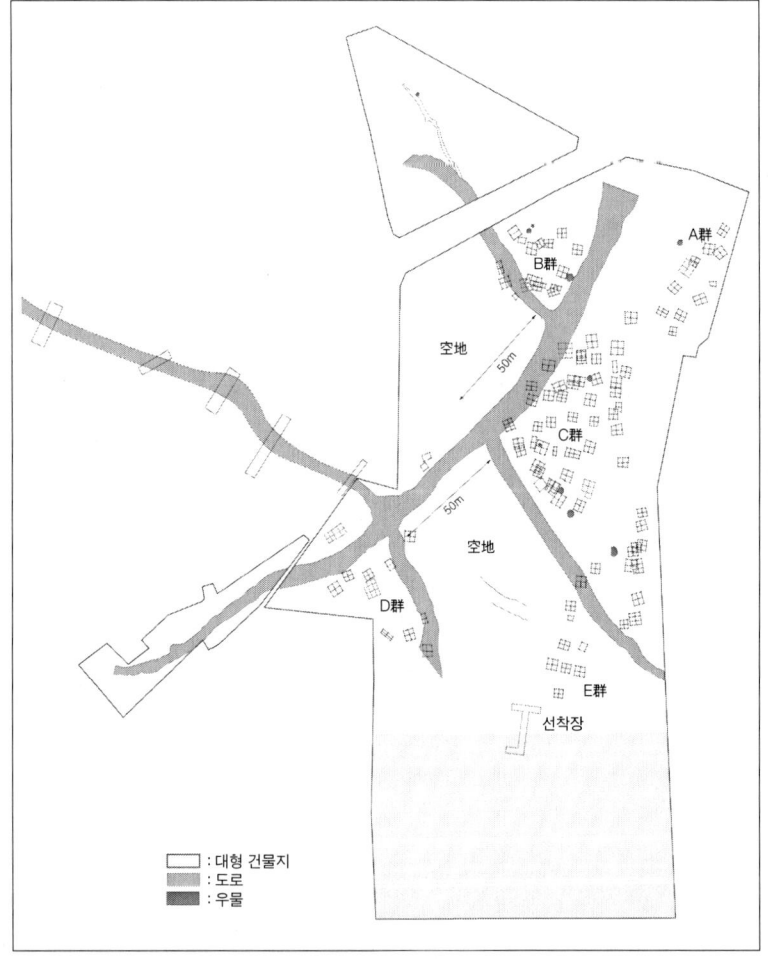

도 5. 도로와 건물지 배치(• 2009, 趙賢庭 삽도를 改變)

3. 대형건물[특수건물]의 존재

건물지는 모두 107동이 조사되었다. 그 중 대형 건물지[7]는 모두 6동(표 1)이다. 각 구획별로 큰 건물이 1~2동 존재하고 있는데, 중·소형건물지 8~9동이 세트를 이루며 배치되어있다. 잔교 부근의 창고군에서는 대형 건물이 확인되지 않았다. 평면형태는 장방형이며, 건물지 칸수는 정면 3칸·측면 3칸이나 정면 3칸·측면 2칸이 많다[8]. 면적이 가장 넓은 건물지는 96호 건물지(면적 35.36㎡)이다.

대형건물 중에서 가장 주목되는 것은 5호 건물지이다(도 6). 5호 건물지는 벽구와 主柱穴이 확인된 대형 건물이다[9]. 먼저 너비 110㎝ 내외의 溝를 파고 그 안에 주혈을 설치한 형태로 남쪽과 서쪽 일부는 溝가 남아있지 않다. 主柱穴 사이에는 작은 間柱들이 촘촘하게 설치되었다. 主柱穴의 규모는 직경 160㎝ 정도이며, 間柱의 규모는 직경 60㎝이다. 내부시설은 확인되지 않았다. 主柱穴과 벽구의 규모로 보아 공력이 많이 들어간 건물지로 관동리유적에서 가장 중요한 건물지로 판단된다. 건물지의 성격은 제의와 관련된 일을 담당하는 대형건물지로 추정된다.

---

7) 건물의 면적에 따라 대·중·소형 건물지로 구분하였다. 대형 건물은 30㎡ 이상, 중형 건물은 29~21㎡, 소형 건물은 20㎡ 이하로 나누었다.
8) 관동리유적의 중·소형 건물들이 정면 2칸·측면 2칸인 것과는 차이를 보인다.
9) 벽주건물은 건물지 가장자리를 따라 돌아가는 벽구 내에 主柱穴과 間柱가 확인되는 것이 일반적인데, 관동리유적에서는 건물지 중앙에 主柱穴이 있어 일반적인 벽주건물과는 다른 구조를 보인다.

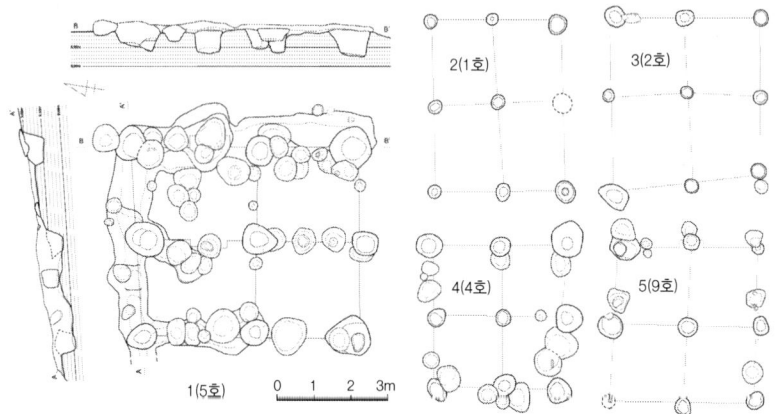

도 6. 대형 건물지(1)와 중형 건물지(2~5)의 비교(S=1/120)

표 1. 김해 관동리유적 대형 건물지 속성표

호수	위치	평면형태	주간 (정면× 측면)	형식	규모(cm)		면적(㎡)
					장방형	너비	
5호	A군	장방형	3× 3	16주식	600	510	30.6
21호	B군	장방형	2× 2	16주식	660	510	33.6
31호	C군	장방형	3× 2	9주식	588	540	31.8
69호	C군	장방형	3× 2	12주식	690	480	33.1
91호	D군	장방형	4× 2	15주식	840	395	33.18
96호	D군	장방형	3× 3	16주식	520	680	35.36

4. 지면식건물의 확인

지면식건물은 말 그대로 생활면이 지면에 있는 것이다. 발굴조사에서 제토 작업시에 생활면으로 사용된 부분이 많이 깎여나가거나, 후대 삭평 등으로 주혈만 남아있게 된다. 이때 지면식의 구조를 고상식으로 오인할 가능성이 높아진다. 그래서 회색점질토층에서 유구가 확인된 C群(1호 간선도로 동쪽의 건물지군)에서 지면식건물지의 구조가 주로 확인되었고, 지형적 이유로 구릉에 가까운 곳에는 생활면이 잘 남아있지 않았다.

지면식건물지는 방형 또는 장방형의 평면형태에 길이 450cm내외, 정면 2칸·측면 2칸이 대부분이다. 주혈 내에서 상부 또는 벽체의 구조물로 판단되는 초니토가 수습되었다. 39호·41호·45호·49호·62호는 황색점질토를 이용해 바닥을 정지했다(도 7-①·②·④). 황색점토 위에 건물지의 가장자리를 따라 소토흔적과 피열범위가 관찰된다. 소토흔적은 벽체와 관련된 것으로 추정된다. 56호·63호·76호·107호 건물지 중앙이나 모서리 부근에서 피열범위가 원형이나 타원형으로 확인되었는데, 爐일 가능성도 있다(도 7-③).

특히 지면식건물지에서 이동식부뚜막 토기편과 기와편이 출토되었다. 이동식부뚜막 토기편은 김해 봉황동유적[10]과 그 주변에서 다

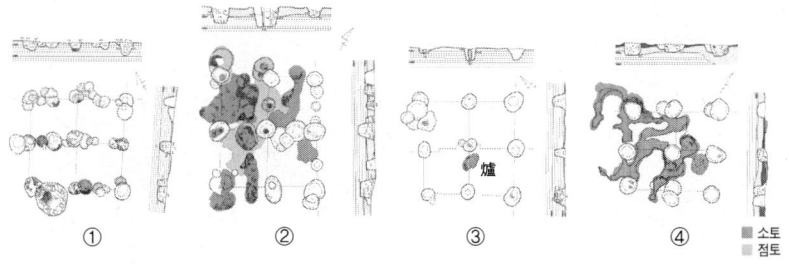

도 7. 지면식건물지 整地土(①·②·④)와 爐(③)

---

10) 경남고고학연구소, 2007, 『김해봉황동유적』, p. 60, 도면 28의 3·4, 도면 52의 15, 도면 208의 2·3.
   부산대학교박물관, 2006, 『傳金官加耶宮墟址』, p. 24, 도면 14.

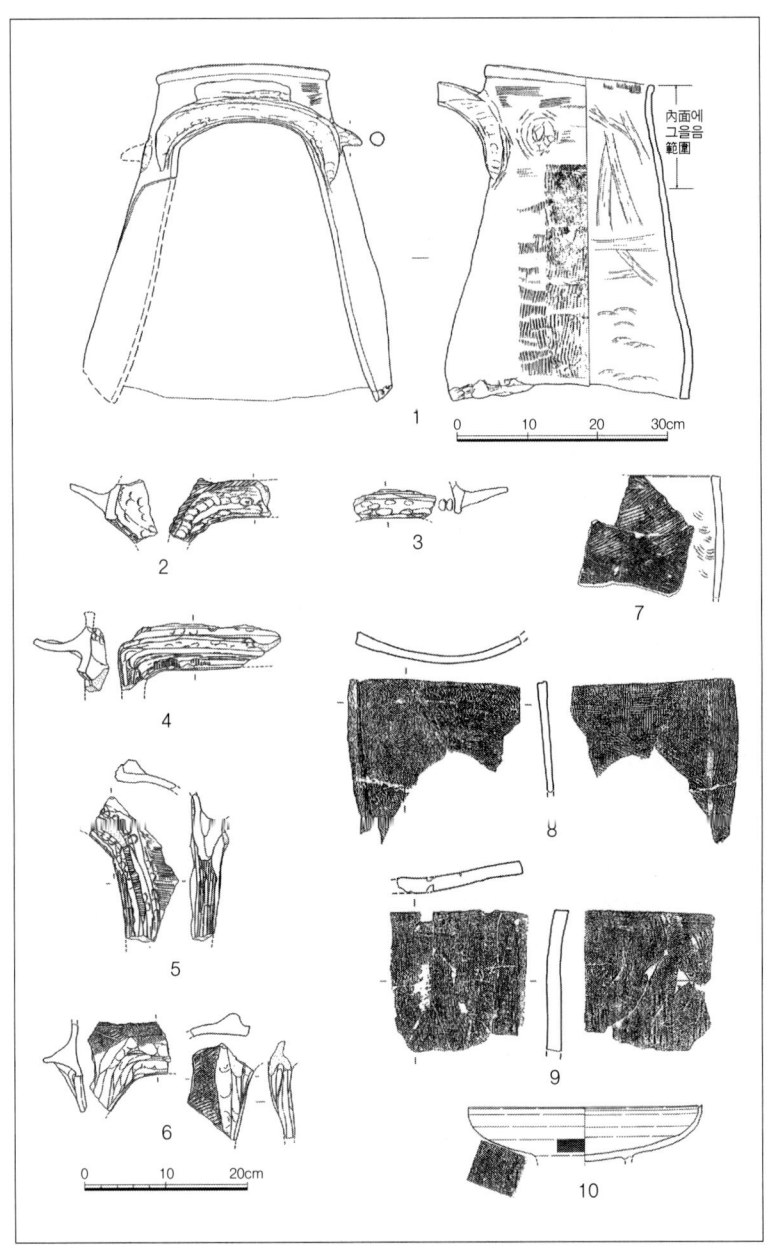

도 8. 이동식아궁이 · 기와 · 고배(1: 傳金官加耶宮墟址, 2~5: 봉황동유적, 6~10: 관동리유적)

수 확인되었는데(도 8-1~6), 피열되어 적색화된 것을 감안하면 실용기임은 분명하다. 또한 일상용기로 판단하기 어려운 대형 연질고배가 출토되었다(도 8-10). 그 외 소량이지만 기와파편들도 수습되었다. 기와편은 48호·49호 건물지의 주혈내, 그리고 溝16에서 각 1점씩 출토되었다(도 8-7~9). 전체적인 출토량은 빈약하지만, 지면식건물의 구조를 복원하는데 중요한 자료가 될 것이다.

이를 감안해 지면식건물을 복원하면, 황색점토를 깔아 바닥을 정지하고 토벽과 지붕의 일부에 瓦葺한 건물의 모양이 아닐까 추정된다. 그리고 난방 또는 취사시설은 이동식아궁이를 주로 사용하였을 것으로 판단된다.

5. 생활용수의 확보

우물은 모두 10기 확인되었다. 모두 石造이며, 굴광의 평면은 원형·타원형·부정형이다. 석축의 재료는 주로 할석을 이용하였는데, 종평적과 횡평적을 혼축하였다. 깊이는 70㎝에서 230㎝로 다양한데, 지하수위와 관련된 것으로 판단된다. 우물 바닥의 해발은 우물 1·2·3·4호(구릉과 인접)가 5.30~6.35m, 우물 5·6호가 4~4.30m, 우물 6·7·8·9호가 2.75~3m로 가장 낮다. 구릉쪽으로 갈수록 지하수위가 높아지며, 해안쪽으로 가까워질수록 지하수위가 낮은 것을 알 수 있었다. 이것은 해수면과 지하수의 관계로 인한 현상으로 판단된다.

우물의 분포는 도로 옆에 위치하는 것과 건물지 사이에 위치하는 것으로 구분된다. 우물 4호와 5호처럼 도로 옆에 붙어있는 것이 통행자를 위한 공용의 우물이라면, 건물지 사이에 위치하고 있는 우물은 마을 주거민들의 공동 우물일 것이다. 일정 장소에 장기간 안정적으로 살아가기 위한 필수조건의 하나가 식수의 공급이다. 일반적으로 수혈주거는 주거용·굴립주는 창고용으로 해석하지만, 관동리유적에서 생활용수를 공급하는 우물이 10기나 존재하는 것은 건물지가 창고보다는 주거용으로 판단할 수 있는 근거 중 하나이다. 잔교 근처의 창고군에서 확인된 고상건물지군에서는 우물이 확인되지 않았다. 이것은 반대로 주거용보다는 창고용일 가능성이 높다는 것을 반증한다.

우물은 전체적으로 溝13호를 따라 길게 배치되는 양상인데, 지하수맥과 관련된 것이다. 선착장이 위치하는 유적의 남단 근처에서는 우물이 확인되지 않았다.

6. 전용창고의 존재

관동리유적에서 창고가 밀집되어 확인되는 곳은 잔교 부근이다. 잔교에서 북동쪽으로 고상건물지가 列을 지어 조사되었다. 해안선과 나란한 방향으로 창고 3동(104호·105호·106호)이 조사되었으며(도 9), 이 창고군을 중심으로 남북방향으로 6동의 고상건물지가 들어서 있다.

고상건물지는 모두 정면 2칸·측면 2칸인 방형이며, 주축은 동서향이다. 건물의 면적은 14~19㎡로 비슷하다. 모두 低地帶에 해당되는 곳에 입지하고 있어 기둥아래 礎板이 확인된다. 礎板은 5~10cm 규모의 판재를 이용하였다. 건물지 상면에서 황색점토나 소결토면은 확인되지 않는 곳이다.

　창고군 남쪽 해안선으로는 평면형태 땅콩모양의 수혈들이 관찰된다. D群 건물지군에서 확인되는 수혈군과 모양이나 규모가 비슷하고, 피열흔적이 관찰된다. 역시 동일한 성격의 수혈유구로 판단되며, 지석과 목재가 함께 출토되고 있어 작업장일 가능성이 있다.

　E群 건물지를 창고역으로 보는 근거는 列을 지어 확인된 건물과 생활 용수원인 우물이 존재하지 않고, 물류가 들고 나는 잔교가 인접해 있다는 것이다. 해상을 통해 들어온 물건을 저장하는 기능으

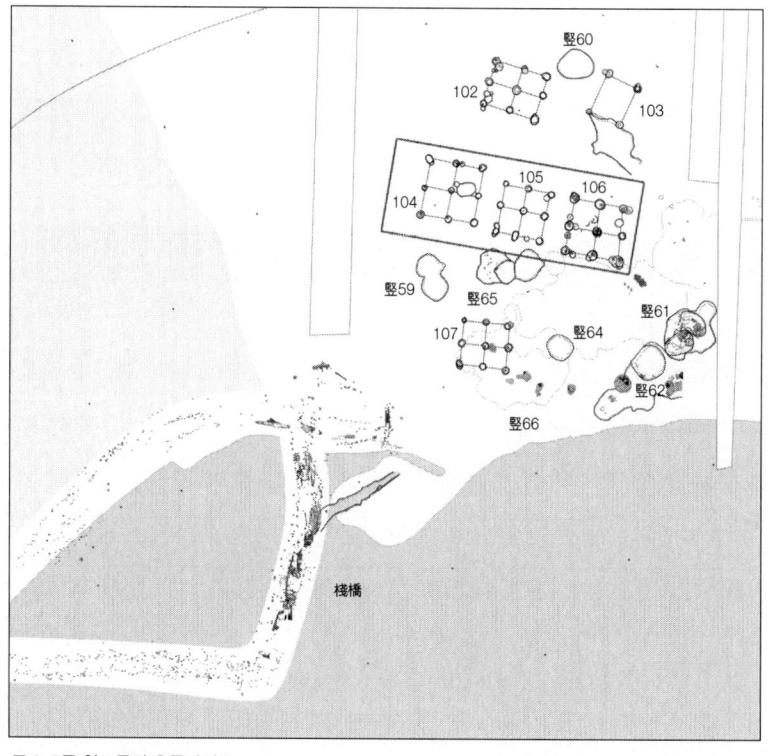

도 9. E군 창고공간 유구배치도

로서 창고가 필요했을 것이며, 도로와 인접한 곳에 건물을 지었을 것으로 판단된다.

7. 작업장

3호 지선도로의 끝자락 근처와 잔교 부근에는 소토가 다량 혼입된 수혈이 집중적으로 분포하고 있다(도 3). 평면 형태가 부정형 또는 땅콩모양이며, 내부에서는 초니토와 목탄이 다량으로 노출되었고, 토층에서도 목탄과 소토가 대상으로 중첩되어 여러 차례 반복적으로 불을 피웠던 흔적이 관찰된다. 이 수혈의 기능을 해안가의 제염 또는 생산과 관련된 시설로 추정해 보지만, 관련 유물은 확인되지 않았다. 해안가의 작업장이 연상되는데 향후 비슷한 예의 검출이 필요하다.

8. 교통시설

1) 도로

삼국시대 도로 5기와 조선시대 도로 1기가 확인되었다. 삼국시대 도로는 남북으로 직선에 가까운 2개의 간선도로와 간선도로에서 4개의 지선도로로 이루어진 계획도로[11]이다(도 3). 조사지역을 남북으로 관통하는 간선도로를 중심으로 약 50m 간격으로 동서방향으

---

11) 궁성을 정점으로 하여 도성의 전역에 걸쳐 바둑판 형태의 대규모 도시계획 도로인 왕경도로와는 차이가 있지만 도로를 50m 간격으로 간선도로와 지선도로로 연결한 것은 처음부터 도로건설을 위한 계획성이 포함된 것으로 판단된다.

로 지선도로가 연결되어 있다. 간선도로와 지선도로의 교차점에는 건물지가 입지한다. 도로를 중심으로 건물지가 구획된 도로이다. 조선시대 도로는 삼국시대 간선도로 상층에서 확인되었는데, 도로의 진행방향은 삼국시대 간선도로와 같다. 이는 삼국시대부터 조선시대에 이르기까지 노선이 변하지 않은 것이다.

(1) 도로의 입지와 구조

도로의 구축에는 입지가 큰 영향을 미치는데, 마을과 같은 접근성이 용이할 뿐 만 아니라 두 거점을 최단거리로 공간을 이동할 수 있는 곳을 우선 선정했을 것이다. 즉, 대량의 수송을 가능하게 하면서 최소한 인력으로 최대한 효과를 거두는 지점을 선호했을 것으로 판단된다. 여기에 도로의 진행방향과 도로의 구조에 지형조건이 많은 영향을 주었을 것으로 여겨진다.

관동리유적의 경우에는 간선도로 주변의 微高地에 건물을 배치하는 路邊聚落의 특징을 잘 보여주고 있다. 또한 관동리유적은 율하천의 배후습지의 경계 해당되는 곳이다. 배수가 양호한 지형면을 개척해 도로를 구축해야 하는 곳으로 적극적으로 측구나 암거시설 등을 마련하거나 노면에 자갈·모래를 깔아서 노면 침식·부등침하 등의 방지를 해야 하는 입지적 조건을 갖추고 있다. 따라서 이러한 지형조건으로 인해 관동유적에서는 도로구간별 축조방법을 달리하는 특징을 보이며, 도로 구축시 사용된 다양한 공법들을 관찰 할 수 있었다. 여기에서는 실제로 관동리유적의 도로에서 확인된 기초시공·노체시공·배수시설처리·노면처리·노견표지석 등을 중심으로 살펴보았다.

① 기초시공

　기초시공에는 지면을 강화하기 위해 땅다지기·다짐말뚝말기·부엽공법·굴착·절개 등이 있다[12]. 관동리유적에서는 다짐말뚝말기·부엽공법·굴착·절개 등이 구사되었다. 다짐말뚝말기는 토목공사에서 基底部가 적당한 지지력을 가지지 못할 때 시공하는데, 말뚝을 박음으로서 지반의 다짐효과를 향상 시키는 방법이다. 이러한 공법은 지반이 취약한 습지부근에서 주로 관찰되는데, 관동리유적에서도 연약지반[13] 基底部 바닥에서 직경 5~10cm 내외의 말뚝흔적이 점상으로 확인되었다. 연약지반 전면에서 관찰된다.

　부엽공법[14]은 대표적인 築堤工法의 하나로, 제방을 쌓는데 뿐만 아니라 토성이나 도로의 基底部에도 사용되고 있다. 관동리유적에서는 1호 간선도로와 3호 지선도로가 교차하는 구간에서 확인되었다. 교차부 성토시에 나뭇가지를 깔아서 놓은 흔적이 관찰되며, 직경 20~25cm 정도 규모의 말목을 基槽의 가장자리를 따라 촘촘히 박았다. 이러한 공법은 지반이 약한 부분에서 나뭇가지를 채워 넣어 노체를 견고하게 해서 침하방지를 의도한 것으로 판단된다.

---

12) 蘇培慶, 2008, 『古道路의 工學的 側面에 관한 硏究』(慶南大學校大學院 碩士學位論文), p. 26.
13) 주로 점토와 실트 같은 미세한 입자의 흙이나 간극이 큰 유기물토 또는 니탄, 느슨한 모래 등으로 이루어진 토층으로 구성되어 있으며, 지하수위가 높고 구조물의 안정과 침하에 문제가 발생하는 지반을 말한다.
14) 기저부 성토시 층 사이에 나뭇가지를 깔아서 연약한 지반을 견고하게 하는 부엽공법은 벽골제(尹武炳, 1997), 합덕제(저수지 제방, 충남대학교박물관, 1998), 부여 나성(성벽 기초부, 朴淳發, 2000), 서울 풍납토성(성벽 성토중, 申熙權, 2001), 김해 봉황토성(성체기저부, 崔鍾圭, 2005), 상주 공검지(저수지 제방, 박정화, 2006), 함안 가야리 제방유적(제체기초부, 郭鍾喆, 2008), 울산 약사동 제방유구(제체기초부 및 성토부, 李保京, 2010) 등에서 확인되었다.

절개나 굴착은 도로구축시에 노면을 완만하게 맞추기 위해 높은 곳은 절개하거나 굴착하여 평탄화시키는 기초시공법이다. 이러한 기초시공법은 왕경도로나 간선도로에서 주로 확인되고 있어 대규모 노동력과 기술력이 가능할 때 시공되는 공법으로 생각된다. 현대의 도로 시공시에도 설계시 가장 중요하게 여기는 것이 높은 지형을 절개·굴착하여 저지대에 복토하여 도로의 노면을 완만하게 맞추는 것이다. 관동리유적에서는 지대가 높은 반룡산의 하단부 구간을 절개나 굴착하여 지대가 낮은 남쪽 연약지대를 높이고 있다.

② 노체시공

노체시공법에는 성토공법과 굴착공법이 있다. 성토공법에는 수평쌓기와 수직쌓기로 구분되는데, 현재까지 확인된 성토법은 수평쌓기가 대부분이다. 성토는 판축·흙을 교대로 쌓는 유사판축의 방법을 사용하였는데, 성토에 사용된 흙[15]의 종류나 방법은 구간단위로 약간씩 차이를 보인다. 구축토는 주변에서 채집·운반하는데, 이때는 채취한 구축토에 자갈이나 토기편을 섞

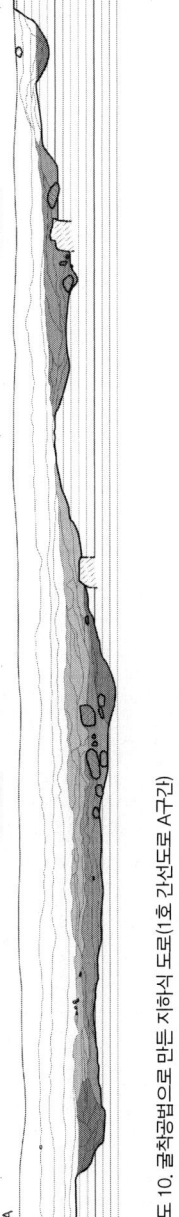

도 10. 굴착공법으로 만든 지하식 도로(1호 간선도로 A구간)

---

15) 이하 '구축토(構築土)'라 함.

어서 사용한다. 목판이나 작은 말목을 박아 구획하여 일정구간별로 작업이 이루어진다. 혹 경사면 쪽이나 구축토가 유실될만한 부분에는 토낭16) 등을 쌓아 놓기도 하는데, 노체가 연약한 부분은 작은 말목을 박아 보축한 예도 있다. 관동리유적 1호 간선도로 C구간에서 구사된 토목기법으로 토낭성토부와 할석성토부의 작업공정 구분선이 관찰(보고문 도면 243-②)되며, 구축토가 유실되는 것을 방지하기 위해 동측에 토낭 등을 쌓았다.

굴착공법은 도로구축이 열악한 구릉이나 산지에서 주로 확인되고 있어 기본적으로 배수시설과 이동로 확보를 동시에 감안한 시공법으로 보인다. 또한 이 공법은 강우시 침투수를 신속하게 처리하거나 구릉이나 산간지대를 효율적으로 이동하기 위한 노체시공법이다. 관동리유적 1호 간선도로 A구간에서 구사된 토목기법으로 微高地에 입지하는 건물지의 배수문제도 도로 구축시에 고려한 것으로 판단된다.

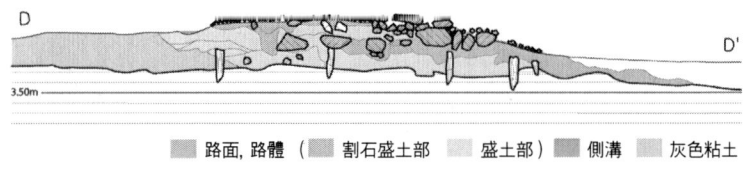

도 11. 성토공법으로 만든 지상식 도로(1호 간선도로 C구간)

---

16) 현재의 모래주머니와 같은 것을 말한다.

③ 배수시설처리

　배수시설로는 측구와 암거시설을 마련하였다. 특히, 암거시설은 높은 기술력을 필요로 하는 공법이다. 이러한 암거시설이 모두 8개가 확인되었다. 암거는 도로의 진행방향과 직교되게 관통해 노면으로 스며드는 침투수를 측구로 배출하는 기능을 하도록 하였다. 암거시설 중에서 주목되는 것이 터널형 암거이다. 터널형 암거는 1호 간선도로와 3호 지선도로가 교차하는 지점에서 확인되었다. 연약지반에서 확인되는 것과는 다르게 도로의 진행방향으로 길게 설치한 후 지대가 낮은 동측으로 斜方向의 암거를 설치했다. 그 구조는 노체를 조성하면서 황갈색생토층을 'U'자형으로 굴착한 후 木桶을 넣고, 길이 20~30㎝ 크기의 천석을 길이 방향으로 2열로 놓았다. 그 위를 천석으로 덮었다. 그 후 콩자갈을 깔아 노면을 포장하였다. 그리고 巖居에서 흘러나온 물은 경사가 낮은 쪽으로 흘러가도록 했다.

④ 노면처리

　간선도로의 경우 콩자갈이나 모래를 한 벌 깔아 노면을 포장한 도로가 확인되었다. 지선도로의 경우에도 유실이 많이 되었으나, 포장도로일 가능성이 높다. 도로의 폭이 아무리 넓어도 단단하고 고르지 않으면 도로로서의 기능을 다하기 어렵다. 이런 점에서 薄石·細石·모래·황토 등을 이용해 포장시설을 하는 것이 고도의 노면처리방법이다. 특히, 도시계획도로인 왕경도로는 노면을 잔자갈과 모래 등을 이용해 여러 차례에 걸쳐 다져서 포장하였는데, 노면이 수레바퀴 등 운송수단에 의해 훼손되는 것을 최소화하기 위한 것이다. 포장도로는 왕경도로나 관아·驛과 관련된 간선도로에서 확인되는 것이 대부분이며, 그 외 도로는 비포장 도로가 많다.

⑤ 노견표지석

노견표지석이 확인된 유적은 관동리유적이 처음이다. 노견표지석은 길이 60~80㎝의 할석을 노견 어깨선 부근에 세우거나 눕혀 노폭을 알려주고 있다. 노견표지석간의 간격은 10~20m로 확인되는데, 원래는 더 많이 있었을 것으로 추정된다. 현재까지 확인된 노견표지석은 간선도로에서 3개, 지선도로에서 2개가 관찰되었다.

정리해 보면 관동리유적의 도로는 기초시공 → 노체시공 → 배수시설처리 → 노면처리 등 일련의 과정을 거치면서 완공되었다. 기초시공으로는 다짐말뚝박기·부엽공법·굴착 등이, 노체시공으로는 성토와 굴착공법이, 배수시설처리에는 암거와 측구가 설치되었다. 마지막으로 노면처리로는 콩자갈 등을 깔아서 이용하는 포장도로가 관찰되었다. 이처럼 관동리유적에서 구사된 토목기법은 다양하며, 기술수준이 높은 도로이다. 이러한 도로 구축에 구사된 공법으로 보아 대량의 물량과 인력 투입이 가능한 공권력이 동원 되었을 것으로 판단해 볼 수 있다.

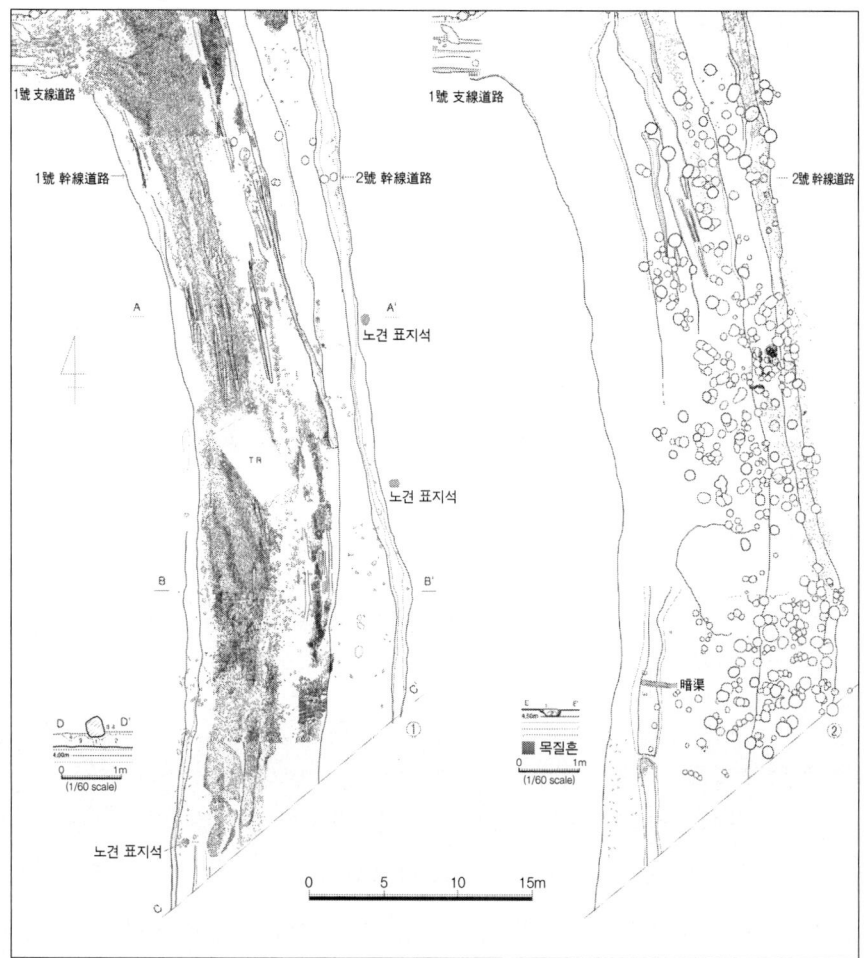

도 12. 1호 간선도로 평면도(B구간-지면식도로)

9. 선착장[棧橋][17]

잔교는 조사지역의 동남쪽 모서리 부근에 위치하며 舊해안선과 직교되게 설치되어 있다. 동쪽으로는 반룡산이 길게 뻗어 내려와 파랑을 막아주는 형국을 하고 있다. 선착장이 들어서기에 유리한 입지조건을 갖추고 있다. 즉, 육지로 쑥 들어온 부분에 잔교가 설치되어 있다. 도로유구는 잔교 언저리까지 구축되었는데, 잔교와 육상교통이 연결된 공간이다. 이처럼 잔교가 입지하는 곳은 해상교통과 육상교통이 만나는 結節地이다.

① 잔교의 구조
잔교는 목재시설물로 오랫동안 습지에 보존되어 있었는데, 이 지역이 潮間帶 지역으로 폐기 후 빠르게 목재시설물이 부식되었다. 따라서 잔교의 결구형태를 알 수 있는 결합흔적을 찾기가 매우 어려웠다. 다만 출토된 일부 목기에서 상판이나 결합부재로 추정되는 것을 확인하는 정도이다. 여기에서는 잔교형태와 목기 등을 바탕으로 구조를 추정해 보고 복원해 보았다.

해발 2m 지점에서부터 잔교부재들이 노출되었다. 잔교의 평면형태는 'J'자형이다. 잔교는 교량과 호안시설로 구분되며, 교량은 교각 · 梁木 · 桁木 · 상판으로 이루어져 있다.

교량은 남북방향으로 길이 24m, 너비 2.5~3m로 길게 설치되었으며 내륙으로 이어지는 부분에는 교량의 진행방향과 직교되게 호

---

17) 보고문의「Ⅵ. 정리 3. 官洞遺蹟의 棧橋」부분을 수정 · 보완한 것이다.
　　蘇培慶, 2009, 「Ⅵ. 정리 3. 官洞遺蹟의 棧橋」『金海 官洞里 三國時代 津址』, pp. 539~542.

안시설을 설치하였다. 평면형태는 "L"자형인데, 교량의 끝은 남쪽으로 휘어져 있다.

② 잔교의 복원안

보고문에서는 교량의 구조로 파악된 교각, 梁木, 桁木, 상판을 중심으로 기술하였다. 보고문을 바탕으로 잔교를 복원하면 먼저 교각세우기 → 下梁木설치 → 桁木설치 → 上梁木설치 → 상판 놓기의 순으로 완공하였다(도 13).

교각은 원목을 각재로 가공하여 사용한 것으로 길이 80~110㎝, 직경 25~30㎝로 끝부분을 뾰족하게 가공했다.

梁木은 교각 위에 가로로 걸쳐 놓은 것으로 上·下梁木으로 나누어 볼 수 있다. 下梁木은 길이 150㎝, 직경 20·30㎝이다. 교각 위에 下梁木을 놓고 그 위에 桁木을 걸친 다음 上梁木을 놓고 상판을 설치한 형태이다. 上梁木은 길이 130~150㎝, 직경 5~7㎝ 로 원목을 거칠게 다듬은 형태이다.

桁木은 梁木 위에 얹힌 것으로 梁木과 직교 되는 방향으로 놓인 것이다. 즉, 교량의 진행 방향인 남북향으로 길게 3열이 확인되었으며, 잔존길이 2~4m, 직경 15~20㎝이다. 桁木은 목재를 거칠게 서로 연이어서 연결했다.

상판은 판재로 가공하여 사용했는데, 현재의 합판과 같은 형태이다. 판재의 너비는 50~60㎝, 잔존길이는 250~350㎝, 잔존두께는 0.5~2㎝이다.

마지막으로 호안시설은 교량을 육지면에 고정시키고, 파랑을 막아주는 기능을 동시에 가진다. 가장 부식이 심하며 평면형태만 추정하는 정도이다. 평면형태는 장방형이며, 전체길이 12m, 너비 5~6m로 동서방향으로 교량의 진행과 직교되는 방향으로 설치했다.

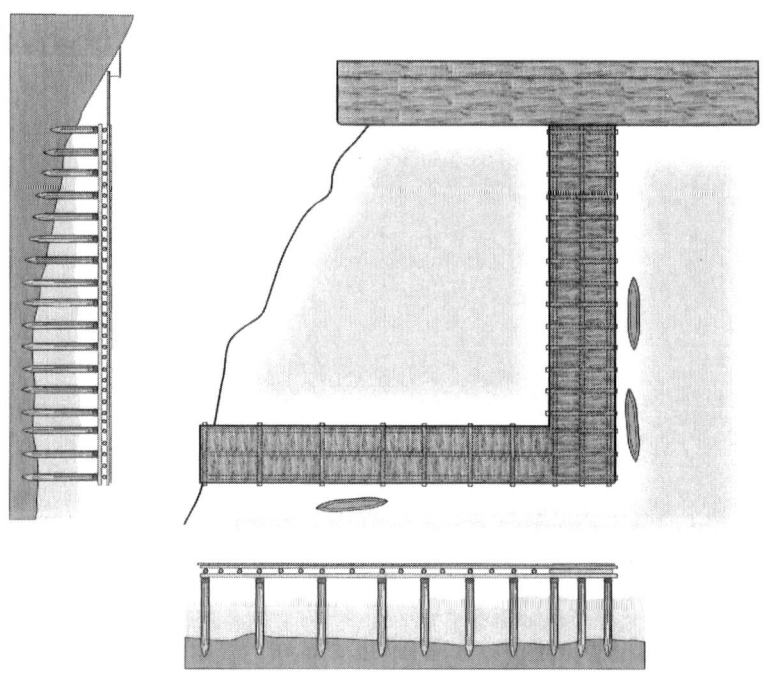

도 13. 잔교 복원도

Ⅲ. 김해 관동리유적의 성격

1. 津의 개념과 적용

　기록에 따르면, 津은 고려시대와 조선시대에 전국의 주요 강변의 요충지에 설치했던 나루터이다. 津이라는 개념이 나오기 시작한 시기는 고려시대 驛制가 정비되면서 부터이다. 關津, 津關 또는 渡라고 불렸다[18]. 津은 원래 드나드는 사람들을 검색하기 위해 설치되었지만, 실제로는 교통 및 통신 기관의 기능을 수행하였다. 고려사에 의하면, 고려 초기부터 전국의 강변에는 많은 津 또는 渡가 설치되었다고 한다. 예성 강변의 벽란도 · 임진강변의 임진도 · 장단도와 한강변의 조강도 · 낙하도 · 양화도 · 사평도 · 용진도 등이 기록되어 있다. 이후 조선의 개국과 함께 한강변에는 기존의 津 이외에 노량진 · 흑석진 · 공암진 · 도미진 · 광진 등의 많은 나루가 추가로 설치되었다는 기록이 전해진다.
　사전적 의미의 津은 나루터 · 수로와 육로의 요충지 등의 개념[19]과 항 · 도선장 · 선착장으로서의 개념[20]을 내포하고 있다.

---

18) 金載名, 1994, 「津」『한국민족문화대백과사전 21』, pp. 395~396.
19) 張忠植, 2005, 『漢韓大辭典(8)』, pp. 359~361.
20) 三省堂編修所 編, 1983, 『廣辭林(제6판)』, p. 1309.

2. 유적의 성격과 의의

  1) 도로와 건물지의 배치에 의해 5개 구역으로 나누어지는데, 각 구획별로 대형 건물이 1~2동 존재한다.

  2) 중·소형인 지면식건물에서는 소토와 초니토 및 아궁이틀·기와 등이 확인되었고, 황색점토를 깔아 바닥을 정지하였다. 출토된 유물로 건물지의 구조를 복원하면, 토벽의 와즙한 건물로 추정된다.

  3) 조사지역 내에서 우물 10기가 확인되었는데, 해안가에 입지하면서 생활용수의 공급이 원활했음을 알 수 있다.

  4) 육로와 해로를 연결하는 도로와 잔교시설의 조사로 이곳이 교통의 중심지로 추정되며, 선착장 근처 나란히 배열된 3동의 건물지는 창고로 판단된다.

  종합해 보면 관동리유적은 해안가에 위치하고 있다는 점에서 배가 들고 나는 발착지점인 잔교시설의 범위를 넘어 선착장과 관련된 제반시설인 주거공간·창고공간·생산공간·교역로 등 유기적인 결합체의 총칭으로서의 성격을 가진다. 그 중에서도 문헌기록은 없지만 유적의 성격을 津으로 적용해서 이해하고자 하였다.

Ⅳ. 맺음말

　관동리유적은 古金海灣의 해안가에 해당되는 곳에 위치한다. 도로의 가구와 微高地에 주거공간을 배치하고, 육로와 해로가 만나는 지점에는 창고공간을 마련한 것은 관동리유적이 철저히 계획 속에서 형성된 유적임을 잘 보여주고 있다. 그리고 선착장인 잔교와 잘 정비된 도로는 꾸준한 유지관리가 필요하다. 일반개인이 아닌 공권력이 담당했던 주요 공공시설물임을 보여준다.
　육상과 해상을 연결해주는 선착장[棧橋]·잘 정비된 도로망·대형 건물지·건물지 내 우물의 존재 등의 요소는 관동유적이 일반적인 취락이 아님을 예상할 수 있다. 이를 바탕으로 관동리유적의 성격은 구체적으로 津所[나루터]나 關所 등이다.

「김해 관동리유적과 가야의 항구」에 대한 토론문

심재용*

　김해 관동리유적은 해상교통시설인 잔교(棧橋)가 발굴되어 이번 학술회의의 주제인 '가야의 포구와 해상세력' 중 가야의 포구를 실증해주는 매우 중요한 유적이다.
　이 글은 김해 관동리유적에서 발굴된 대형건물, 지면식건물, 우물, 고상건물지, 수혈 등을 분석하여, 각각 제의 공간, 주거지, 생활용수의 확보, 물건을 저장하는 전용창고로서의 기능을 상정하였다. 또한 해상교통시설인 잔교와 육상교통시설인 도로의 구조를 복원하였다. 이러한 제반시설들을 통해 관동리유적을 나루터인 진으로 파악하였다.
　이상의 결론에 대해 토론자 역시 이견이 없으며, 처음 발견된 잔교의 구조 복원이나 관동리유적에 대한 정밀한 분석에 많은 가르침을 받았다. 다만 도로나 잔교의 구조를 상세히 검토한 부분 외에 몇몇 부분에 대해서는 의문점이 있어 이에 대해 질문코자 한다.

　1. 발표자는 고김해만을 복원하고 있지만, 관동리유적이 존재하는 시기의 해수면 고도에 대해서는 언급하고 있지 않다. 발굴보고

---
* 대성동고분박물관

서에 수록된 자연과학분석에 의하면, 해발 2.6m까지 해수면이 도달한 것으로 파악하였다. 발표자 역시 동의하는지 궁금하다.

본 토론자는 해발 2.6m가 바다가 영향을 미쳤던 最高位였다는 점만 인정코자 한다. 잔교가 조사된 'E'군의 경우, 해발 1.8m까지 규조가 확인되었지만, 대체적으로 해발 1.6m이상에서 기수성규조와 담수성규조의 빈도가 높게 검출된 것으로 파악된다. 따라서 관동리유적은 율하천과 만나는 내만의 기수역에 해당하는 곳으로 보인다. 이러한 환경과 유사한 곳이 토론자가 발굴에 참여했던 김해 봉황동유적 중 가야인생활체험촌 구간이다. 이곳에서도 주혈에 초판시설이 있는 고상가옥군이 확인되었는데, 해발 1.8m에서 유사판축으로 성토한 후 고상가옥군을 조성하였고, 유공충이 해발 1~1.4m에서 확인되었다. 따라서 평상시의 해수면은 1.6~2.6m사이로 추정된다. 이렇게 되어야 해발 약 2.4m전후에 위치하는 E군 수혈의 존재와 성격의 해석이 가능하다.

2. 발표자는 관동리유적의 존속시기를 일률적으로 삼국시대에서 통일신라시대에 이르는 것으로 파악하였다. 토론자 역시 관동리유적의 존속 시기는 꾸준히 이어졌다고 본다. 하지만 시대가 지남에 따라 폐기, 건축 또는 재건축과정이나 해퇴로 인한 생활공간의 확대 등도 추정해볼 수 있을 것이므로, 개별유구의 존속 시기와 성격들을 획일적으로 볼 수 있을지는 의문이다.

예컨대, 출토 유물들을 살펴보면, 잔교 및 건물지에서는 4~5세기대의 토기들이 많이 출토되었고, 수혈과 우물에서는 5세기 이후의 토기들이 다수 수습되는 경향이 있는 듯싶다. 그리고 봉황동유적 중 해안이었던 곳에 강의 범람과 성토가 있은 후 통일신라시대의 건물지가 만들어지는 등 통일신라시대에는 해퇴와 연관되어 유적이 확대된다. 그러므로 관동리유적에서 유구별 시기 및 시기에 따른 공간 활용의 변화상이 있었을 가능성에 대해 발표자의 견해를 듣고 싶다.

3. A구간 5호건물지는 벽구와 주혈군이 확인된 대형 건물로, 규모로 보아 공력이 많이 들어간 점에서 관동리유적에서 가장 중요한 건물지로 판단하고, 제의와 관련된 곳으로 파악하였다. 하지만 제의를 행했다는 근거로는 부족한데, 혹시 제의관련 유구로 보고 있는 5호 건물지 앞 구1호를 염두에 둔 것인지 궁금하다. 그리고 제의를 했다면 그 대상은 무엇이었는지, 혹시 항해제사였을 가능성이 있는지 발표자의 견해를 듣고 싶다.

4. 잔교와 인접한 107호 건물지를 지면식건물지로 보고 있는데, 그 근거에 대해 발표자의 구체적인 설명을 듣고 싶다. 발표자는 107호 건물지의 주혈 중앙에 붙어 있는 소토를 노지로 파악하고 있다. 하지만 주혈 옆에 노지가 붙어 있다는 점이 이해가 안 된다. 그리고 107호 건물지가 수혈66호를 파괴하고 들어서는데, 수혈66호에도 소토층이 확인된다는 점에서 이 추정노지가 수혈66호의 것일 가능성은 없는지 궁금하다.

또한 본 토론자는 107호 건물지의 해발이 약2.6m인 점에서 지면식건물지보다는 고상건물지로 보고 있다. 만약에 발표자의 견해대로 107호 건물지를 지면식건물지로 본다 해도, 주변의 굴립주건물지와 수혈의 중복예가 107호 건물지가 유일하다는 점에서 고상건물지인 104 · 105 · 106호보다는 늦은 시기로 보고 싶다.

　5. 관동리유적은 발표자의 견해대로 '배가 들고 나는 발착지점인 잔교시설의 범위를 넘어 선착장과 관련된 제반시설인 주거공간 · 창고공간 · 생산공간 · 교역로 등 유기적인 결합체의 총칭'으로서의 성격을 지닌다. 다른 가야의 항구들도 관동리유적과 유사한 자연환경에서 이러한 모습으로 존재했을 것으로 추정된다. 이 관동리진지(津址)유적과 접한 동쪽구릉에 반룡산유적이 있고, 반룡산유적의 구릉을 이어서 관동리고분군이 위치한다. 최근 반룡산유적의 시굴조사가 발표자에 의해 일부 이루어져 고상건물지 · 수혈주거지 · 패총 등이 보고되었다. 본 토론자는 주요 거점세력들의 항구는 고분군-구릉의 취락지-해안의 교역시설의 조합으로 구성되었으며, 대성동고분군-봉황동유적, 양동리고분군-유하리패총유적, 천곡리고분군-농소패총유적 등이 이러한 조합에 가장 적합한 유적들로 생각하고 있다. 따라서 유하리패총유적과 농소패총유적의 구릉 서쪽 아래에 교역시설이 존재할 가능성이 높다. 이러한 가야의 항구 후보지에 대한 토론자의 견해에 대해 발표자의 견해를 듣고 싶다.

토기로 본 가야성립 이전의 한일교류

이창희*

| 目 次 |

Ⅰ. 머리말 -토기로 알 수 있는 것-
Ⅱ. 한반도 출토 야요이토기와 이주민
  1. 토기형식
  2. 공반유물을 통한 시기비정
  3. 해석
  4. 모방토기에 대한 인식전환
Ⅲ. 점토대토기인들의 이주
Ⅳ. 교역의 실태와 배경
  1. 최초의 일본인 留學生 ; 야요이인?
  2. 철기의 수출과 거점
Ⅴ. 각광받는 가야지역 ; 기원전 1세기대의 변혁
Ⅵ. 맺음말

Ⅰ. 머리말 -토기로 알 수 있는 것-

현재 물질자료로 남아있는 선사시대의 유물 중 인간의 생활과 가장 밀접한 관계가 있는 것이 토기이다. 이 때문에 당시의 사회상을 밝히기 위해 필자가 사용하고 있는 주된 재료는 토기이다. 그 중에

* 일본국립역사민속박물관

서도 각 지역에서 출토되는 외래계토기는 서로간의 교차편년을 위해 활용되고 있을 뿐만 아니라 교류관계를 생각해 볼 수 있는 중요한 자료이다. 때로는 이주나 도래, 교역이나 교섭에 대해서, 나아가서는 교류의 시스템이나 변화상을 통해 집단 간의 관계나 그 배경에 대한 해석도 이루어질 수 있는 것이다.

토기는 생활유적에서 다량으로 출토되고 있지만, 분묘에서는 부장품으로도 출토되고 있다. 다만 분묘 출토품은 당시의 사회적 배경과 피장자 및 매장자외 관게 속에서 생겨난 물질자료로써, 복합적인 관계를 가지고 있기 때문에 신중히 접근해야 한다. 따라서 취사나 저장 등 인간의 가장 일상적인 행위에 의해 사용된 생활유적 출토 토기로 접근해야 함이 마땅하다.

이러한 인식을 가지고 토기를 통해 가야성립 이전의 한일교류에 대해 구체적으로 살펴보고자 한다. 주된 자료는 점토대토기이며, 이와 병행하는 시기의 야요이토기이다. 한반도에서는 가야지역을 중심으로 야요이토기가 출토되고 있고, 일본열도에서는 북부큐슈를 중심으로 서일본지역에 걸쳐 점토대토기가 출토되고 있다. 양 지역에서 출토되는 외래계토기들은 故地의 토기와 꼭 같은 것들도 있지만 닮은 것

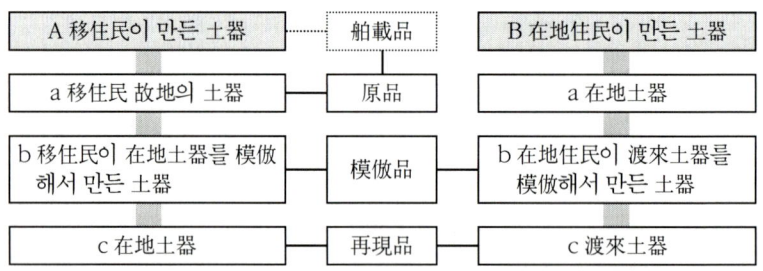

도 1. 이주민과 재지주민이 만든 토기(이창희 2009b)

들도 많다. 어느 한 지역에서 재지의 토기와 전혀 다른 이질적인 토기가 출현한다는 것은 무엇을 의미하는 것일까? 필자는 전고에서 〈도 1〉과 같은 가설을 설정하여 토기가 말해 줄 수 있는 상황들을 제시한 바 있다(이창희 2009b). 구체적인 내용은 전고를 참고하기 바라며, 이주의 증거물로써 토기가 가지고 있는 의미에 대해 덧붙여 둔다.

이질적인 토기가 출토된다고 해서 전부 개인 혹은 집단이 이주한 것으로 볼 수는 없다. 원거리 거점을 통해 교환이 이루어진 것을 전제로 한다면 교환의 담당자가 바다를 건너갈 때(한반도-일본열도) 구비한, 도항 일정에 기본적으로 필요한 식기나 저장기가 舶載品이 된다. 대형토기는 컨테이너(container)의 역할로써 교환품이나 헌상품, 또는 도항 일정에 가장 많이 필요한 음식물 등을 넣기 위해 몇 점인가가 舶載되었을 것이다. 이러한 토기 중 故地로 다시 들고 가지 않은 것들이 남아있는 것이다. 따라서 대형토기가 박재품이 되는 경우는 보통의 용기보다는 적었을 것으로 생각된다[1].

당시 토기자체가 교환되는 일은 없다고 봐도 무방하다. 게다가 잠깐의 교환을 위한 일정 속에서는 담당자들이 토기를 생산할 필요가 없다. 가져간 토기들을 사용했거나, 교환 장소에서 숙식을 제공받았을 가능성이 높다. 따라서 소수의 박재품만으로 이주의 흔적이라고 단언하기는 어렵다.

그런데, 어느 한 장소에 도착한 후 정주하게 될 경우, 혹은 교환만을 목적으로 도항 한 후 장기간 그 장소에서 역할을 담당하게 될 경우는 얘기가 달라진다. 전자의 경우 토기의 생산이 불가피해지

---
[1] 白井는 교역품을 보다 대량으로 가져 가기 위해서는 섬유제의 운반구에 넣거나 배에 직접 선적하는 편이 더욱 효율적이라고 언급한 바 있다(白井克也 2001).

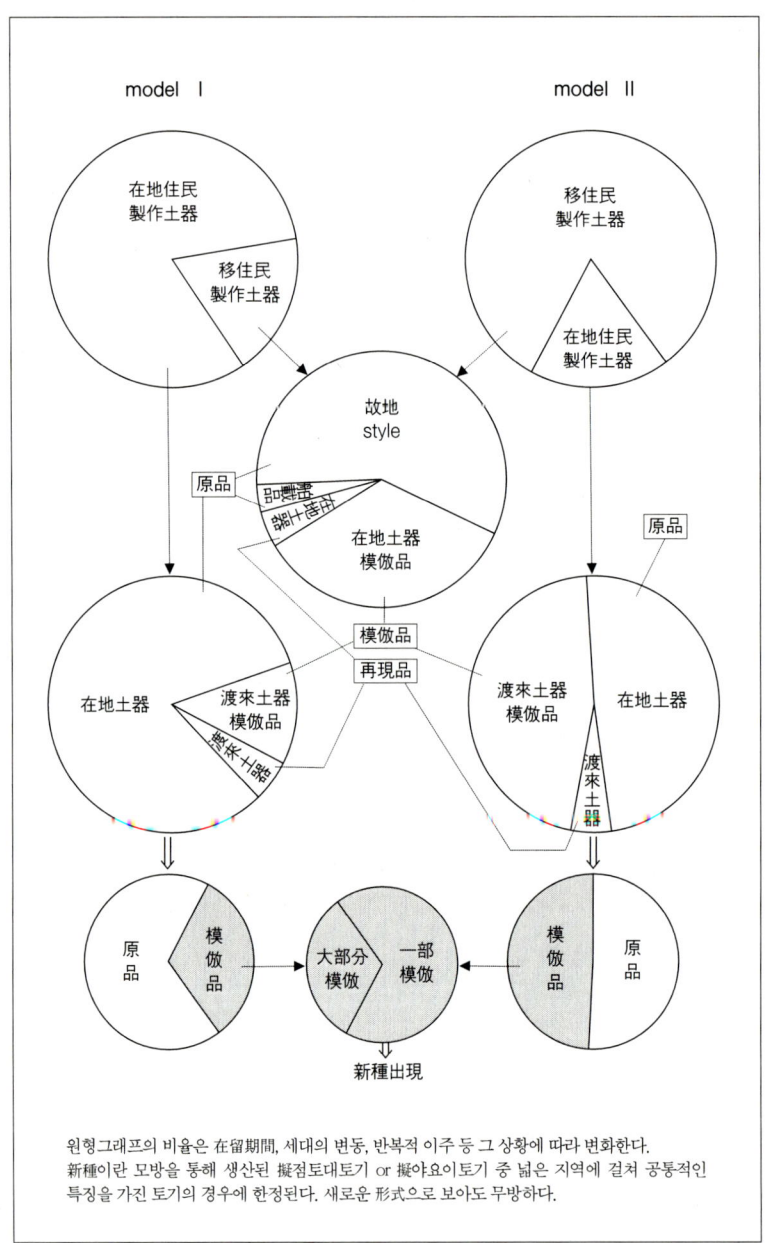

도 2. 이주민과 재지주민이 만든 토기(모식도)

게 된다. 후자의 경우도 장기간 내내 숙식을 제공받지 못할 가능성이 높기 때문에 토기를 생산하게 될 것이다. 토기의 생산이야 말로 이주의 증거가 되는 것이다. 필자는 이 장기간이라는 것을 시간적으로 특정할 수는 없지만 장기간 체류를 큰 의미에서 전부 이주로 보고 있다. 이주민이 토기를 생산할 경우 가설과 같이 여러 가지 형태의 토기가 제작될 수 있는 것이다. 따라서 다량의 외래계토기가 출토된 유적의 경우는 도래한 사람들에 의해 제작된 토기가 포함되어 있을 가능성이 높고, 이들은 이주민일 가능성이 높다. 본고에서는 전고의 가설을 보다 구체화시켜 모델화 한 모식도를 〈도 2〉와 같이 제시해 본다.

〈도 2〉에 대해 간략히 설명해 둔다. 다수의 외래계토기가 출토되는 유적(혹은 유구)을 전제로 하고 있다. 모델Ⅰ은 재지토기에 비해 외래계토기의 출토가 적은 경우이다. 모델Ⅱ는 반대의 경우인데, 양자 모두 이주민이 현지(이주지)에서 토기를 제작했을 경우 고지의 스타일로 만든 것이 가장 많을 것이다. 고지토기의 전통에 재지토기의 요소를 모방하여 만든 토기가 다소 출토되며, 그 외 소량의 박재품과 극소량의 재현품이 존재할 것이다. 반면 재지주민의 토기생산 패턴은 모델에 따라 달라질 수 있다. 모델Ⅰ의 경우 외래계토기가 적기 때문에 당연 재지토기 그대로의 제작이 탁월하다. 하지만 모델Ⅱ의 경우 재지토기의 수량 자체가 적고, 이주민이 중심이 되기 때문에 외래계토기를 모방한 토기들이 다소 존재할 것이다. 따라서 모방품은 모델Ⅰ보다 모델Ⅱ의 경우가 많다고 생각된다. 모방품은 모방 정도에 따라 다양한 형태로 나타날 수 있는데, 재지토기의 대부분을 모방한 것 보다는 일부 요소를 모방한 것이 많다. 일본열도에서 출토되는 擬粘土帶土器의 경우 구연부 제작수법과 형태에 있어 공통적인 특징이 간취되는 것이 넓은 지역에 걸쳐 분포하고 있다. 이러한 토기들은 새로운 기종으로 볼 수 있다. 이에 대한 검토는 다음을 기약하도록 한다.

점토대토기단계의 한일교류사에 대한 연구는 적지 않다. 하지만 2000년대 중반 이후로는 이루어지지 않고 있으며, 교류의 내용은 의외로 매우 간단하게 요약된다. 대개 청동기와 철기를 중심으로 원료나 위신재로써의 수입을 위해 야요이인들이 한반도로 건너갔으며, 낙랑군 설치를 기점으로 기원전 1세기대부터 韓-漢-倭 사이에 보다 본격적인 교류가 이루어졌다는 것을 골자로 하고 있다. 漢鏡 등의 위신재 입수 및 철기나 철원료를 둘러싸고 일어난 것이라는 것이다. 역으로 점토대토기인들이 왜 일본열도로 건너갔는가 등에 대한 것은 그다지 생각되고 있지 않는 듯하다. 본고에서는 필자가 생각하는 전술한 토기에 대한 인식을 바탕으로 양 지역의 외래계토기를 통해 당시의 교류관계의 변화상에 대해 보다 구체적으로 파악해 보고자 하며, 나아가 그 배경과 시스템에 대해서도 접근해 보고자 한다.

Ⅱ. 한반도 출토 야요이토기와 이주민

본문에 들어가기 앞서 이해의 편의를 위해 야요이토기의 형식에 대해 간단히 설명해 둔다. 여기에서 각 형식의 특징까지 설명하는 것은 무리라고 생각되므로, 시기구분과 형식의 순서에 따른 용어에 대해서만 언급하도록 한다. 뒤에서 계속해서 야요이토기의 형식명이 등장하며, 점토대토기와의 병행관계를 이해하는데 있어서도 여기에서 기억해 두는 것이 좋을 것 같다.

현재, 일본에서 주로 사용되고 있는 시기구분과 형식명 및 본고에서 사용하고 있는 용어는 다음과 같다(도 3).

	前期				中期			後期		
	初頭	中頃	後半	末	初頭	前半	後半	前半	中頃	後半
	板付Ⅰ式	板付Ⅱa式	板付Ⅱb式	板付Ⅱc式	城ノ越式	須玖Ⅰ式	須玖Ⅱ式	高三潴式	下大隈式	西新式
(新年代)	700	600-500	400		300		200		1-30	
				前期末-中期初				中期末		
300(舊年代)			200		100		50			
500-400(折表案)					200			中期末-後期初		

도 3. 야요이토기의 편년

야요이토기의 편년은 森貞次郎, 小田富士雄에 의해 정비·설정되었는데, 본고에서는 이를 기반으로 하여 현재 武末純一가 사용하고 있는 토기형식명을 사용한다. 즉, 이타즈케Ⅰ식(板付Ⅰ式)-前期初頭, 이타즈

九州北部		韓半島	土器의 轉換樣相	西日本 出土樣相
弥生前期	板付Ⅰ式	松菊里式	松菊里式	
	板付Ⅱa式			圓形粘土帶
	板付Ⅱb式	圓形粘土帶土器	圓形粘土帶	
	板付Ⅱc式			
弥生中期	城ノ越式			
	須玖Ⅰ式	勒島式土器	勒島式	勒島式
	須玖Ⅱ式		瓦質土器(古)	
弥生後期	高三潴式			
	下大隈式	軟質土器	軟質土器(新)	
	西新式			

도 4. 점토대토기와 야요이토기의 병행관계 (이창희 2010)

케Ⅱa식(板付Ⅱa式)-前期中頃, 同Ⅱb식(板付Ⅱb式)-前期後半, 同Ⅱc식(板付Ⅱc式)-前期末, 죠노코시식(城ノ越式)-中期初頭, 수구Ⅰ식(須玖Ⅰ式)-中期前半, 同Ⅱ식(須玖Ⅱ式)-中期後半, 타카미즈마식(高三潴式)-後期前半, 시모오오쿠마식(下大隈式)-後期中頃, 니시진식(西新式)-後期後半이다.

덧붙여 여기에서 점토대토기와 야요이토기의 병행관계에 대해서 일일이 재검토하기에는 지면이 부족하므로, 이 역시 전고를 참고하기 바리며, 현재까지 한반도와 일본열도에서 출토된 외래계토기를 바탕으로 설정한 가장 최근의 병행관계를 도면으로 제시해 둔다(도 4).

1. 토기형식

한반도에서 출토된 야요이토기는 소수의 연구자들에 의해 자료가 모아져 왔다. 점토대토기와의 공반관계 등을 기초로 하여, 토기 간의 병행관계가 설정되어 왔다. 연구성과를 살펴보면 큰 차이는 없지만, 토기형식 판별의 相異, 새로운 자료의 지속적인 증가, 誤讀 등에 의해 한 형식 정도의 차이가 있는 경우가 많다. 2000년대에 들어서는 주로 필자에 의해 이러한 내용들이 다루어져 왔는데, 지면 관계상 관련된 前稿를 참고하기 바란다(이창희 · 石丸あゆみ 2010, 이창희 2010 外). 본고에서는 2000년대 이후의 자료를 중심으로 살펴보도록 한다.

우선 점토대토기와 관련하여, 한반도에서 출토된 가장 이른 야요이토기에 대해 살펴본다. 야요이시대 전기에 해당되는 토기가 그

것인데, 〈도 5〉와 같다. 1은 흥동유적 1호주거지 출토품으로 중기 말-전기초의 것으로 생각되는 옹의 구연부편인데[2], 극히 일부만이 남아 있어 정확한 형식을 특정하기 어렵다. 2는 회현리패총 76·79층 출토품으로 문양이나 동체부 형태로 보아 이타즈케Ⅱb식 壺로 생각된다. 한반도에서 출토된 야요이토기 중 필자가 전기에 넣을 수 있다고 생각되는 토기는 이 두 점뿐이다.

그런데, 최근에 보고된 자료 중에서 武末에 의해 전기의 것으로 판별된 토기가 있다(武末純一 2010). 3~8이 그것인데, 구산동유적에서 출토된 토기들이다. 이러한 토기들을 근거로 하여 구산동유적에서 야요이시대 전기의 토기가 존재하고 있음을 큰 의의로 보았다. 하지만 실상 氏는 본문에서 "板付Ⅱ式系"라든지, "彌生系土器" 일람표에서 "板付Ⅱ?"(系統) 등으로 표현하고 있으며, 이타즈케Ⅱ식토기가 변용한 최종단계의 양상으로 생각하고 있다. 氏의 표현방식에서도 드러나듯이 이 중에 확실히 전기의 토기라고 할 수 있는 것은 없다고 생각된다. 소위 擬○○토기인 것들이다.

---

2) 武末는 전기후반(이타즈케Ⅱ식)으로 보고 있다. 전술한 야요이토기의 편년에 의하면 이타즈케Ⅱb식이 되는 셈인데, 같은 글의 다른 곳에서는 전기말~중기초두의 토기로 표현하였다(武末純一 2010).

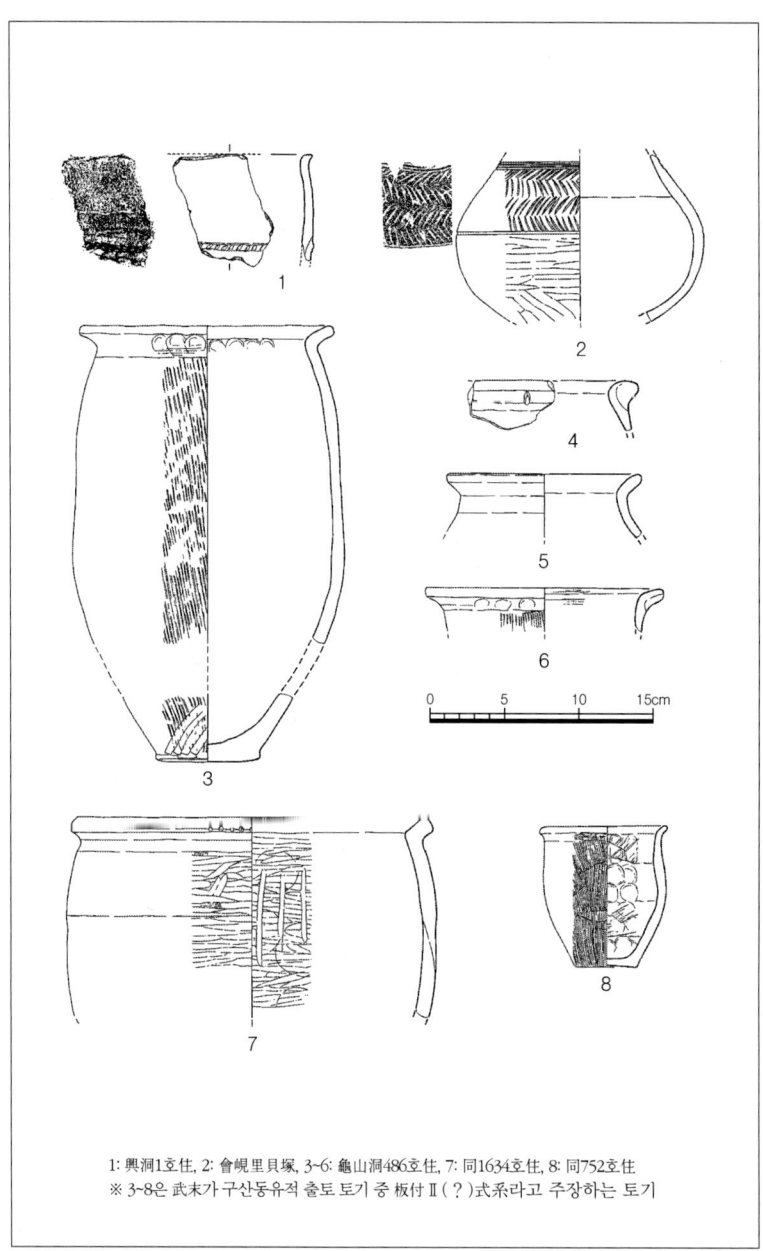

1: 興洞1호住, 2: 會峴里貝塚, 3~6: 龜山洞486호住, 7: 同1634호住, 8: 同752호住
※ 3~8은 武末가 구산동유적 출토 토기 중 板付Ⅱ(?)式系라고 주장하는 토기

도 5. 한반도 출토 야요이시대 전기 토기(S=1/5)

다음으로 중기초두의 죠노코시식토기에 대해 살펴본다. 죠노코시식토기에 대해서는 늑도유적 자료를 중심으로 전고를 통해 몇 차례 다룬 바 있으므로[3] 여기에서는 최근에 조사된 구산동유적 출토품을 중심으로 살펴본다. 〈도 6〉의 1~9가 武末가 야요이토기 계통으로 생각하고 있는 토기이다. 氏는 죠노코시식으로 판별한 것들을 다시 擬○○토기 계통과 야요이토기 계통으로 구별하고 있기 때문에, 1~9를 그나마 더 죠노코시식風의 토기라고 생각하고 있는 것 같다. 대부분이 극히 일부 잔존하는 옹의 구연부 편인데, 이 역시 확실히 죠노코시식이라고 특정지우기 어려운 것들이다. 죠노코시식 옹의 구연부는 단면이 삼각형에 가깝고, 짧은 평탄면을 가지거나 내경하는 것이 많다. 역L자상 구연도 있는데, 평탄면은 짧으며, 구연내측으로의 돌출이 거의 없다. 그런데 흔히 말해지고 있는 이러한 죠노코시식 옹의 구연부 특징들인 평탄면의 길고 짧음이나, 내측으로의 돌출기미라고 하는 것은 다분히 수구 I 식 옹과의 상이점인 느낌을 통한 감각적인 판단으로써, 실제로 미묘한 것들이 많다. 즉, 호를 비롯한 유물조합과 전체적인 기형을 알 수 없거나 저부가 없는 경우, 극히 일부의 구연부편으로는 판단하기 어렵다. 구산동유적에서는 많은 저부들이 출토되었는데, 야요이토기의 저부라고 생각되는 것들도 출토되었다. 죠노코시식 저부는 1점도 출토되지 않았다.

---

3) 필자는 늑도유적을 삼각형점토대토기 단순기로 파악하고 있는 바, 지금까지 늑도유적에서 출토된 죠노코시식이라고 말해지고 있는 토기들은 죠노코시식이 아니거나, 수구 I 식期에 해당되는 것들이며, 이를 통해 삼각형점토대토기는 수구 I 식토기부터 병행관계에 있음을 주장해 왔다(이창희 2004, 2005, 2010).

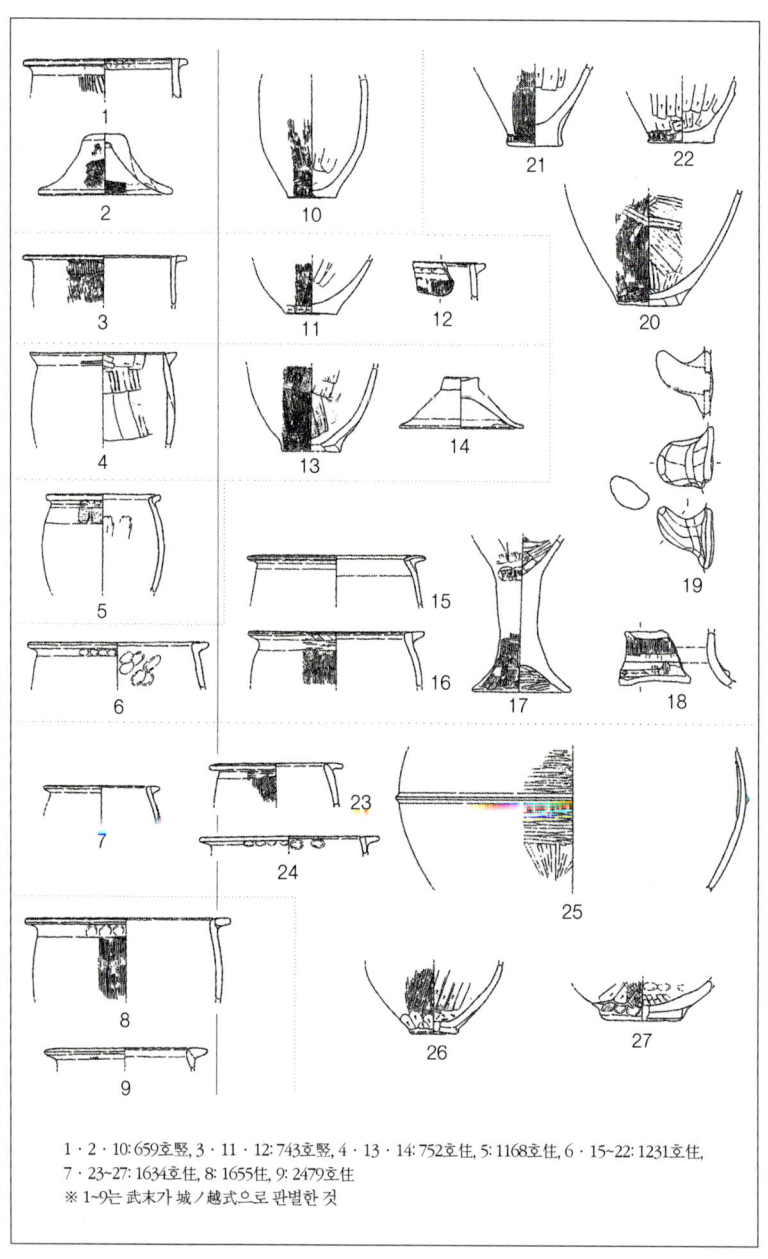

1·2·10: 659호竪, 3·11·12: 743호竪, 4·13·14: 752호住, 5: 1168호住, 6·15~22: 1231호住, 7·23~27: 1634호住, 8: 1655住, 9: 2479호住
※ 1~9는 武末가 城ノ越式으로 판별한 것

도 6. 구산동유적 출토 죠노코시식토기와 공반토기(S=1/9)

한반도에서 출토된 야요이토기 중 대다수를 차지하고 있는 수구식토기는 늑도유적에서 다량으로 출토되었다. 전술한 구산동유적 출토 야요이(系)토기[4] 이외의 다수는 수구Ⅰ식(系)이다. 최근 자료로는 늑도유적의 경우 A지구 보고서(舊 경남고고학연구소 2003, 2006)와 필자의 전고에 의해 B지구의 수구식토기들이 다수 알려졌고(이창희·石丸あゆみ 2010), C지구의 수구식토기들이 일부 보고된 바 있으며(동아대학교박물관 2005), 방지리유적에서 출토된 수구식토기도 보고된 바 있다(경남발전연구원역사문화센터 2007). 전술한 회현리패총의 최근 보고서에서도 수구식토기를 확인할 수 있다(舊 경남고고학연구소 2009, 부산대학교고고학과 2002). 그 외에는 이미 알려진 자료들인데, 다호리유적, 대성동소성유구, 지내동 옹관, 내성유적 등에서 출토된 바 있다.

근년 울산지역에서도 야요이토기의 출토가 증가하고 있다. 야요이토기는 양질적으로 풍부한 자료를 갖추고 있고 거점으로써 부각되어 온 늑도유적을 중심으로 논해져 왔으나, 필자는 이 시기 한일교류에 있어 거점이 되는 곳은 한 곳이 아니라 복수로 존재하고 있었음을 상상하고 있다. 김해와 울산을 그러한 곳으로 판단하고 있으며, 최근 울산지역에 많은 관심을 가지고 있다. 울산지역에서 야요이토기는 2005년부터 알려지기 시작했는데, 여기에서 도면을 제시하면서 살펴보도록 한다(도 7·8).

중산동 약수유적, 달천유적, 매곡동유적의 수혈과 주거지 등에서

---

[4] 필자가 본고에서 표현하고 있는 야요이계토기는 전형적인 야요이토기와는 차이가 있는 擬○○토기의 의미를 가지고 있음을 밝혀둔다. 큰 범주로 보아 類似야요이토기로 표현해도 무방하리라 생각된다.

다수가 출토되었는데, 대부분이 수구Ⅰ·Ⅱ식토기이며, 일부 야요이계토기로 판단되는 것들이 있다. 울산지역에서는 점토대토기가 출토되는 유적이 비교적 최근에 조사가 되었는데, 조사빈도에 비해 야요이토기의 출토빈도가 높은 편이며, 그 양도 비교적 많은 편이라 할 수 있다. 점토대토기유적은 현재에도 조사가 되고 있는 것으로 알고 있으며, 언양을 중심으로 한 지역에 다수의 점토대토기집단, 혹은 대규모 취락이 있었을 것으로 기대된다. 따라서 필자는 앞으로 울신지역에서 야요이토기의 발견이 증가될 것을 확신하고 있다. 한편, 행정구역상으로는 경주지역으로도 넣을 수 있겠지만, 전술한 울산지역의 유적과 가까운 양남 하서리유적에서도 야요이토기가 출토되었다. 하서리유적의 토기는 실견한 적이 없어 단정할 수는 없지만, 도면상으로 보아 야요이(系)토기로 보아 무방한 것도 있고 삼각형점토대토기도 있는 것 같다.

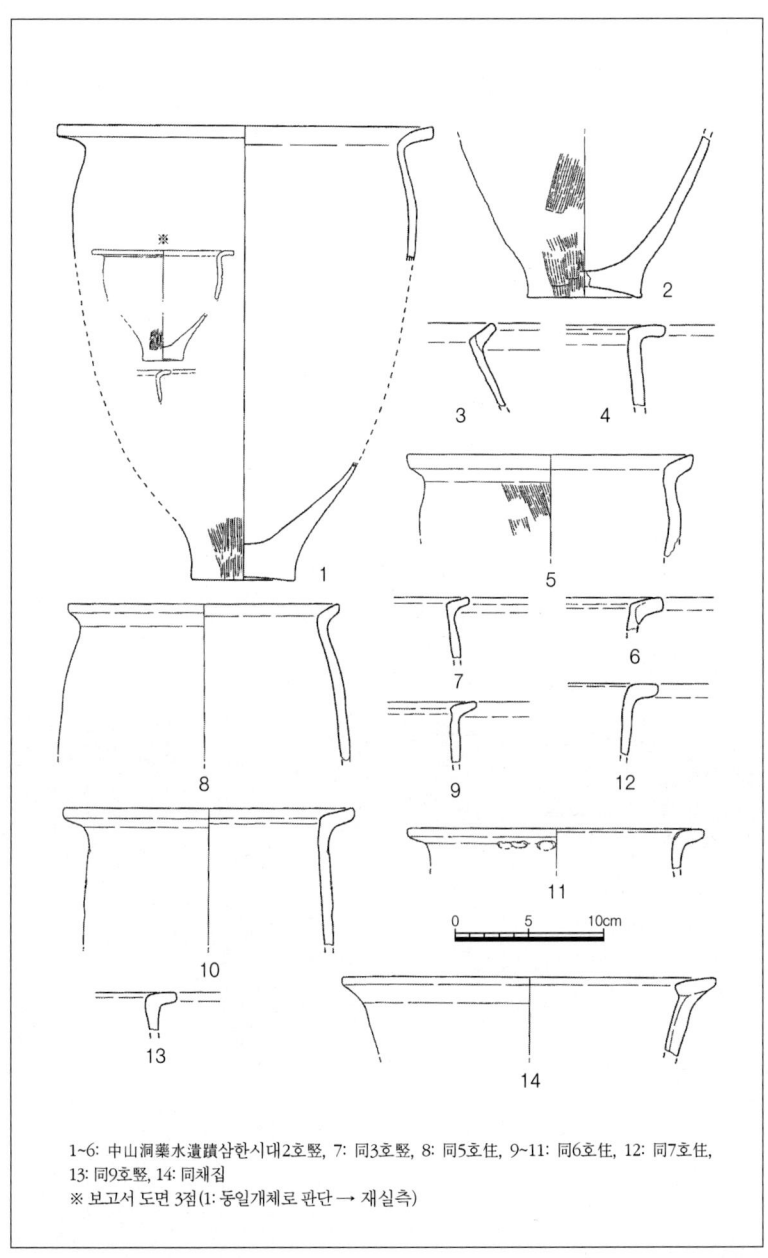

1~6: 中山洞藥水遺蹟삼한시대2호竪, 7: 同3호竪, 8: 同5호住, 9~11: 同6호住, 12: 同7호住, 13: 同9호竪, 14: 同채집
※ 보고서 도면 3점(1: 동일개체로 판단 → 재실측)

도 7. 울산지역 출토 야요이(系)토기①(S=1/5)

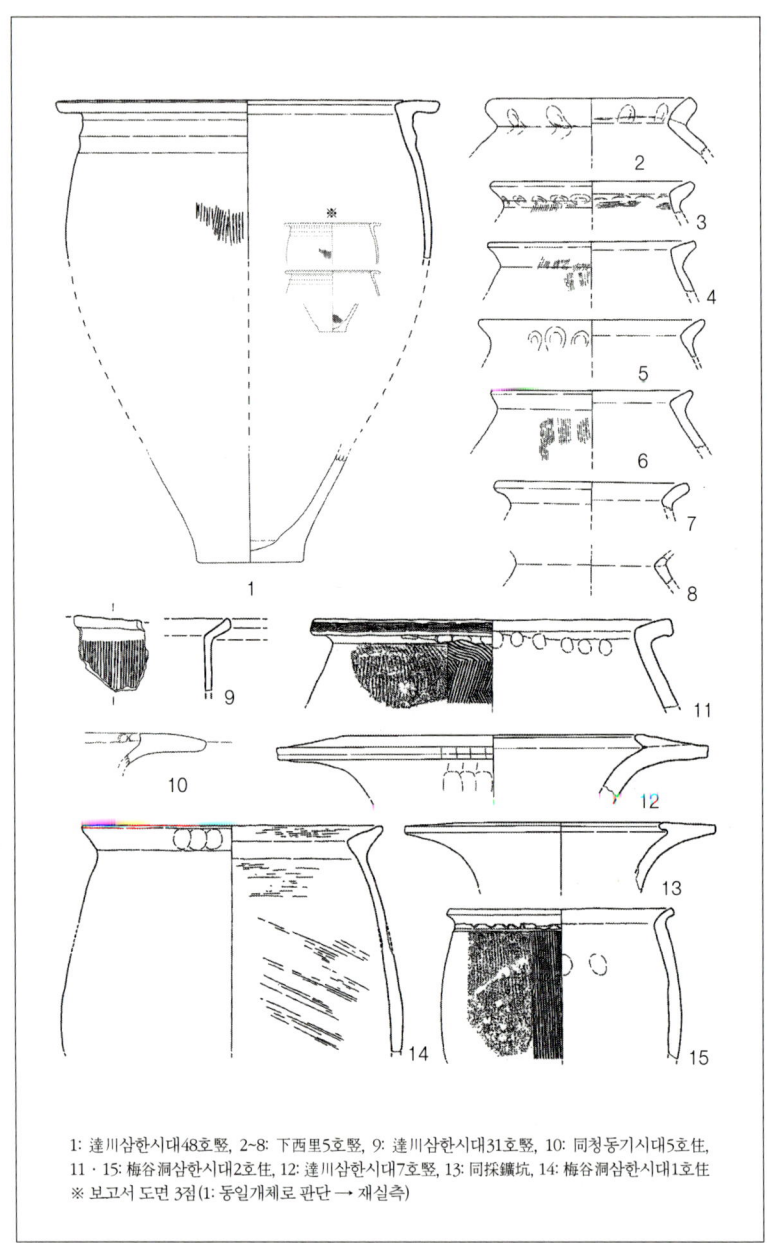

도 8. 울산지역 출토 야요이(系)토기②(S=1/5)

1: 達川삼한시대48호竪, 2~8: 下西里5호竪, 9: 達川삼한시대31호竪, 10: 同청동기시대5호住, 11·15: 梅谷洞삼한시대2호住, 12: 達川삼한시대7호竪, 13: 同採鑛坑, 14: 梅谷洞삼한시대1호住
※ 보고서 도면 3점(1: 동일개체로 판단 → 재실측)

2. 공반유물을 통한 시기비정

위에서 살펴본 야요이토기를 점토대토기와의 공반관계를 통해 차례로 그 시기에 대해 검토해 본다.

1) 야요이시대 전기 토기

흥동유적 1호주거지 출토품은 원형점토대옹, 蓋, 豆形土器, 조합식우각형파수 등과 공반되었다. 그 외 돌대가 붙어 있는 것 같은 매우 작은 토기편이 1점 있는데, 武末는 이것을 죠노코시식(중기초두) 호의 편으로 판별하였다(武末純一 2010). 이를 인정하게 되면 1호주거지는 당연히 죠노코시식 단계보다 올라갈 수 없게 된다. 두형토기는 대각의 속이 차있는 中實形인데, 이러한 특징은 주로 삼각형점토대토기단계에 유행하는 것으로 알려져 있다. 개도 주로 삼각형점토대토기단계에 유행한다. 다만 이러한 두형토기나 개가 원형점토대토기단계에 없는 것은 아니다. 삼각형점토대토기단계의 생활유적에서 호의 파수는 주로 棒狀把手인데, 여기에서는 조합식우각형파수가 출토된 것도 특징이다. 이를 종합해 볼 때, 1호주거지는 원형점토대토기의 늦은 단계에 속할 것이다. 비슷한 시기의 자료로는 방지리유적의 원형점토대토기 늦은 단계를 들 수 있다. 야요이토기 편년으로는 공반된 토기편이 죠노코시식이라면 이것이 상한이 될 것이고, 확신할 수 없다면 전기말~중기초로 편년할 수 있다. 필자의 병행관계로 보아도 정합적이기 때문에 전기말~중기초로 보는 것이 안정적으로 판단된다.

회현리패총의 이타즈케Ⅱb식 호는 패총의 층위발굴을 통해 출토된 것인데, 같은 층에서 삼각형점토대토기를 비롯하여 수구Ⅱ식 야요이토기, 기원 100년 전·후의 것으로 생각되는 주머니호(전기와질토기), 연질토기가 함께 출토되었다. 다소 늦은 시기의 토기들이 함께 출토되었기 때문에 병행관계를 논하기는 어렵다.

문제는 구산동유적 출토품인데, 전술하였듯이 확실히 전기의 토기라고 할 수 있는 것은 없다. 필자는 다음과 같은 이유로 구산동유적 출토 야요이토기 중 이타즈케Ⅱb·Ⅱc식토기는 없다고 생각한다. 우선 공반된 토기 중에 점토대옹의 구연부편은 없기 때문에 다른 것들로 판단해야 한다. 구산동유적은 기본적으로 점토대토기보다 야요이(계)토기가 우위를 점하고 있다. 수구Ⅰ식이 대다수이다. 소량의 점토대토기는 모두 삼각형점토대토기이며, 원형점토대토기는 1점도 없다. 따라서 이 유적의 야요이토기는 삼각형점토대토기단계와 병행할 가능성이 높을 것으로 짐작된다. 또한 이타즈케Ⅱ식 계통으로 판별된 것들 중, 〈도 3〉의 3·6·8과 같은 토기는 삼각형점토대토기단계에 흔히 볼 수 있는 재지토기이다. 늑도유적에서도 찾아보기란 어렵지 않다. 그 외의 공반유물 중에서 많은 것이 胴中位정도까지 남아있는 저부편인데, 목리가 조밀하게 남아 있고, 굽상저부를 띠고 있는 것이 많다. 이것은 전형적인 늑도식토기옹의 저부형태이다. 굽이 형성되어 있는 부분에 깍기풍의 조정이나 지두흔이 거칠게 남아있는 것도 전형적인 늑도식토기 저부의 특징이다. 공반된 두형토기나 호도 마찬가지로 늑도식토기이다. 필자의 병행관계에 의하면, 수구Ⅰ식단계에 해당되는 셈이다. 한 형식도 아니고 두 형식의 차이가 생기게 되는 것이다. 삼각형점토대토기가 죠노코시식토기부터 병행하기 시작한다고 해도 구산동유적의 야요이토기를 전기로 넣는 것은 무리라고 생각된다.

　이상으로 보면 현재까지 확실히 전기의 야요이토기라 할 수 있는 것은 2점이다. 전기말~중기초로 생각되는 舊김해패총 출토 김해식옹관을 포함하면, 조금 더 늘어 날 수 있겠다. 흥동유적의 야요이토기는 죠노코시식 단계에 들어갈 여지가 남아있다. 그렇지만 확실한 이타즈케Ⅱ식토기가 존재하기 때문에 병행관계로 보아[5], 향후 원형점토대토기와 야요이토기의 공반자료가 늘어날 가능성이 있다.

2) 야요이시대 중기 토기

　역시 구산동유적의 죠노코시식토기를 중심으로 살펴보았는데, 1)에서 서술한 공반양상과 거의 동일하다. 봉상파수도 출토되어 더욱 늑도식토기의 조합을 갖추고 있다. 전술한대로 죠노코시식으로 보기 어렵다는 것이 유물조합에서도 나타나고 있다. 다만 수구Ⅱ식은 확실히 출토되지 않았기 때문에 구산동유적은 야요이토기의 수구Ⅰ식단계에 해당되는 유적이라 생각된다. 이러한 죠노코시식風의 토기들은 대성동소성유구에서 출토된 것과 상당히 형태가 유사하다. 대성동소성유구에서는 기원 1세기대의 것으로 볼 수 있는 와질토기(주머니호) 등 죠노코시식토기보다 시기가 다소 내려오는

---

5) 병행관계는 기본적으로 교차연대법(cross dating)에 입각해야 하는데, 일본열도의 경우 원형점토대토기와 야요이전기의 토기가 공반되는 것은 빈번하지만, 한반도의 경우는 흥동유적의 야요이토기를 전기말로 비정할 경우에 한해서 1점이 되는 셈이다. 다만 삼각형점토대토기와 야요이토기는 확실히 교차연대법으로 성립되기 때문에, 그 이전 단계에 해당되는 원형점토대토기와 이타즈케Ⅱ식이 병행관계에 있다고 말할 수 있다.

토기들과 함께 출토되었다. 구산동유적의 그것들도 대성동소성유구와 같은 해석이 좋을 것 같다. 따라서 죠노코시식토기와 구연이 비슷하다고 해서, 야요이시대의 죠노코시식단계(중기초두)에 그대로 맞추는 것은 곤란하다고 생각된다.

울산지역에서 출토된 야요이토기들은 수구Ⅰ·Ⅱ식인데, 수혈이나 주거지에서 출토된 것이 많아 공반관계가 더욱 명확하다. 다른 기종을 차치하고 삼각형점토대옹과 공반되고 있기 때문에 병행관계로 보아도 매우 정합적이다.

3. 해석

양 지역에서 토기 자체를 교환(exchange), 교역(trade)하는 일은 거의 없다. 따라서 토기는 교류(interchange)의 증거는 될 수 있지만 교섭(negotiation)이나 교역의 직접적인 증거는 되지 못한다(이창희 2009a). 막연히 토기를 통해 교환, 교역, (한일)교섭 등으로 표현되고 있지만, 점토대토기인과 야요이인의 관계를 구체적으로 구명하지 못했기 때문에, 본고의 논제도「～한일교류」라고 표현한 것은 이와 같은 맥락이다.

여기에서는 필자가 생각하고 있는 토기에 대한 인식(도 1·2)을 바탕으로 토기형식과 공반유물, 출토정황 등을 토대로 교류의 실태와 변화에 대해서 보다 구체적으로 추정해 보도록 한다.

가장 이른 시기의 자료는 역시 흥동유적 출토 옹 구연편인데, 이 한 점으로 교역을 논하기란 힘들다고 생각한다. 야요이인이 제작한 것으로 생각되는데, 관련자료가 너무도 부족하기 때문에, 야요이인이 장기간 체류한 것으로 판단하기도 어렵다. 즉 이주에 의한 결과로 보기란 어렵다. 야요이인이 흥동에서 생산한 토기로 보기 어렵기 때문에 박재품일 가능성이 높다.

회현리패총의 김해식옹관은 전형적인 야요이시대의 옹관이다. 이 대형토기들은 옹관으로 사용하기 위한 매장 전용의 토기이기 때문에 박재품이라기 보다는 현지(김해)에서 생산되었을 가능성이 있다. 그것이 아니라면, 야요인이 사망한 뒤 관련 인물(혈연관계)이 다시 북부큐슈로 돌아가 옹관을 가져왔거나, 당초에 자신의 관을 들고 온 셈이 된다. 따라서 전자의 가능성이 높다고 생각된다. 야요이인이 김해로 이주한 후 옹관을 제작하여 무덤을 만들었다면, 어느 정도 장기간 체류한 것으로 생각된다. 세형동검과 銅鏃가 함께 부장된 것으로 보아, 회현리패총 김해식옹관의 주인공은 청동기 생산이나 입수와 관련하여 북부큐슈에서 김해로 건너온 인물로 추정된다.

이상의 두 자료는 모두 전기말~중기초에 해당되는 시기이며, 흥동유적의 것은 전기후반까지 올라갈 가능성이 있는 자료이다. 회현리패총의 옹관을 통해 야요이인의 이주라는 측면에서 적극적으로 해석한다면, 이 시기에 우수했던 한반도의 세형동검문화에 대한 정보를 입수한 뒤에 일어난 일일 것이다. 그렇다 하더라도 발견사례가 너무 적고, 반대급부로 김해의 재지인이 야요이인으로부터 획득한 것도 불분명하기 때문에, 다음 단계에 비해 한일교류관계는 그다지 활발하지 못했던 것으로 생각된다. 거점을 통해 물건을 교환하는 정황도 파악할 수 없기 때문에, 교역이라고 단정지을 수 없다.

그런데 수구Ⅰ식단계(중기전반)부터는 한반도에서 야요이토기가 증가하기 시작한다. 늑도유적은 물론이고 김해·부산, 울산지역에서도 수구Ⅰ식토기가 출토된다. 수구Ⅱ식토기에 비하면 그 양이 미미하지만, 전기와는 비교할 수 없을 정도이다. 이러한 수구Ⅰ식토기 중에서는 박재품도 있겠지만, 현지에서 야요이인이 생산한 토기들이 포함되어 있다고 생각된다. 필자는 토기의 생산을 이주의 증거로 보고 있다. 그렇다면 수구Ⅰ식단계에는 왜 야요이인이 한반도로 건너왔을까? 이 시기는 삼각형점토대토기단계에 해당되는데, 한반도에서는 이미 철기가 사용되고 있는 시기이다. 철기는 원형점토내토기의 가장 마지막단계에 출현하지만, 당시는 戰國系鐵器가 일부 분묘에서 출토되는 경향이기 때문에, 한반도에서 철기를 생산했는지는 확실치 않다. 그러나 삼각형점토대토기단계에는 철기의 부장사례와 양이 증가하고, 생활유적에서도 철기가 출토된다. 늑도유적에서는 제철관련 유물들도 다량으로 출토된 바 있다. 따라서 지금까지의 연구성과처럼 교섭·교역(기존의 표현)의 중심에는 역시 철기나 그 원료가 배경이었다고 할 수 있다. 다만, 당시 일본열도에서는 철기의 생산과 사용을 보급이라고 할 수 있는 정황은 아니었기 때문에, 청동기 역시 중요한 배경이었을 것이다.

    수구Ⅱ식단계부터는 야요이토기의 출토가 급증한다. 늑도유적 역시 수구Ⅱ식토기가 압도적으로 많으며, 다른 지역에서 출토되는 야요이토기도 대다수가 수구Ⅱ식일 정도로 한반도 출토 야요이토기는 수구Ⅱ식이 많다. 그렇다면 수구Ⅱ식단계에 한반도로 건너온 야요이인의 목적은 무엇인가? 수구Ⅱ식토기 중에서도 중기말이라고 불리는 토기들이 많고, 일본열도에서 출토되는 삼각형점토대토기의 대부분도 중기말~후기초에 해당된다. 이것은 新年代든 아니든 기원전후 1세기대에 해당되는 토기이다. 우리는 고고학에서 이 시기를 필연적으로 낙랑과 연관되어 있다고 생각하고 있다. 실제로 낙랑토기가 출토되고 있고, 이와 관련 깊은 와질토기도 출현하기 때문이다. 수구Ⅱ식토기도 낙랑토기와 함께 출토되고 있다. 따라서 이 시기의 야요이인들도 前漢鏡을 비롯한 중국의 문물에 대해 위신재 및 부장품으로써의 수요가 있었을 것이다. 게다가 가야지역에서는 철기가 보급되고 생산도 활발히 이루어지면서, 다수의 철광산도 확보되었을 것이다. 철기와 그 원료, 그리고 생산기술, 낙랑의 가야지역 진출 등과 맞물리게 되면서 야요이인들이 이전과는 달리 매우 활발히 바다를 건너온 것으로 판단된다.

그런데 이렇게 많은 수구Ⅱ식토기들이 전부 박재품은 아닐 것이다. 낙랑토기가 출토되는 양상과는 판이하게 다른 모습이다. 즉, 상당량의 수구Ⅱ식토기가 가야지역에서 생산되었고, 이것은 수구Ⅱ식단계에 많은 야요이인들이 가야지역으로 건너왔으며, 그 중에는 이주한 사람들, 혹은 집단이 있었을 것으로 추정된다. 반면 낙랑토기는 극소량의 박재품만이 남아있는 것으로 보아 漢人이 가야지역으로 이주한 적은 없고, 자신들의 필요에 의해 가야지역으로 와서 교역(철의 수입), 혹은 조공을 받았다고 생각된다. 그러한 과정 속에서 점토대토기인들도 중국문물을 입수할 수 있었을 것이다.

필자가 이러한 수구식토기들을 통해 이주로 적극적인 해석을 하는 이유는 토기의 조합을 중요시하고 있기 때문이다. 야요이시대 전기의 토기인 이타즈케Ⅱb식, 同Ⅱc식의 토기나 죠노코시식토기는 극소량인데다가 주로 옹의 구연부편만이 출토되고 있지만, 수구식토기의 경우는 옹을 비롯하여, 호, 개, 고배, 袋狀口緣壺 등 북부큐슈 야요이토기의 세트가 그대로 출토되고 있다. 기대를 제외하고는 제의용토기인 고배나 대상구연호 등의 단도마연토기도 함께 출토되고 있는 것이다. 취사용, 저장용, 제의용토기가 전부 출토되는 것으로 보아 단순히 교역을 위해 단기간 도래했다기 보다는 장기간 체류, 즉 이주로 인해 토기의 제작이 불가피해진 것으로 볼 수 있다. 전술하였듯이 교역만을 위한 단기간 체류의 경우는 숙식을 제공받았을 가능성이 크지만, 이주하게 될 경우 상황은 달라질 것이다. 대성동소성유구를 비롯하여, 늑도유적에서도 소성유구에서 많은 야요이토기가 출토되었다. 이러한 점 역시 야요이인의 토기생산을 시사하는 것이라 하겠다. 따라서 漢人과 야요이인의 가야지역 도래 양상은 판이하게 다른 것으로 판단된다.

요컨대, 외래계토기의 존재는 대략 청동기와 철기를 둘러싼 韓-漢-倭의 교역이라고 해석되어 있지만, 인간의 이동은 목적에 따라, 당시의 정황과 배경에 따라 그 형태가 다르다. 이러한 내막을 파악하기 위해서는 토기에 대해 깊이 생각하지 않으면 안 된다는 것을 상소하고 싶다.

4. 모방토기에 대한 인식전환

한반도에서 출토된 야요이토기를 통해 모델Ⅱ로 상정할 만한 유적(혹은 유구)은 많지 않다. 대표적인 사례로 구산동유적을 들 수 있으며, 내성유적 1호주거지나 대성동소성유구도 여기에 포함시킬 수 있겠다. 모델Ⅱ의 경우는 모방품의 출토가 비교적 많은데, 擬○○토기로 불리고 있는 이러한 모방품들은 토기 자체로만 보아 모방주체가 누구인지를 판별하기가 그리 쉽지는 않다. 왜 이러한 모방토기가 출현하게 되었는가에 대한 인식을 공유하기 위한 시도로써 다음과 같은 필자의 아이디어를 제시해 본다.

녹로를 사용하지 않은 토기의 제작은 예전부터 民俗例 등을 통해 주로 여성에 의한 것으로 알려져 있다. 모든 제품의 생산에는 性的 分業이 이루어지고 있는데, 여기에서 말하는 토기제작은 주로 토기자체를 만들어 내는 성형단계를 의미한다. 점토의 채굴이나 운반, 녹로를 사용한 토기제작, 대형토기의 제작 등 완력이 요구되는 작업들은 남성들에 의해 행해졌을 것이다. 이와 관련하여 저명한 인류학자인 머독이 민속례를 관찰·집계한 자료를 참고하면(G.P. Murdock 1965), 세계의 224부족을 조사한 결과 토기제작의 남녀 비율은 여성이 81.6%, 남성이 18.4%이다. 참고로 조리도 여성이 91.4%, 남성 8.6%로 여성이 압도적으로 우세하다. 반면 금속공예는 100% 남성에 의해 이루어지고 있다(표 1)[6].

표 1. 성별분업

경제활동	성별 분업 男(%)	성별 분업 女(%)	비고
금속공예 Metal working	100.0	0	남성우위
무기 제작 Weapon making	99.8	0.2	
바다동물 수렵 Pursuit of sea mammals	99.3	0.7	
수렵 Hunting	98.2	1.8	
악기 제작 Manufacture of musical instruments	96.9	3.1	
造船 Boatbuilding	96.0	4.0	

---

6) 머독의 조사결과를 飜譯과 改變을 통해 필자가 작성하였다.

채광·채석 Mining and quarrying	95.4	4.6
목재 가공 Work in wood and bark	95.0	5.0
석재 가공 Work in stone	95.0	5.0
소동물 포획 Trapping or catching of small animals	94.9	5.1
骨·角·貝 가공 Work in bone, horn and shell	93.0	7.0
制裁 Lumbering	92.2	7.8
어로 Fishing	85.6	14.4
의례구 제작 Manufacture of ceremonial objects	85.1	14.9
목축 Herding	83.6	16.4
가옥 건축 Housebuilding	77.0	23.0
농경지 整地 Clearing of land for agriculture	76.3	23.7
그물 제작 Netmaking	74.1	25.9
교역 Trade	73.7	26.3
Dairy operations	57.1	42.9
장신구 제작 Manufacture of ornaments	52.5	47.5
농업(경작·모종) agriculture-soil preparation and planting	48.4	51.6
皮革品 제작 Manufacture of leather products	48.0	52.0
신체 훼손(문신 등) Body mutilation, e.g., tattooing	46.6	53.4
shelter의 조립과 해체(가옥 건축과 구분) Erection and dismantling of shelter	39.8	60.2
樹皮 제조 Hide preparation	39.4	60.6
닭과 소동물 사육 Tending of fowls and small animals	38.7	61.3
농업(수확) Agriculture-crop tending and harvesting	33.9	66.1
패각 채집 Gathering of shellfish	33.5	66.5
編織(직물×) Manufacture of nontextile fabrics	33.3	66.7
發火와 관리 Fire making and tending	30.5	69.5
荷物 운반 Burden bearing	29.9	70.1
술·마약 제조 Preparation of drinks and narcotics	29.5	70.5
실·밧줄 제작 Manufacture of thread and cordage	27.3	72.7
바구니 제작 Basketmaking	24.4	75.6

매트(돗자리) 제작 Matmaking	24.2	75.8	
編織 Weaving	23.9	76.1	
과일·견과류 채집 Gathering of fruits, berries, and nuts	23.6	76.4	
연료 확보 Fuel gathering	23.0	77.0	
토기 제작 Pottery making	18.4	81.6	
魚肉類 저장 Preservation of meat and fish	16.7	83.3	
의류 제작과 수리 Manufacture of repair of clothing	16.1	83.9	여성우위
야채류 채집 Gathering of herbs, roots, and seeds	15.8	84.2	
조리 Cooking	8.6	91.4	
물 운반 Water carrying	8.2	91.8	
곡물 분쇄 Grain grinding	7.8	92.2	

고고학적으로는 죠몽토기의 경우 토기표면에 남아있는 지두흔이나 손톱흔 등의 관찰을 통해 여성이 제작한 것으로 생각되고 있으며(小林達雄 1977; 直良 1926), 야요이토기에 대해서는 頸部가 매우 좁은 토기의 내면에 시문된 문양으로 보아 남자의 손은 들어가지 않기 때문에 여자가 제작한 것으로 본 연구성과도 있다(堅田 1978). 이 밖에 '하지키(土師器) 제작에 종사하던 여자'라든지, 하지키는 여자가 스에키는 남자가 만들었다는 기록이 남아있다(小林行雄 1965). 이와 같은 사실로 보아 죠몽·야요이토기 등 일련의 적갈색 연질계토기의 대다수는 여성에 의해 제작된 것으로 생각된다(佐原 眞 2008).

야요이 수장층이 컨트롤 하고 있던 교역 담당자들은 제품의 적재, 배의 이동 등 완력이 요구되는 일이 많을 뿐만 아니라 외교 담당은 주로 남성에 의해 이루어졌을 것이다[7]. 야요이인의 수요 역시 주로 금속기나 그 원료였기 때문에, 이와 관련된 기술이나 제작에 관련되어 있는 사람들도 주로 남성일 것이다. 이는 금속공예 관련 일은 100% 남성에 의한 것이라는 머독의 민속례를 보아도 십분 유추할 수 있다. 후술할 인력자원의 공급 가능성의 경우에도 역시 남성으로 보는 것이 타당할 것이다.

그렇다면 이러한 야요이 남성들이 이주(장기간 체류)했을 경우, 토기제작이 불가피해짐에 따라 자신들이 토기를 만들어야만 하는 상황을 상정해 볼 수 있다. 故地에서 토기제작의 경험이 없었을 경우, 완벽한 고지 스타일의 토기를 제작하기는 쉽지 않을 것이다. 자신들의 토기 형태는 잘 알고 있지만, 제작에는 익숙하지 않기 때문에 현지(이주지)의 기술을 채용했을 가능성이 있다. 擬○○토기, 절충식토기 등으로 불리고 있는 이도 저도 아닌 토기들은 어쩌면 이렇게 해서 태어난 것은 아닐까? 또한 개인이 아닌 다수(혹은 집단)가 이주할 경우 혈연관계로 이어진 여성들이 함께 이주하였는가, 이주 후 재지인과의 혼인에 의해 혈연관계가 성립되었는가에 따라 여성의 토기제작 등 여러 가지 가능성을 열어두고 고민해야 할 것이다.

---

7) 표 1의 Trade의 남녀 비율도 참고가 될 만 하다.

Ⅲ. 점토대토기인들의 이주

 지역A와 지역B에서 각각 생산되는 교역품A와 교역품B가 교환되는 경우, 지역A의 주민A가 교역품B를 절실히 필요로 할 경우 주민A는 지역B로 가서 교역을 행한다(白井克也 2001). 교역이라는 측면에서 볼 때 일본열도로부터 점토대토기인들이 절실히 필요했던 제품은 거의 없다. 그렇다면 점토대토기인들은 왜 일본열도로 건너갔는가?
 점토대토기라 할지라도 원형점토대토기와 삼각형점토대토기는 확실히 구분해야 한다. 출토양상도 다르고 기반문화도 다르기 때문이다. 일본열도 내에서 자체적으로 원형점토대토기에서 삼각형점토대토기로 전환되었을 가능성은 없기 때문에 이주라 할지라도 그 배경은 판이하게 다를 것이다.
 원형점토대토기는 북부큐슈를 중심으로 다량으로 출토되고 있다. 모방품도 다량으로 출토되고 있는데, 그 분포범위는 더욱 확대된다. 모델Ⅰ·Ⅱ 모두 확인되는 등 이주로 보아도 문제없다. 그런데 원형점토대토기인들이 일부러 청동기 생산기술을 전파하기 위해 일본열도로 건너갔을리 만무하다. 이 때문에 필자는 한반도에 원형점토대토기가 등장하는 배경으로 널리 인식되고 있었던 燕將 秦開의 고조선 침공과 연관시켜, 일본열도에 원형점토대토기가 출토되는 것도 같은 맥락으로 생각하여 영남지역에 원형점토대토기가 들어 올 무렵과 거의 동시에 일본열도로 건너간 것으로 생각하였다(이창희 2009a). 그러나 현재는 그러한 문헌기사에 동조시키는 선입관을 갖고 있지 않기 때문에, 이러한 사건 하나로 원형점토대토기인들이 일본열도로 이주한 것으로 보고 있지 않다. 다만 그들은 倭製에 대한 수요가 없었기 때문에, 교역을 위한 이주라고 볼 수 없다. 정세가 그 원인이었다고 단정할 수는 없지만, 당시 한반도의 정황에 의해 피동적 이주를 한 것으로 보인다. 즉 그들은 자신들의 삶의 터전을 찾기 위해 일본열도로 이주한 것이다.

큰 의미에서 한반도의 원형점토대토기인들도 이주민으로 볼 수 있는데, 이들은 기존의 송국리집단과의 마찰 때문인지는 모르겠으나, 대규모 취락을 형성하지 못하고 高地에 정착하는 경우가 대부분이다. 정주성도 낮은 것으로 생각된다. 이에 반해 일본열도로 이주한 원형점토대토기인들은 평야를 중심으로 한 低地에 정착하거나, 야요이취락 속으로 이주하는 경우도 있다. 재지의 야요이인들과의 마찰은 그다지 없었던 것으로 보인다. 한국식동검문화로 대표되는 우수한 청동기 생산기술을 가지고 있었기 때문일까? 야요이시대 전기말~중기초에 한국식동검문화가 일본에 유입된 뒤 일본열도 내에서의 청동기 생산을 위해 야요이인들이 한반도를 왕래하게 되었고, 청동기나 철기를 위신재나 부장품으로써 가치가 높은 물건으로 인식하게 되면서, 금속기와 그 원료를 획득하기 위해 한반도로 건너갔을 것이다. 야요이취락에서 청동기생산과 관련된 유구나 공방지에서 원형점토대토기가 출토되는 빈도가 높은 것으로 보아, 이주 후에 여러 곳에서 공인들을 초빙하였을 가능성도 있다(이창희 2009a).

반면, 서일본에서 출토되는 삼각형점토대토기는 원형점토대토기에 비해 그 수량이 현저히 적고, 모방품도 거의 없다. 따라서 삼각형점토대토기단계의 이주는 원형점토대토기단계의 집단적 이주와 비교해 볼 때, 그 규모에 있어 현격히 차이가 난다고 할 수 있으며, 그 파급도 그다지 크지 않았던 것으로 생각된다. 늑도 등의 거점을 통해 한반도 남해안의 집단들과 야요이인들의 교역이 활발히 이루어지고 있었기 때문에 삼각형점토대토기인들이 집단적인 대규모 이주를 할 만큼의 동기와 목적의식이 불필요했던 것으로 생각해 볼 수 있다. 따라서 일본열도에서 출토되고 있는 극소수의 삼각형점토대토기는 해촌 주민들의 산발적인 소규모 왕래에 의한 소산물로 파악한 바 있다(이창희 2009b)[8].

필자가 강조하고 있는 토기조합으로 보면, 원형점토대토기는 옹을 비롯한 호, 고배, 개 등이 모두 출토되고 있지만, 삼각형점토대토기는 옹의 구연부편만이 출토되고 있을 뿐이다. 일본열도에서 삼각형점토대토기가 생산된 것으로 볼 수 없기 때문에 이주를 인정할 수 없다. 거의 대부분이 박재품으로 생각된다. 일례로 삼각형점토대토기단계에 유행하는 기종 중 하나인 多孔시루를 들 수 있는데, 일본열도에서는 단 한 점도 출토된 바 없다[9]. 시루는 식생활과 직접적으로 연관되는 유물로, 시루가 열도에서 출토되지 않았다는 것은 그들의 식생활을 열도에서 영위한 바 없다는 것을 의미한다.

---

8) 늑도와 유사한 성격으로 생각되고 있는 이끼의 하루노쯔지(原の辻)유적을 교역의 거점으로 보는 경우가 많다. 그런데 실상 이주를 논할 정도의 삼각형점토대토기는 출토되지 않았다. 현재까지 필자의 조사에 의해 확인된 것은 옹의 구연편 6점과 거의 완형으로 출토된 옹 1점뿐이다. 무문토기계토기가 다량으로 출토되었다고 하나, 대다수는 원형점토대토기 및 그 모방품이다.
9) 對馬島에서 1점이 출토된 바 있다(이창희 2009b). 삼각형점토대토기단계의 對馬島는 영남지역과 같은 토기문화권이었을 가능성이 높고, 야요이토기 文化圈과의 交集合지역으로 생각하고 있기 때문에 제외한다.

즉 장기간 체류한 적이 없었던 것이다[10].

이상으로 보아 한반도에서 일본열도로의 이주는 원형점토대토기인들에 국한되는 것으로 생각되며, 이 또한 교역을 위한 이주라고는 볼 수 없다. 야요이인들의 이주 목적과는 완전히 다른 것이다.

Ⅳ. 교역의 실태와 배경

1. 최초의 일본인 留學生; 야요이인?

前章에서 살펴보았듯이 교역이라고 말할 수 있을 정도의 수준은 수구식단계에 들어가서부터라고 생각되는데, 가장 큰 목적은 무엇이었을까? 야요이인으로서는 역시 철기의 입수 및 생산(원료)과 관련되어 있을 것이다. 그런데 수구식단계에 일본열도에서 청동기의 경우는 국산품이 있지만, 철기는 흔치 않다. 재가공품으로 추정되는 철기편이나, 박재품들로 생각되는 철기편이 소량으로 출토되고 있는 정도이다. 낙랑에서는 가야지역으로부터 원료를 입수하더라도 직접 철기를 생산할 수 있는 발달된 기술을 가지고 있었으며, 점토대토기인들은 중국문물을 입수할 수 있다는 이점이 있어 많은 철 원료의 공급이 있었다고 생각된다. 그러나 야요이인이 철기나 원

---

10) 前稿에서는 시루가 일본열도에서 한 점도 출토되지 않은 것을 이주민이 이주했다 할지라도 자신들의 식생활을 이주지의 식생활에 적절히 맞춰 나간 것으로 보았지만(이창희 2009b), 이주라는 표현은 撤回한다.

료를 수입했다고 가정하더라도, 교역이라고 한다면 점토대토기인들이 야요인들로부터 획득한 것은 무엇인가? 물질자료로 보는 한 없다. 야요이시대 후기에는 가야지역에서 왜계청동기라도 출토되고 있지만, 중기전~후반에는 전혀 없다. 물질자료로 남기 힘든 식량자원이나 유기물일 수도 있다. 인력자원일 가능성을 조심스럽게 예상해 본다. 이러한 배경에서 생겨난 이주민일 수도 있을 것이다. 어쨌든 서로간의 교환이 전제로 되어야 교역이 이루어졌다고 할 수 있고, 그러한 거점도 존재했다고 할 수 있을 것이다.

한일교류는 흑요석이나 골각기 등을 통해 이미 오래 전부터 어떠한 형태로든 이루어진 것으로 알려져 있다. 그러나 원료의 획득만을 위해서가 아닌 금속기의 제작방법을 알기 위한 기술의 습득이나(工夫), 공인초빙을 위한 외교 등을 위해 이주한 것으로 생각되는 도래는 야요이인이 처음이었다고 생각한다. 다호리 1호묘에서 출토된 문방구류와 천칭에 이용되었을 것이라는 동환(이건무 1992), 늑도유적에서 출토된 벼루와 鐵權-수구Ⅱ식과 공반-(이창희 2007), 石權(최종규 2006) 등을 통해 교역에 문자와 도량형이 사용된 것을 상정해 볼 수 있다. 武末는 이를 통해 한일 해촌 사이에서 이루어진 교역에 돈을 저울로 재고 그것을 문자로 기록한 것으로 보기도 하였다(武末純一 2009). 다만 돈은 중국화폐이기 때문에 한일 해촌 사이에서의 교역보다는 낙랑과 韓, 낙랑과 倭의 경우에 해당될 것이다. 또한 이재현은 낙랑과의 교류에는 漢語가 사용되었고, 변·진한지역에서도 漢語에 능통한 세력이 있었기 때문에 이들이나 그 영향을 받은 사람들이 통역이나 교역의 주체세력으로 활동한 것으로 보았다(이재현 2005). 그렇다면 낙랑을 배제한 한일교역의 경우

는 어떠하였을까? 일본열도에서도 벼루와 연석이 출토되었기 때문
에(松江市敎育委員會 2005, 武末純一 2007), 문자가 사용되었을 가
능성이 있다. 또한 언어의 구분이 언제부터 생겼는지는 알 수 없지
만, 통역이 필요했을 가능성이 있다. 통역까지는 아니더라도 철기
를 비롯하여, 변·진한 사회에 대해 정통한 브로커(broker) 같은
존재가 있었을 것이다[11]. 즉 변·진한 사회의 정보에 해박한 외교
전문가(혹은 단체)가 있어야 원활한 교역이 이루어질 수 있다. 이
들의 능력과 정보는 한 두 빈의 단기체재에 의해 습득되는 것이 아
니라 장기체재의 경험이 바탕이 되어야 할 것이다. 지금의 유학생
의 개념이다.

　청동기와 철기(원료포함) 및 중국문물은 위신재로써 야요이 수장
층의 전유물이며, 부장품으로 출토되고 있다. '국(國)'의 수장층에
의한 수요이며, 이들은 전술한 브로커를 컨트롤 했을 것이다. 이들
중 일부가 이주민이 되었을 것이며, 때로는 수입의 대가로 야요이
인의 수동적 이주가 이루어졌을 수 있다.

2. 철기의 수출과 거점

　수구식토기는 주로 동남해안을 따라 분포하고 있는데, 이들 유
적에서는 많은 철기들이 출토되고 있다. 글머리에서도 언급하였듯
이 본고는 주로 토기를 중심으로 살펴보고 있기 때문에 생활유적

---

11) 낙랑-왜의 경우 점토대토기인 중에서 이러한 존재가 있었을 수도 있다. 다만 점토
대토기인의 중계무역을 상정할 만한 근거가 미약하다.

출토 자료를 중시하고 있는데, 생활유적에서 출토된 철기를 도면으로 제시해 본다(도 9). 주로 판상철부와 주조철부가 많으며, 늑도유적을 비롯하여 구산동유적, 내성유적, 달천유적 등에서 철기와 제철관련 자료들이 출토되었다. 분묘유적이지만 판상철부와 2점이 포개진 주조철부 등이 출토된 다호리에서도 수구Ⅱ식토기가 출토되었으며, 동일한 2점 1조의 주조철부가 늑도유적에서도 수구Ⅱ식토기와 공반되었다. 이로 보아 철기의 수출은 단면 梯形 주조철부가 유행하기 시작하는 수구Ⅱ식단계가 중심이 되겠으나, 수구Ⅰ식토기의 존재로 보아 수구Ⅱ식단계 이전에도 야요이인은 철기에 대한 정보를 알고 있었고, 수입했을 수 있다. 단면 제형 주조철부보다 이전의 철부는 이조돌대주조철부나 단면 장방형 주조철부인데, 이것들은 원형점토대토기의 가장 마지막단계에 초현하여, 삼각형점토대토기의 이른 단계에 유행하는데, 주로 분묘유적에서 출토되었다. 생활유적이라면 늑도유적에서 출토된 이조돌대주조철부가 수구Ⅰ식단계와 관련된 유물일 것이다. 한반도에서는 임당유적 출토품과 함께 매우 적은 양이라고 할 수 있지만, 일본열도에서는 다수 출토되고 있어, 야요이인들은 낙랑군 설치와 상관없이 철기를 입수하기 위해 한반도로 건너가기도 했을 것으로 생각된다. 가야지역 출토 수구Ⅰ식토기는 이러한 맥락에서 생각해 볼 수 있다. 수구Ⅱ식토기보다 훨씬 적은 점은 가야지역에서도 수구Ⅰ식단계에는 철기가 아직까지 보급 수준에는 도달한 것이 아닌 것으로 추정된다.

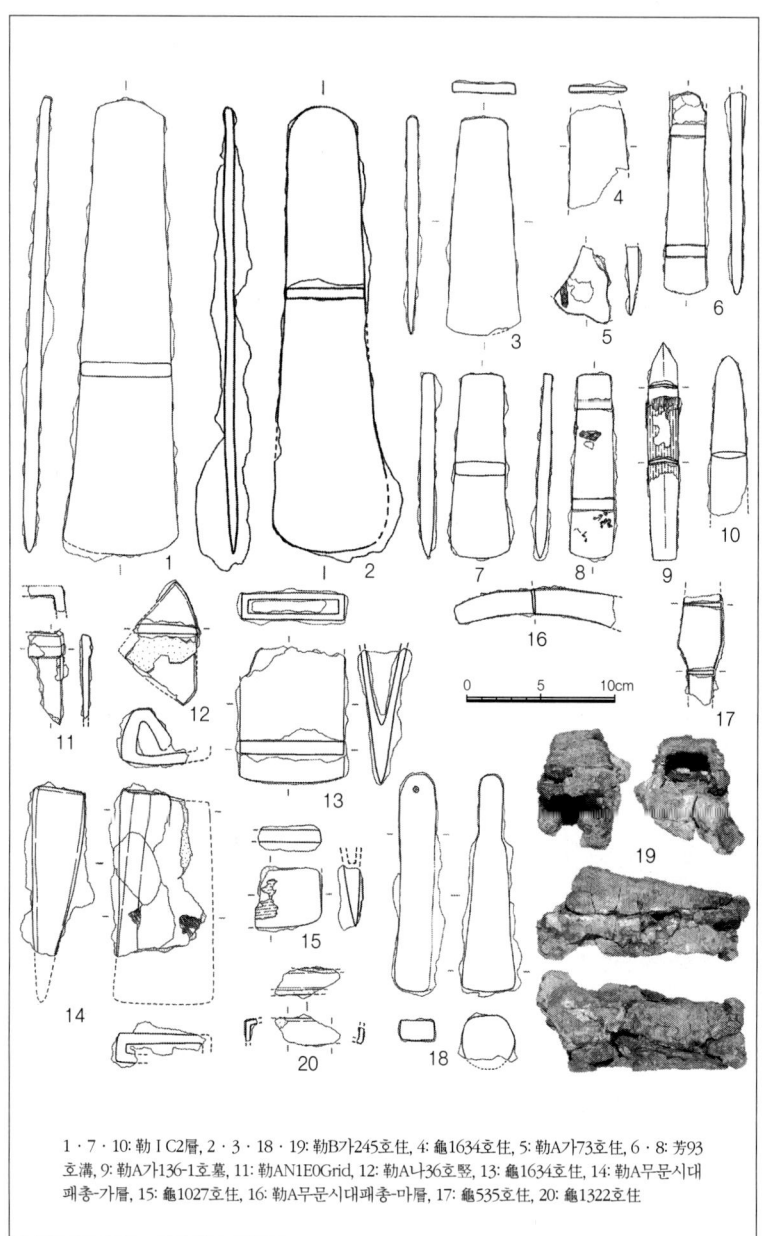

1·7·10: 勒ⅠC2層, 2·3·18·19: 勒B가245호住, 4: 龜1634호住, 5: 勒A가73호住, 6·8: 芳93호溝, 9: 勒A가136-1호墓, 11: 勒AN1E0Grid, 12: 勒A나36호竪, 13: 龜1634호住, 14: 勒A무문시대패총-가層, 15: 龜1027호住, 16: 勒A무문시대패총-마層, 17: 535호住, 20: 龜1322호住

도 9. 점토대토기단계 생활유적 출토 철기(S=1/5)

일본열도에서는 아직 제철 수준까지 도달하지 못했기 때문에, 생활유적에서 주로 출토되는 판상철부나 주조철부 등으로 보아 이러한 철기들이 철소재로서 수입된 것으로 생각된다. 다만 재가공을 위한 기술은 가야지역에서 습득한 것으로 생각된다. 일본열도 출토품의 대다수가 파편인 점도 이와 관련 있을 것이다.

그동안 이러한 교역의 거점은 늑도라고 여겨져 왔지만, 사실은 늑도도 원료의 입수가 용이한 곳은 아니다. 뿐만 아니라 전술한 구산동유적이나 내성유적 등의 김해지역, 그리고 달천철광산이 있는 울산지역 등도 교역의 거점으로 역할을 한 곳이라고 생각된다. 따라서, 이러한 거점은 늑도 한 곳이 아니고 동남해안지역을 따라 복수로 존재한 것으로 판단된다. 현재로써는 늑도를 중심으로 한 사천지역, 김해·부산지역, 울산지역 세 곳이 상정된다(도 10). 당연히 야요이인은 늑도라는 한정된 곳만이 아니라 전술한 복수의 지역으로 이주하였을 것이다. 그 중에서도 늑도가 가장 활발한 시장이었을 것이다.

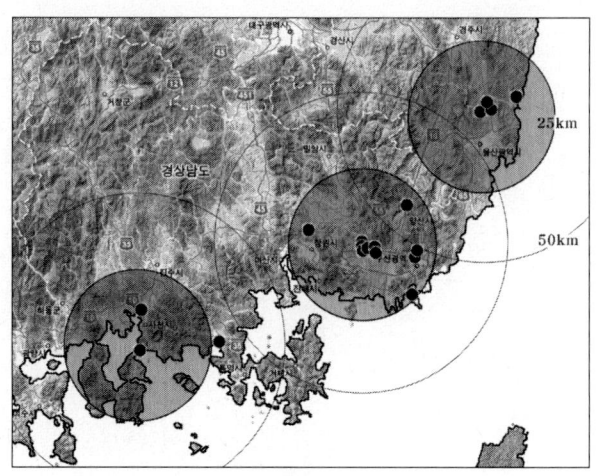

도 10. 한일교역의 거점과 야요이토기 출토유적

늑도유적에서는 다량의 노벽편, 송풍관, 鐵滓, 단조박편, 소철괴 등이 출토된 것으로 보아 용해 내지 정련, 단야에 한정된 제철공정이 이루어진 것으로 판단된다(이남규 2006). 따라서 적어도 늑도유적에서는 철부 등의 철기생산이 수구식단계에는 행해진 것으로 생각된다.

제철관련 유물이 출토된 유구와 야요이토기가 출토된 유구를 비교해 보았다. 보고서가 간행된 늑도유적 A지구의 야요이토기 중 약 40%기 제철관련 유물과 함께 출토된 것을 확인할 수 있었다[12]. 이는 야요이인의 이주(혹은 도래)와 철기가 깊은 관련이 있음을 방증하는 것이다.

Ⅴ. 각광받는 가야지역; 기원전 1세기대의 변혁

한반도에서 출토되고 있는 야요이토기의 대다수를 차지하는 것은 일본열도의 극히 일부지역의 것이다. 흔히 북부큐슈의 야요이토기로 일컬어지고 있지만, 실은 옹가가와(遠賀川)라는 강을 기점으로 커다란 지역성이 나타난다. 한반도 출토 야요이토기는 옹가가와 이서지역의 이토시마(糸島)반도를 중심으로 한 후쿠오카현(福岡県) 북부지역과 이끼(壱岐)系가 대부분이다. 넓게는 사가평야를 중심으로 한 사가현(佐賀県) 동남부까지 넣을 수 있다.

---

12) 武末가 정리한 A지구의 야요이토기 중 유구에서 출토되었거나, 유구와 관련된 출토지의 자료에 한해서 제철관련 유물이 출토된 유구를 검토해 보았다.

그런데 어느 시기부터 옹가가와 이서지역 이외의 야요이토기가 출토되기 시작한다. 이러한 토기들을 모은 것이 〈도 11〉이다. 주로 늑도유적 출토품인데, 좁게는 옹가가와 이동지역의 야요이토기, 넓게는 중부큐슈, 산인(山陰)지방, 세토우치(瀨戶內)지방의 야요이토기가 출토된다. 이 토기들의 기종은 옹과 호가 대부분인데, 구연부, 돌대, 문양 등의 형태나 제작수법, 기형 등이 옹가가와 이서지역과는 완전히 다른 것들이다. 구체적인 특징과 유적에 대한 검토는 다음 기회로 미루고, 관련자료를 〈도 12〉로 제시해 둔다[13]. 또한 이해의 편의를 위해 옹가가와 이서지역 이외의 야요이토기를 한반도 자료와 일본열도 자료를 함께 비교하는 도면을 작성한 것이 〈도 13〉이다.

이 야요이토기들은 대체로 중기말~후기초로 편년되고 있는데, 크게 보아도 기원전후 1세기대를 벗어나지 않는 것들이다. 비록 수량은 옹가가와 이서지역의 야요이토기에 비해 극히 적지만, 존재의 의미가 크다고 할 수 있다. 즉, 이 시기에 서일본의 여러 지역에서 가야지역으로 도래한 것이다. 이주라고는 볼 수 없지만, 어떠한 방식으로든 한반도의 정보를 입수하고 있었던 것이다. 교역을 전제로 한다면, 시모노세키(下関)를 중심으로 하여 돗토리현(鳥取県)에 이르는 산인지방의 해안선과 세토나이카이(瀨戶內海)가 한반도와의 교역루트로써 이용되기 시작하는 것이다. 기원전 1세기대부터 가야지역에서 철기의 생산이 활발해지는 것과 무관하지 않을 것이다. 가야지역이 낙랑과 일본열도의 여러 '국(國)'으로부터 각광

---

[13] 필자가 직접 도면을 준비하지 못한 25·28은 武末의 문헌을 인용하였다(武末純一 2006).

받기 시작하는 것이다. 삼각형점토대토기의 출토 범위가 돗토리현에까지 미치는 등 교류범위의 동진이 확인된다.

한편, 회현리패총에서는 오우미(近江)계토기로 보이는 토기가 출토된 바 있다(도 11-26·27)[14]. 오우미지역은 현재의 시가현(滋賀縣)에 해당되는데(도 13), 한반도에서 출토된 야요이토기 중 가장 일본열도 동쪽의 것이다. 다만 시기는 후기후반(후엽)으로 비정되는 것이어서 다소 떨어지지만, 狗邪國과의 교류가 세토나이카이를 통해 칸사이(関西)지방에까지 그 범위가 미치고 있다는 점에서 큰 의의가 있다.

야요이시대의 도래가 옹가가와 이서지역을 중심으로 한 북부큐슈지역으로부터였던 것과는 달리, 금관가야의 교류 대상지역은 칸사이지방이 중심이었던 것은 갑작스런 현상이라기보다는 상술한 이유에 의해 서서히 세토나이카이루트가 적극적으로 이용되기 시작했기 때문이다. 기원전 1세기대부터 옹가가와 이동지역을 비롯한 산인지방과 세토우치지방에서도 철기의 수요가 증가하게 되면서, 한반도로 도래하기 시작하게 되었고, 이러한 경험들이 축적되어 칸사이지방과의 교류도 원활해진 것으로 생각된다.

이와 관련하여 야요이시대 취락의 변화와 연관시켜 보고자 하는데, 다음과 같은 연구성과가 있다. 야요이시대 후기가 되면 취락의 존속이나 입지에서 큰 변화가 일어나는데, 이를 중국의 정치정세 변화가 반영된 것으로 보는 견해가 있다(寺沢薫 2000). 동아시아 세

---

14) 시가현의 야요이토기 연구자인 伊庭功이 직접 실견한 후 오우미북부의 후기후엽 야요이토기로 판정하였다(武末·伊庭·汁川·杉山 2010).

계의 일원으로서, 전한-후한의 이행기라고 하는 동아시아 전체에서 일어난 격동의 영향을 받은 것이다. 야요이시대 중기부터 후기에 걸친 이 시기에는 주요한 利器인 석기가 철기로 전환되는 시기에 해당된다. 취락형태의 변화가 나타나는 것도 이러한 이기의 전환이 배경에 있었던 것이 지적되었다(禰宜田佳男 1998). 북부큐슈지역에서는 야요이시대 중기후반에 이미 철기화가 진행되어 있었기 때문에 현저한 변동이 확인되지 않는 것에 비해 키비(吉備)지역이나 키나이(機內)지역에서 취락의 동향, 쇠퇴에 변화가 확인되는 것은 철기화와 관련된 것으로 보는 견해도 제시되었다(松木武彦 2007).

禰宜田는 야요이시대 중기후엽에 철기가 보급되기 시작했기 때문에 키비지역이나 키나이지역도 동아시아 세계의 동란에 동조된 것으로 보고, 이러한 움직임 속에서 본격적인 철기화와 함께 취락의 입지나 성쇠에 변화가 일어난 것으로 보았다(禰宜田佳男 2010).

이상을 종합해 볼 때 〈도 11〉의 토기들은 서일본에서 철기에 대한 수요가 급증하게 되면서, 가야지역이 각광받게 되어 세토나이카이의 이용이 빈번해지는 배경 속에서 나타난 자료들로 생각된다. 이러한 사전 정황이 금관가야-키나이지역의 교류에까지 이어지는 것은 아닐까?

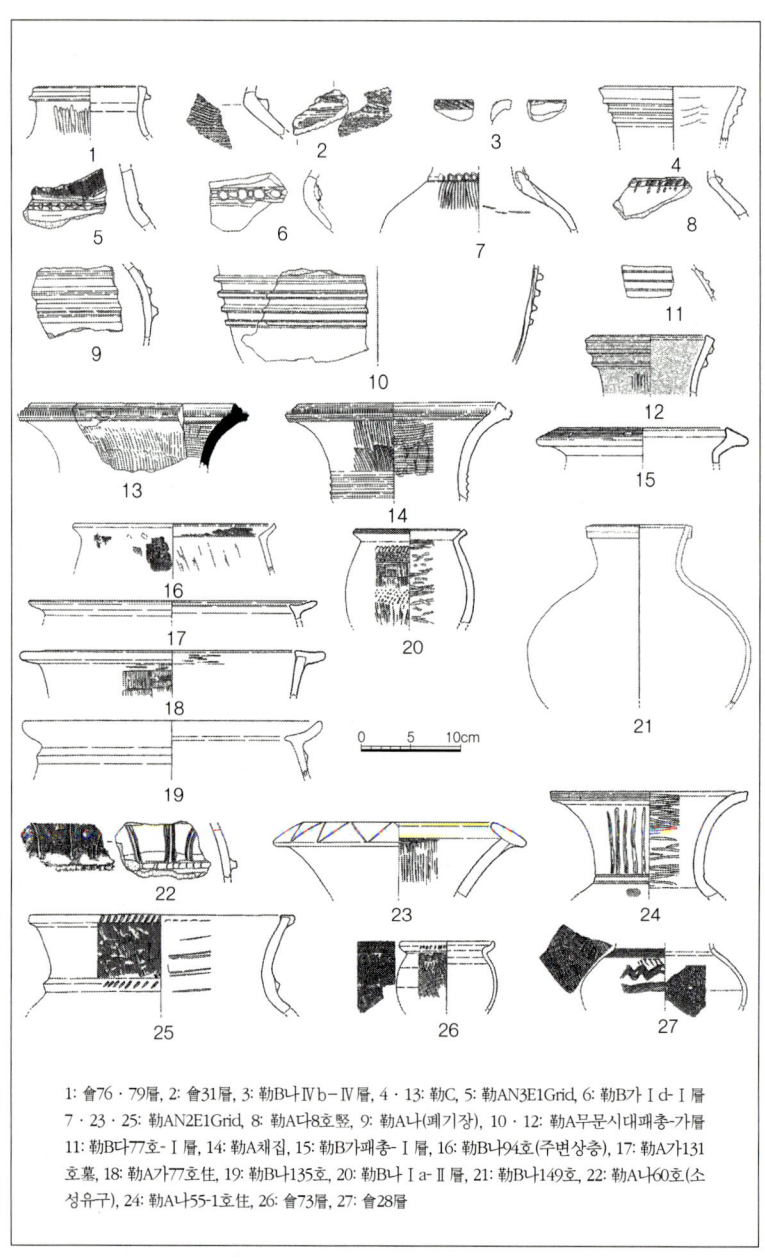

도 11. 한반도 출토 옹가가와 이서지역 이외의 야요이토기(S=1/9, 4: 축적부동)

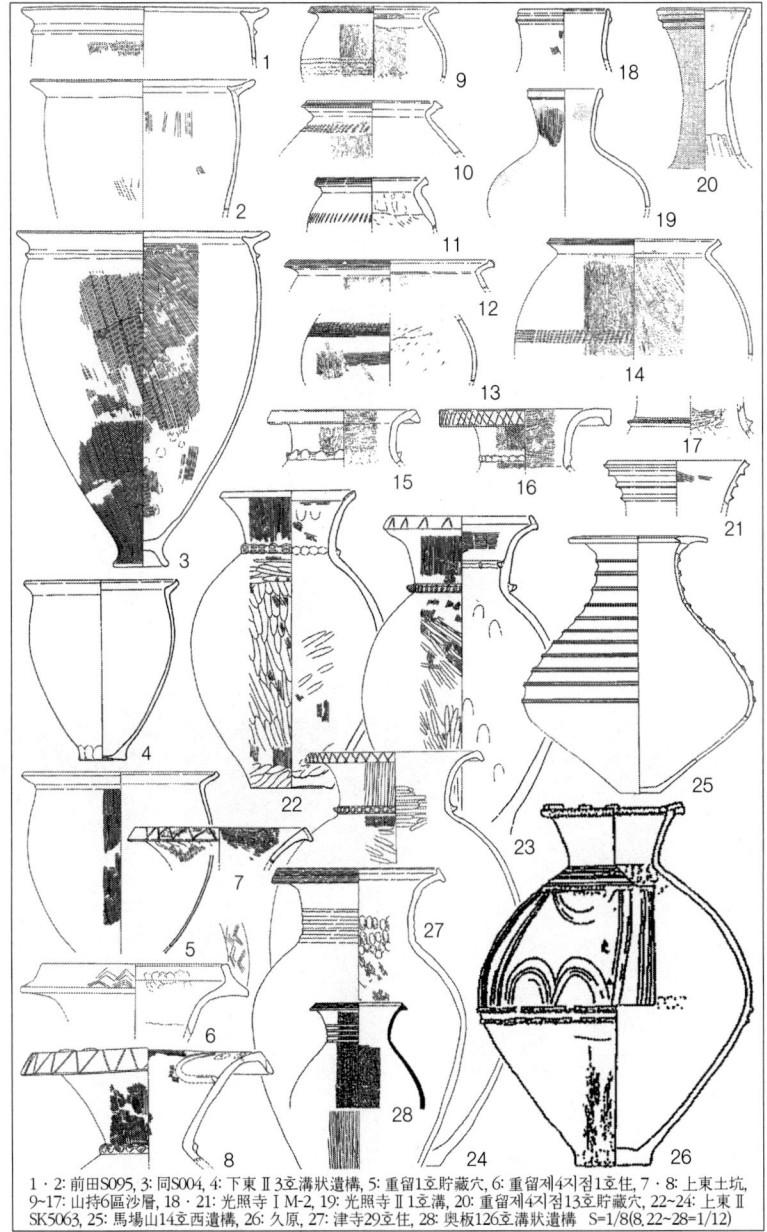

1・2: 前田S095, 3: 同S004, 4: 下東Ⅱ3호溝狀遺構, 5: 重留1호貯藏穴, 6: 重留제4지점1호住, 7・8: 上東土坑, 9~17: 山持6區沙層, 18・21: 光照寺ⅠM-2, 19: 光照寺Ⅱ1호溝, 20: 重留제4지점13호貯藏穴, 22~24: 上東Ⅱ SK5063, 25: 馬場山14호西遺構, 26: 久原, 27: 津寺29호住, 28: 奧板126호溝狀遺構 S=1/8(8, 22~28=1/12)

도12. 서일본 출토 옹가가와 이서지역 이외의 야요이토기

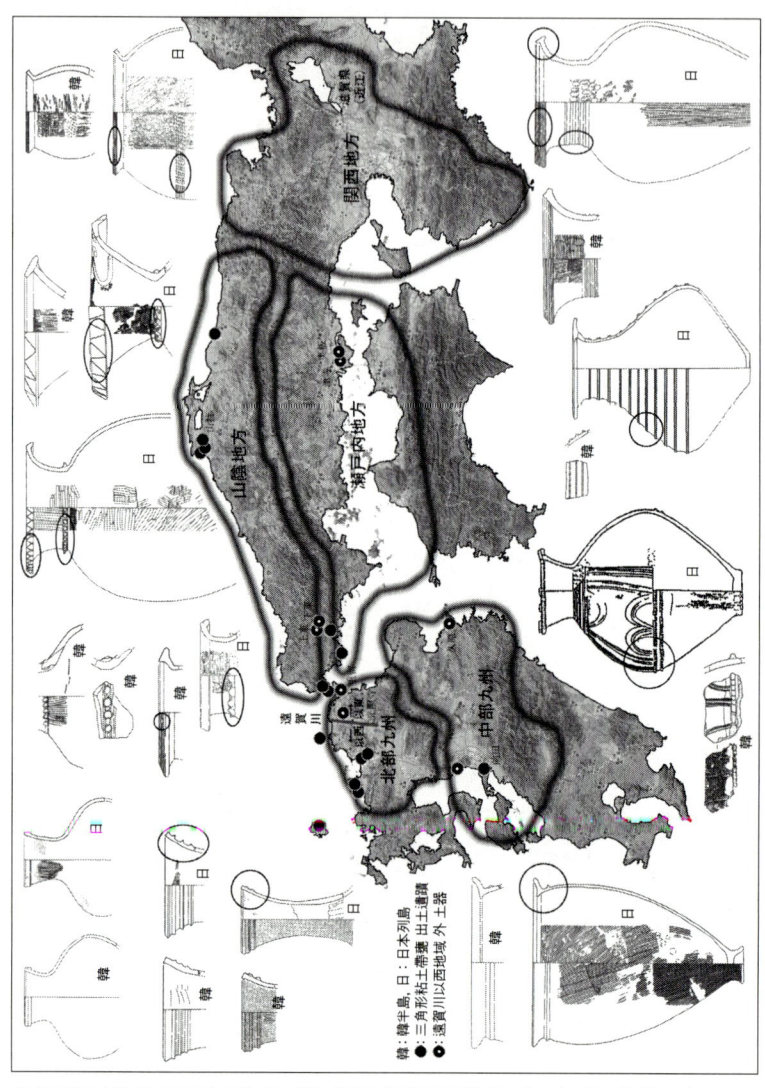

도 13. 옹가와 이서지역 이외의 야요이토기 관련자료 및 삼각형점토대토기의 분포(축척부동)

VI. 맺음말

　환대한해협지역의 점토대토기인들과 야요이인들 사이에서는 지속적으로 교류가 있어 왔다. 한일 양 지역에서 출토되는 외래계토기가 그것을 방증하고 있는데, 지금까지는 대개 늑도를 거점으로 해서 금속기를 둘러싼 교역이라고 해석되어 왔다. 하지만 토기는 우리에게 보다 많은 것을 얘기해 줄 수 있다는 인식을 가지고 구체적으로 검토해 보았다. 토기는 이주로 판단할 수 있는 근거를 제공하였고, 점토대토기인과 야요이인이 바다를 건넌 것은 각각 다른 이유에서였음을 알 수 있었다. 시기와 배경, 목적에 따라 달라지는 것이 토기에서도 그대로 드러났다.

　북부큐슈의 야요이인들은 계속해서 한반도에 대한 관심을 가져 왔는데, 기원전 1세기대부터는 산인지방, 세토우치지방까지 그 범위가 확대되기 시작한다. 그 원인은 철기수요가 급증하게 되었기 때문으로 볼 수 있는데, 이로 인해 가야지역이 각광받게 된다. 세토나이카이가 교역루트로 이용되기 시작하면서 키비지역과 키나이지역에서도 정보와 물자를 입수할 수 있는 여건이 만들어졌고, 이는 향후의 금관가야와 키나이정권과의 관계로까지 이어진다고 보았다.

　본고에서는 기원후 300년간의 자료검토가 이루어지지 못했다. 한반도에서는 야요이시대 후기 토기의 출토가 급격하게 줄어들고, 늑도유적이 와해되며, 김해지역에서는 왜계청동기가 등장한다. 이 시기의 보다 구체적인 검토가 이루어진다면 가야의 대외교역에까지 보다 원만하게 연결시킬 수 있을 것으로 생각된다.

참고문헌

慶南考古學硏究所, 2003,『勒島貝塚-A地區・住居群』.

慶南考古學硏究所, 2006,『勒島貝塚Ⅱ~Ⅴ』.

慶南考古學硏究所, 2009,『金海會峴里貝塚Ⅰ』.

慶南考古學硏究所, 2010,『金海 龜山洞 遺蹟Ⅸ・Ⅹ』.

慶南發展硏究院 歷史文化센터, 2007,『泗川 芳芝里 遺蹟』.

直良, 1926,『播磨国明石郡垂水村山田大歳山遺跡の硏究』, 直良石器時代文化硏究所.

禰宜田佳男, 2010,「弥生時代の大規模集落について-環濠集落と高地性集落を中心に-」『韓日集落硏究の新たな視角を求めて』, 韓日集落硏究会.

禰宜田佳男, 1998,「石器から鉄器へ」『古代国家はこうして生まれた』, 角川書店.

東國大學校 慶州캠퍼스 博物館, 2004,『陽南 下西里遺蹟』.

東亞大學校博物館, 2005,『泗川勒島CⅠ』.

松江市教育委員会, 2005,『田和山遺跡群発掘調査報告書1 田和山遺跡』, 松江市文化財調査報告書第99集.

松木武彦, 2007,『列島創世記』, 小学館.

釜山大學校 博物館, 2004,『勒島 貝塚과 墳墓群』.

釜山大學校考古學科, 2002,『金海會峴里貝塚』.

佐原 眞, 2008,『縄紋土器と弥生土器』, 学生社(春成秀爾 編).

島根県教育委員会, 2009,『山持遺跡Vol.5(6区)』, 国道431号道路改築事業に伴う埋蔵文化財発掘調査報告書7.

白井克也, 2001,「勒島貿易と原ノ辻貿易-粘土帯土器・三韓土器・楽浪土器からみた弥生時代の交易-」『弥生時代の交易』, 第49回埋蔵文化財硏究集会.

沈奉謹・中園 聰, 1999,「三千浦 勒島遺蹟 出土의 凹線文 彌生系土器에 대해서」
　　　『文物研究』創刊號, 東아시아文物研究學術財團.

山口市教育委員会, 1992,『下東遺跡Ⅱ』, 山口市埋蔵文化財調査報告書第48集.

山口市教育委員会, 2001,『上東遺跡 弥生時代遺物編』, 山口市埋蔵文化財調査
　　　報告書第77集.

山口市教育委員会, 2003,『上東遺跡Ⅱ』, 山口市埋蔵文化財調査報告書第83集.

大分市教育委員会, 2005,『下郡遺跡群Ⅲ』, 大分市埋蔵文化財発掘調査報告書第
　　　61集.

蔚山文化財研究院, 2005,『蔚山梅谷洞遺蹟Ⅱ地區』.

蔚山文化財研究院, 2008,『蔚山達川遺蹟-1次 發掘調査-』.

蔚山文化財研究院, 2009,『蔚山中山洞藥水遺蹟Ⅱ』.

蔚山文化財研究院, 2010,『蔚山達川遺蹟-3次 發掘調査-』.

李健茂, 1992,「茶戶里遺蹟 出土 붓에 대하여」『考古學誌』第4輯, 韓國考古美術
　　　研究所.

李南珪, 2006,「勒島遺蹟 製鐵關聯資料의 考察」『勒島 貝塚Ⅴ』, 慶南考古學研究所.

李東注, 2005,「勒島遺蹟 C地區의 調査 內容과 成果」『三國志 魏書 東夷傳과 泗
　　　川 勒島遺蹟』, 동아대학교 석당전통문화연구원・박물관.

李在賢, 2005,「금관가야의 성장과 대외무역-교역로의 변화를 중심으로-」『加耶
　　　의 海上勢力』, 金海市(第11會 加耶史學術會議).

李昌熙, 2004,「勒島遺蹟 出土 外來系遺物 報告-勒島Ⅲ期의 設定과 함께-」『勒島
　　　貝塚과 墳墓群』, 釜山大學校博物館.

李昌熙, 2005,「三韓時代 南海岸의 日常土器 研究」, 釜山大學校大學院 碩士學位
　　　論文.

李昌熙, 2007,「勒島住居址の祭祀長」第17回考古学国際交流研究会, (財)大阪

府文化財センター.

李昌熙, 2009a,「在来人と渡来人」『弥生時代の考古学 第2巻-弥生文化の誕生-』, 同成社.

李昌熙, 2009b,「西日本 出土 勒島式土器」『考古廣場』4, 釜山考古學研究會.

李昌熙, 2010,「環朝鮮海峡における粘土帯土器の実年代-金属器交流の解釈をめぐる前提として-」, 総合研究大学院大学文学博士学位論文.

李昌熙・石丸あゆみ, 2010,「勒島遺蹟 出土 彌生土器」『釜山大學校考古學科創設20周年記念論文集』, 釜山大學校考古學科.

李昌熙, 2010,「점토대토기의 실연대-세형동검문화의 성립과 철기의 출현연대-」『文化財』제43권3호, 국립문화재연구소.

崔鍾圭, 2006,「勒島遺蹟의 構造」『勒島 貝塚Ⅴ』, 慶南考古學研究所.

堅田, 1978,「女が作った土器」『みつがらす』4, 帝塚山大学考古学研究室.

小林達雄, 1977,『縄文土器』日本原始美術大系1, 講談社.

小林行雄, 1965,「技術と技術者」『先史の世界』世界歴史1, 人文書院.

熊本県教育委員会, 2005,『前田遺跡』, 熊本県文化財調査報告第225集.

北九州市教育文化事業団埋蔵文化財調査室, 1991,『重留遺跡』, 北九州市埋蔵文化財調査報告書第109集.

北九州市教育文化事業団埋蔵文化財調査室, 1999,『光照寺遺跡1』, 北九州市埋蔵文化財調査報告書第233集.

北九州市教育文化事業団埋蔵文化財調査室, 1999,『光照寺遺跡2』, 北九州市埋蔵文化財調査報告書第234集.

北九州市教育文化事業団埋蔵文化財調査室, 2003,『重留遺跡第4地点』, 北九州市埋蔵文化財調査報告書第303集.

武末純一, 2006,「勒島遺蹟 A地區 彌生系土器」『勒島 貝塚Ⅴ』, 慶南考古學研究所.

武末純一, 2007,「海を渡る弥生人」『海と弥生人』第8回弥生文化シンポジウム, 島根県教育委員会.

武末純一, 2009,「茶戶里遺蹟과 日本」『考古學誌』特別號, 국립중앙박물관.

武末純一, 2010,「金海 龜山洞遺蹟 A1地域의 彌生系土器를 둘러싼 諸問題」『金海 龜山洞 遺蹟 X』, 慶南考古學研究所.

武末純一·伊庭 攻·汁川哲朗·杉山拓己, 2010,「金海 會峴里貝塚 出土 近江系土器」『考古學探究』第8號, 考古學探究會.

寺沢 薫, 2000,『王権誕生』日本の歴史02, 講談社.

George Peter Murdock, 1965, Culture and Society, University of Pittsburgh Press.

「토기로 본 가야성립 이전의 한일교류」에 대한 토론

이성주*

　원삼국시대를 전후한 시기의 토기에 대한 최근 이창희선생의 정력적이고 명석한 연구 성과는 고고학계가 주목하지 못한 연구 영역을 개척하였을 뿐만 아니라 그간 정리되어 있지 못한 이 시기 자료를 시공간적으로 체계화 하는데 커다란 공헌을 하였다고 생각된다. 남해안 지역 일상용 토기의 연구로부터 한국 남해안과 일본 큐슈(九州)지역의 토기유물군의 병행관계를 파악하려는 노력을 통해 이 분야의 연구가 크게 진척되었다고 여겨진다. 이 논문도 그러한 연구의 연장선에 있다고 생각되는데 일정 유적에서 출토되는 토기군의 양상을 분석하여 해당 유적 내 이주민의 존재를 파악하고 왜 이주가 발생했는지에 대한 설명도 시도되고 있다.
　우리나라 동남해안지역과 일본 구주지역은 토기의 제작과 사용에 있어 서로 다른 전통이 유지되어 왔다. 그렇지만 각자 지역에서는 일부의 유적이긴 하지만 상대방의 지역전통에 해당하는 토기가 상당량 발견되는 경우가 있다. 예컨대 우리나라 사천 늑도유적의 경우처럼 야요이(彌生) 중기에 해당하는 토기가 상당량이 출토되는 현상이 나타나고 일본 구주지역에서는 우리나라의 원형점토대토기

---

* 강릉원주대학교 사학과

가 출토되는 특별한 취락의 존재가 인정되기도 한다. 이러한 현상은 양 지역 인간집단들 사이의 상호작용에 대한 설명의 필요성을 느끼게 만들어 줄 뿐만 아니라 문제해결의 단서도 제공해 주는 것 같다. 이 논문에서는 양 지역의 일정 취락에서 출토되는 토기유물군을 분석하여 토기의 이동, 기술의 전이, 이주민의 토기제작 등 고고학적 사실과 관련된 해석의 모델을 제시하고 그것을 구체적으로 판별하는 작업을 시도했다. 그리고 이를 토대로 양 지역의 청동기와 철기생산과 사용의 콘텍스트를 대비시켜 가면서 금속기 제작기술의 이전 및 철소재의 수입과 관련된 경제적 요청에 의해 인간(집단)의 이동 및 이주가 발생했다고 설명하였다.

이 발표문의 전반적인 논지의 전개, 이론적인 전제, 그리고 개념의 적용 등에 대해서 약간의 문제를 제기할 필요성이 느껴진다. 그러나 이 논문이 짚어낸 토기유물군의 특징과 그에 대한 해석에 중요한 의의가 있다고 생각하며 이를 중심으로 한 토론이 필요하다고 믿는다. 우리나라 동남해안과 일본의 큐슈, 양 지역에서 살펴지는 토기의 유입, 전이, 재현된 양상에 대해 검토하고 당시 두 지역의 사회경제적인 맥락을 대비시켜 이해한 이 논문의 성과에 초점을 맞추어 본 토론자가 잘 이해하지 못한 부분 몇 군데를 논의의 대상으로 삼고자 한다.

첫째, 토기제작과 관련된 인간행위의 유형과 토기라는 구체적인 유물을 과연 일대일로 대응시킬 수 있는가 하는 문제에 대해서 질문을 드리고자 한다. 이를테면 이주민이 토기를 소지하고 방문한 경우, 이주민이 고향의 토기를 직접 재현 제작한 경우, 이주민이 토착(재지)토기를 모방 제작한 경우 등을 여기서 말하는 토기군의 구체적 구분인 원품, 모방품, 재현품과 대응시킬 수 있는가 하는 문제이다. 특히 제작수법이나 토기유물에 나타나는 다른 특징들을 통해 이주민이 가지고 온 원품과 이주지에서 재현한 토기를 구분할 수 있는가 하는 문제는 매우 중요하다. 왜냐하면 그간 대부분의 설명을 따르면 일정 유적, 즉 늑도유적이나 울산지역의 유적 등에서 야요이 중기의 토기유물과 제철관련 자료가 함께 나올 경우 철기 제작기술을 전수 받거나 철소재 구득의 필요 때문에 자주 왕래하였을 것이라는 해석이 주류였다. 그러나 이 논문에서는 그러한 모호한 해석보다는 인간(집단) 이주와 체류를 논증하려 했고 이를 토대로 금속기 제작기술의 전수를 위한 체재였다고 해명하였다. 하지만 만약 늑도 유적에서처럼 야요이토기가 상대적으로 많은 수량으로 나오는 이유가 잦은 왕래에 따른 토기 반입량의 증가 때문인지, 아니면 이주민의 장기체류 때문에 재현 제작된 토기가 많게 된 것인지를 변별해낼 수 없다면 기존의 연구에서 주장했던 바와 차별화하기 어려워진다. 물론 '체류하면서 토기를 제작하여 사용했기 때문에 기종구성이 다양하다' 라고 설명하고 있지만 제작수법 상으로나 또 다른 어떤 방법으로 원품과 재현품을 구분할 수 없다면 설득력은 약해지기에 양자를 구분할 수 있는 방법은 필요하지 않을까 한다.

둘째로는 늑도유적이 왜 형성되었을까 하는 문제와 우리나라의 동남해안과 일본의 구주 양 지역의 지역집단들이 늑도유적을 어떻게 이용하였을 것인가 하는 문제이다. 늑도유적에 인구가 밀집되어 상당규모의 취락이 형성되고 막대한 물질이 소비된 사실을 결코 내부적인 요인과 과정으로 설명하기는 곤란할 것 같다. 말하자면 늑도에 충분한 농경지가 확보될 수 있고 인구 증가의 요인이 있어 그러한 규모의 취락의 형성과 물자의 소비가 가능했다고 설명하긴 어렵다는 것이다. 따라서 현재의 자료로 보는 한, 늑도는 교역의 장소 쯤 되는 유적이며, 섬 내부에서 성장한 정치권력이 아닌 타 지역의 정치체가 세운 거점이라고 보는 것이 옳다고 본다. 그리고 자체적인 인구증가 요인이 아니라 외부에서 이주해 들어가는 인구가 늘어나면서 유적의 규모가 커진 것으로 보는 편이 타당하리라 본다. 늑도유적에는 늑도토기가 절대다수를 차지하므로 늑도를 경영했던 배후의 남해안 어느 지역집단이 이주하여 인구가 늘어나고 취락이 집적되었을 것이다. 물론 늑도유적에서는 이곳을 방문한, 혹은 이곳에 이주했던 왜인에게 금속기 제작기술이 전수되기도 했을 것이다. 그러나 그러한 기능이 늑도의 형성 요인이라고 말하기는 어렵다. 가야 성립 이전의 한일교류사를 복원하는 작업이 이 연구의 목표라면 늑도유적의 형성과 운영에 대한 총체적인 검토가 필요하다. 그러나 이 연구에서는 그 중에 소량 야요이토기의 존재를 논거로 한 왜인들의 활동만을 설명한데 그친 셈이다. 교역관계를 염두에 두고 늑도유적의 형성과 운영을 남해안의 배후 세력에 초점을 맞추어 설명한다면 어떤 설명이 가능할까? 이점에 대해 발표자께서 생각하시는 바를 듣고자 한다.

셋째, 기원후 300년간의 한일관계의 문제에 대해서이다. 물론 기원전의 과정을 검토하는 일도 방대한 작업이고 지면의 문제도 있겠지만 기원후 300년의 관계변화에 대한 검토는 가야 성립 이전과 이후의 한국 남해안-일본 큐슈의 상호작용이 어떻게 변했는가를 정의하는데 중요하다고 생각되기에 발표자의 고견을 듣고자 한다. 남해안 지역에서 기원후의 변화에 대해 맺음말에서는 야요이 후기 토기의 격감, 늑도유적의 와해, 김해지역 왜계청동기의 등장이라고 요약되어 있다. 야요이 후기 토기가 격감했는지의 여부는 창원 내동패총 등과 같이 이주한 야요이 후기 왜인의 주거로 판단되는 유적의 존재기 인정될 뿐디리(安在晧·金玉年 2010) 아직도 남해안에서 원삼국시대 취락의 발견은 미미하므로 속단할 일은 아닌 듯하다. 말하자면 양 지역의 지속적인 상호작용을 거쳐 금관가야와 키나이(畿內)정권과의 관계로 발전했다고 보는 것이 자연스러울 것이다. 그러나 늑도와 같은 교역 거점의 급격한 쇠퇴와 김해와 고성 등지의 왜계 청동기의 수입은 주목할 만한 변화이며 거시적으로 보면 지속적인 상호작용이 유지되었다고 할 수 있지만 그 성격과 지역적 전개에 있어서는 중요한 변화가 있었지 않았을까 한다. 또한 4세기까지는 토기를 포함한 왜계 유물이 남해안이라는 한정된 지역에 집중되었고 이를 넘어 내륙 깊숙이 침투하는 유물은 많지 않았다. 그런데 5세기 접어들면 내륙에 초기국가가 성립하게 되면서 그 중심지로부터 남해안의 교역의 주체들이나 거점들도 통제되는 상황으로 전환되는 변화가 있었지 않았을까 한다. 시기적으로나 정치경제 시스템의 변화 과정에 있어서 남해안 지역에서 가야의 성립은 낙동강 이동의 초기국가 신라 성립과는 다르게 이해해 왔다. 그렇다면 남해안 일대에 가야의 성립이란 언제쯤으로 정의할 수 있는지, 그리고 교역체계의 변동과정에서는 그 시점을 어떻게 이해하고 정의하면 타당할지 등에 대해 발표자께서 생각하시는 의견이 있으시면 말씀해 주시기 바란다.

  그간 고고학에서는 일정지역에 그 지역과는 다른 인접지역 전통의 토기가 발견되는 경우, 흔히 토기 그 자체를 포함한 교역, 기술의 전파, 아니면 인간집단의 이주에 의해 나타난 현상인가를 판별하는 일을 중요한 작업으로 생각해왔다. 하지만 그러한 작업보다는 그것을 넘어서, 교역이 어떤 성격을 가진 것인가? 기술의 확산과 수용은 어떠한 과정을 통해 진행되었나? 혹은 인간 이주의 원인은 무엇이었던가? 등의 질문에 대한 설명이 고고학적으로 더 중요한 의미를 가진다고 말할 수 있다. 그러나 토기의 이동인가, 기술의 전파인가, 또는 인간(집단)의 이주인가 라는 사실을 밝혀내는 일과 이를 넘어서 그러한 고고학적 사실을 있게 한 사회문화체계의 메카니즘을 설명하는 일은 별개의 문제인 듯하다. 말하자면 토기의 분포상과 그에 대한 다양한 분석방법(이를테면 태토의 화학적, 광물학적 분석이나, 제작 기술체계의 정밀한 비교)을 통해 토기, 기술, 인간의 이동여부를 판단해 볼 수 있지만 그 이면의 사회경제적 요인에 대한 설명은 별도의 이론적인 전제 위에 또 다른 성질의 자료를 다른 방법으로 분석해야 할 과제가 아닌가 하는 생각이 든다. 본 연구에서도 다양하고 풍부한 야요이 중기 토기군의 존재를 통해 왜인 이주민의 존재를 입증하였는데 이 사실만으로는 그들이 방문 체류하게 된 요인을 설명하긴 어렵다. 이 이주민이 과연 어떤 이유로 방문하였고 체류하면서 어떤 작업을 하였는지 해명해 줄 수 있는 구체적인 논거가 필요할 것 같다는 생각이 든다.

포상팔국 전쟁과 지역연맹체

백승옥*

| 目 次 |

Ⅰ. 머리말
Ⅱ. 연구사 및 사료 분석
   1. 기존연구의 검토
   2. 관련 사료의 분석
Ⅲ. 포상팔국 전쟁의 성격과 지역연맹체
   1. 전쟁의 성격
   2. 포상팔국 지역연맹체
Ⅳ. 맺음말

Ⅰ. 머리말

浦上八國은 《삼국사기》 권2 신라본기의 내해니사금 14년조와 같은 책 권48의 물계자전, 《삼국유사》 권5 물계자조에 등장한다. 팔국이라 하였으니 모두 여덟 나라이겠지만 사료 상 보이는 나라는 骨浦國, 柒浦國, 保羅國, 古自國[=古史浦國], 史勿國 등 다섯 나라만이 보인다. 이들이 힘을 합하여 가라 또는 아라를 침범하니 신라

---

* 부산박물관

가 도와 팔국의 병사들을 물리친다는 것이 내용의 대략이다. 기왕에는 이러한 사건을 '포상팔국(의) 난'이라 명명해 왔다. 그러나 이는 신라 중심의 시각에서 바라본 것이다. 여기에서는 '포상팔국(의) 전쟁'으로 부르기로 한다.

그런데 포상팔국 전쟁은 사료에 보이는 내용을 그대로 받아들이기에는 문제점들이 있다.

첫째는 전쟁 발발 시기의 문제이다. 전쟁은 신라 내해니사금 14년에서 20년 사이에 일어난 것으로 되어 있다. 이는 서력 기원상으로는 209년에서 215년 사이에 해당한다. 이를 그대로 받아들이는 연구자들도 있다. 그러나 연구자들 사이에서 누누이 지적되어 온 바대로 《삼국사기》의 이른바 초기 기록은 내용과 기년에 있어 불안한 부분이 많다. 당시의 모습을 비교적 객관적으로 보여 준다고 생각되는 陳壽 편찬의 《삼국지》와 비교해 보더라도 그러하다. 관련 기사의 내용이 어느 시기를 반영하는 것인지 검토의 대상이다.

둘째는 전쟁 대상국의 문제이다. 기록에 따라 전쟁의 대상국이 加羅와 阿羅로 달리 나타나고 있다. 연구자에 따라 가라는 아라의 오기, 또는 그 반대로 보는 관점이 있다.

셋째는 포상팔국의 위치 비정 문제이다. 확인되는 다섯 개 국 가운데 골포국과 고자국, 사물국에 대해서는 《삼국유사》 찬자가 '지금(고려)의 合浦, 固城, 泗州'이라 한 바도 참고 되어 비교적 논란 없이 비정된다. 또한 칠포국도 오늘날 칠원으로 비정함에 이견이 없다. 따라서 골포국, 칠포국, 고자국, 사물국은 지금의 창원시 마산합포·회원구, 함안군 칠원면(칠서·칠북면 포함), 고성군 고성읍, 사천시 사천읍 등으로 비정된다. 보라국의 경우 《삼국유사》 찬자는 '아마도 發羅로서 지금(고려)의 羅州가 아닌가?' 하고 있다. 만약《삼국유사》찬자의 추측이 맞는다면 포상팔국의 분포 범위는 전라남도 해안을 포함하게 된다. 나머지 3국의 위치는 알 수 없다.

Ⅱ장에서는 포상팔국 전쟁 기사에 대한 기왕의 연구들을 살펴볼 것이다. 그리고 앞서 열거한 사료상의 문제점들을 해결해 보기 위한 검토를 시도할 것이다. 문제점들이 해결된다면 포상팔국 관련 사료들은 가야사의 전개과정을 이해하는 데 많은 도움을 줄 수 있다고 생각한다. 전쟁이 일어나게 된 배경, 포상팔국들 간의 관계, 전쟁이 미친 영향 등에 대한 고찰이 가능할 것이다. 이 글의 Ⅲ장에서 다루는 내용이 될 것이다.

Ⅱ. 연구사 및 사료 분석

1. 기존연구의 검토

포상팔국 전쟁이 일어난 시점에 대한 논의는《삼국사기》의 편년을 그대로 따라 3세기 초로 보는 설이 있으며[1], 기년을 그대로 믿

---

1) 千寬宇, 1991, 『加耶史硏究』, 一潮閣, p. 16. 李賢惠, 1988, 「4세기 加耶社會의 交易體系의 變遷」 『韓國古代史硏究』1, p. 166. 白承忠, 1989, 「1~3세기 가야세력의 성격과 그 추이 -수로집단의 성격과 浦上八國의 亂을 중심으로-」『釜大史學』13, p. 30. 權珠賢, 1993, 「阿羅加耶의 成立과 發展」『啓明史學』4, p. 23. 노중국, 2005, 「가야의 대외교섭 - 3~5세기를 중심으로 -」『加耶의 海上勢力』, 金海市, 제11회 가야사학술회의 발표자료집, p. 39. 이형기, 2009, 『大加耶의 形成과 發展 硏究』, 경인문화사, p. 70.

을 수 없다는 입장에서 수정하여 4세기 전반으로 보는 설[2], 400년 고구려 남정 전후로 본 견해[3], 고고학적 관점에서 고자국이 존재했던 현 고성지역 토기의 지역권역 형성 시기가 5세기 후반이 되어야 가능하다는 점에서 5세기 후반[4], 또는 5세기 말~6세기 초로 보는 견해[5], 김해 가야세력의 멸망 이후 대가야 멸망 이전의 6세기 중엽으로 보는 설[6], 대가야 멸망 이후 7세기 초 무렵으로 보는 설[7], 등이 있다.

사료상이 실제 연대를 그대로 따라 이 사건이 일어난 연대를 3세기 초로 보는 논자들의 경우, 이 사건을 계기로 3세기 초에 김해의 가야세력은 약화된다던가[8], '파병 대가로 인질 파견→화친관계→그 영향력 아래 놓임'이라고 하면서 한군현의 쇠퇴에 따른 변진구야국 수로(집단)의 재분배 기능의 약화와 가야제국의 분열로 보았다[9].

---

2) 金泰植, 1994, 「咸安 安羅國의 成長과 變遷」, 『韓國史研究』86, p. 51.
3) 허재혁, 1998, 「5세기 대 남부가야의 세력재편 -浦上八國 戰爭과 高句麗軍 南征을 중심으로-」, 부산대학교 문학석사 학위논문, p. 27; 2005, 「포상팔국전쟁의 원인과 성석 -김해시역성치세력의 성쇠와 교역-」, 『加耶의 海上勢力』, 金海市, 제11회 가야사학술회의 발표자료집, p. 99에서는 4세기 중·후반대로 보고 있다.
4) 申敬澈, 2007, 「加耶스케치」, 『考古廣場』 창간호, p. 224.
5) 金周龍, 2010, 「5~6世紀 中部慶南地域 小加耶土器의 擴散과 그 意味」, 『釜山大學校 考古學科 創設20周年 紀念論文集』, 釜山大學校 考古學科, pp. 724~730.
6) 金廷鶴, 1977, 『任那と日本』, 小學館, pp. 57~58. 宣石悅, 1993, 「三國史記 新羅本紀 加耶關係記事의 檢討 -初期記錄의 紀年推定을 중심으로-」, 『釜山史學』24, pp. 36~38. 宣石悅, 1997, 「浦上八國의 阿羅國 침입에 대한 考察 -6세기 중엽 남부가야제국의 동향과 관련하여-」, 『加羅文化』14, 경남대학교 가라문화연구소, p. 66.
7) 三品彰英, 1962, 『日本書紀朝鮮關係記事考證』上, 吉川弘文館, p. 174.
8) 千寬宇, 앞의 책, p. 18.
9) 白承忠, 1989, 앞의 논문, p. 30; 2011, 「「浦上八國戰爭과 지역연맹체」에 대한 토론문」, 『가야의 포구와 해상활동』, 김해시 제17회 가야사학술회의 발표자료집, p.91; 본 책의 토론문, p. 144.

그러나 이러한 논점들은 1990년 이후 경성대학교 박물관에 의해 네 차례 실시된 김해 대성동고분군의 발굴 성과를 보면 성립될 수 없음을 알 수 있다. 대성동고분군의 유물상은 3세기 후반에서 5세기 전반 사이에 있어서, 김해의 남가라(= 금관가야)가 신라 및 주변 세력에 비해 결코 뒤지지 않는, 오히려 능가하는 힘을 가진 정치 집단이었음을 알게 해 주는 것이다[10]. 그리고 지금까지의 자료로 보는 한, 이 시기 가야지역 내의 어느 곳에서도 김해 대성동고분군을 능가할 만한 힘을 가진 집단의 존재는 보이지 않는다.

그리고 사건의 시기를 6, 7세기로 보는 견해들도 김태식의 비판대로[11] 기존설이나 편년 전체에 대한 검토 없이 갑자기 제시한 가설적인 것이거나, 논거 속에서 자체 모순을 포함하고 있는 것들이 많아 따르기 어렵다. 고구려 남정을 전후한 시기로 본 견해도 구체적 논거제시가 아닌 선험적 가설을 기정사실로 전제하고서 도출한 연대관이라 따르기 어렵다.

여러 논자들 가운데 사건이 일어난 시기를 4세기 전반으로 보는 김태식은 포상팔국의 전쟁을 해상교역권과 관련하여 가야세력권 내의 내분이 일어난 사건으로 파악한 기존의 연구를[12] 받아들여 낙랑군과 대방군이 소멸되는 시기에 주목한 것이다. 즉 두 군의 소멸은 한반도 남부에 있어서 급격한 교역체계상의 변동을 초래했을 것으로 보아 이 사건이 그의 영향으로 일어난 것으로 이해하는 것이다.

---

10) 申敬澈, 1991, 「金海大成洞古墳群の發掘調査成果」『東アジアの古代文化』68; 1995, 「金海大成洞・東萊福泉洞古墳群 點描 -金官加耶 이해의 一端-」『釜大史學』19. 申敬澈・金宰佑 등, 2000~2003, 『金海大成洞古墳群』Ⅰ~Ⅲ, 慶星大學校博物館.
11) 金泰植, 앞의 논문, pp. 46~51.
12) 李賢惠, 1988, 앞의 논문, p. 166.

그리고 500년 경 지증왕의 즉위 시기부터 그 이전 대의 왕 및 친족의 출생관계를 逆算하여 내해왕의 즉위시기를 대략 310년대 후반의 시기로 추정한 강종훈의 연구성과를 참고했음을 밝히고 있다[13].

비록 상황 논리에 근거한 것이지만, 김태식의 논리가 비교적 타당하다고 여겨진다. 그러나 그가 설정한 남부 지방에 있어 급격한 교역 체계의 변동이란 상황은 낙랑·대방 二郡 소멸 이후인 4세기 전반보다 좀 더 소급해서 적용해도 가능하다. 이군의 소멸이 교역 체계의 변화를 증폭시킨 원인을 제공한 것만은 분명하지만, 이군의 소멸 이전에 이미 한반도 남부에서는 교역체계의 다양화가 진행되고 있었기 때문이다[14].

최근 신경철은 이른바 소가야연맹은 횡적연맹체의 구조를 하고 있다고 하면서 이러한 연맹체의 구조는 문헌에 보이는 포상팔국의 이미지와 부합된다고 하였다. 나아가 고고학적 관점에서 포상팔국의 형성은 5세기 후반으로 확정할 수 있으며, 따라서 '포상팔국의 난'도 일러도 5세기 후반의 일이라 하였다[15]. 김주용도 고고학적으로 볼 때 소가야토기가 주변 각지로 확대되는 시기를 포상팔국 전쟁이 일어난 시기로 파악하고 그 시기를 5세기 말~6세기 초로 보았다[16].

문헌기록의 편년은 기본적으로 문헌을 바탕으로 이루어져야 한다. 고고학적 양상이 참고가 되는 것은 사실이지만 그 해석에 있어

---

13) 金泰植, 앞의 논문, p. 52.
14) 최근 한반도 남부 지역의 김해 양동, 대성동, 울주 하대유적 등에서 출토된 비교적 이른 시기의 倭系, 혹은 중국 漢系 유물은 그 방증자료가 된다.
15) 申敬澈, 앞의 글, 2007과 같음.
16) 金周龍, 앞의 논문과 같음.

서는 대단한 주의를 요하지 않으면 안 된다. 포상팔국 가운데 중심국은 고성의 고자국일 가능성도 있지만[17], 사료에 입각하여 물계자의 발언에 초점을 맞추어 보면 보라국일 가능성이 더 높다. 그렇다면 이른바 소가야토기가 확대되는 사정을 가지고 포상팔국 전쟁의 시기를 추정하거나 그 성격을 논하는 것은 근본적으로 문제가 있는 것이다. 그리고 지금의 칠원지역(함안군 칠원, 칠서, 칠북면)에 존재했던 것으로 보이는 칠포국의 경우, 5세기 후반 대까지 독립된 국으로 존재하고 있었다고 보기 어렵다. 칠원지역은 3세기 말~4세기 전반 대에 함안의 안라국(=아라가야) 권역으로 포함된 지역으로 보인다[18]. 따라서 이 지역이 5세기 후반 대에 칠포국이란 국명을 가지고 '횡적연맹체'의 한 존재로서 소가야연맹체에 속해 있었다고 보기 어렵다.

다음으로 정리의 필요성을 느끼는 것은 전쟁 대상국의 문제이다. 《삼국사기》 신라본기에서는 포상팔국이 모의하여 加羅國을 공격하는 것으로 되어 있지만 열전에서는 阿羅國을 공격하는 것으로 되어 있다. 포상팔국이 공격한 대상국은 과연 어느 곳일까?

이 문제에 대해서는 이미 다산 정약용이 《疆域考》에서 '阿羅'를 '柯羅'로 고쳐[19] 열전의 기사가 잘못되었다고 한 이후, 다수가 가라설을 지지하고 있다[20]. 즉, 열전의 阿羅를 加羅의 오기로 보고, 포상팔국이 가라를 공격하는 것으로 보는 것이다(이를 阿羅 誤記說이

---

17) 필자는 1997년의 논문에서 포상팔국의 중심국을 고자국으로 본 바 있다(백승옥, 1997, 앞의 논문, p. 175).
18) 백승옥, 2006, 「4~6세기 安羅國의 領域과 '國內大人' - 칠원지역 古代史 復元의 一段 -」『釜大史學』30, 石軒鄭澄元敎授停年紀念論叢, p. 298.
19) 丁若鏞,『疆域考』卷2, 弁辰別考, "勿稽子傳云 浦上八國同謀伐柯羅國 柯羅遣使請救."

라 할 수 있을 것이다).

아라 오기설을 주장하는 권주현의 경우, 포상팔국 전쟁을 변한제 소국의 주도권을 장악하기 위한 두 세력권의 다툼으로 간주하고, 낙동강 서부지역의 중심세력으로 등장한 안야국이 포상팔국 지역 연맹체를 주도하여 금관가야 중심의 지역연맹체와 실력대결을 벌인 것으로 이해하였다[21].

그런데 만약 함안의 안라국이 포상팔국 속에 속했다고 한다면, 《삼국지》 한조에 이미 '安邪國' 이라는 이름으로 나오는 등, 안라국의 당시 위상으로 보아 포상팔국의 이름을 나열하는 중에 등재되었을 가능성이 높다. 그러나 사료상에는 안라국 또는 안라의 이칭으로 볼만한 어떠한 國도 보이지 않고 있다[22].

또한 《삼국사기》 찬자에 의해 의도적으로 수정되었을 가능성도 없어 보인다[23]. 그리고 동일 아라 오기설론자인 김태식에 의해서도 이미 비판되었듯이, 《삼국사기》 초기 기록에 나오는 '加耶'는 본래 가야국을 가리킬 수도 있고 가야 계통의 다른 소국을 가리킬 수도 있다는 시각[24]은 따를 수 없다. 만약 이 시각이 옳다면 원사료에는

---

20) 千寬宇, 1977, 「復元加耶史」(상) 『文學과 知性』, 1977-여름호; 1991, 『加耶史研究』一潮閣, p. 16. 李賢惠, 1988, 「4세기 加耶社會의 交易體系의 변천」 『韓國古代史研究』 1, p. 165. 李永植, 1985, 「加耶諸國의 國家形成問題 - '加耶聯盟說'의 再檢討와 戰爭 分析을 중심으로-」 『白山學報』 32, p. 75. 白承忠, 1989, 「1~3세기 가야세력의 성격과 그 추이 - 수로집단의 등장과 浦上八國의 亂을 중심으로-」 『釜大史學』 13, p. 30. 權珠賢, 1993, 「阿羅加耶의 成立과 發展」 『啓明史學』 4, p. 21. 金泰植, 1994, 「咸安 安羅國의 成長과 變遷」 『韓國史研究』 86, pp. 56~58. 필자도 이를 따른 바 있으나 (白承玉, 1997, 「固城古自國의 형성과 변천」 『韓國古代史研究』 11, 韓國古代史研究會編, p. 173), 철회 한다.
21) 權珠賢, 앞의 논문, p. 23.
22) 허재혁과 이영식은 保羅를 安羅로 보고 있다. 이에 대한 설명은 후술한다.
23) 金泰植, 앞의 논문, p. 56.

阿羅國으로 나오는 것을《삼국사기》찬자가 국명을 수정하면서 일부는 加羅 또는 加耶로 고치고 일부는 미처 고치지 못해서 위의 차이가 났다고 볼 수 있을 것인데, 그렇다면 오히려《삼국사기》열전에 보이는 阿羅國이 더 정확하다고 보아야 할 것이다. 그러나《삼국사기》에는 위의 기사에 나오는 阿羅國 외에도 召文國·甘文國·押督國·多伐國 등 소국의 이름이 많이 나오고, 그 중에는 金官國·居柒山國·草八國·大加耶國·阿尸良國 등 가야계통 소국들의 이름도 분명히 나오므로,《삼국사기》찬자가 의도적으로 수정하였을 가능성은 거의 인정되지 않는다[25]. 역으로《삼국사기》의 加耶 혹은 加羅는 모든 가야제국에 통칭되었다고 보아 본기의 加羅는 곧 阿羅國으로 볼 수 있다는 시각(이를 加羅 誤記論이라 할 수 있을 것이다)도 인정 할 수 없다.《삼국사기》에 가라, 혹은 가야로 표기된 국들은 김해의 가야세력 아니면 고령의 가야세력을 나타내기 때문이다[26].

  김태식은《삼국사기》열전에서의 阿羅國이 加羅의 오기라고 하면서, 포상팔국 중에 위치 고증이 가능한 골포(現 창원·마산), 칠포(現 칠원), 고사포=고자국(現 고성), 사물국(現 사천)의 토기 문화권과 함안 도항리·황사리 고분군에서 출토된 통형고배의 형식으로 보아 동일 토기 문화권인 점으로 보아 포상팔국이 동일 문화권의 함안의 안라국을 쳤다기보다는, 다른 문화권에 속하면서 세력이 큰 김해의 加耶國을 쳤다고 보는 것이 합리적이라고 하였다. 즉 고고학

---

24) 李永植, 1985, 앞의 논문, pp. 69~74. 白承忠, 1989, 앞의 논문, p. 9.
25) 金泰植, 앞의 논문, p. 56.
26) 백승옥, 2003, 『加耶 各國史 硏究』, 혜안, p. 76의 「표 2」 참조.

적 증거를 통해서 보아도 포상팔국의 공격 대상은 阿羅國이 아니라 加羅였다는 추정이 보다 타당하다고 하였다[27]. 그리고 이 기사에 '阿羅國'의 국명이 나오는 것은 포상팔국의 난을 지휘한 세력이 함안의 안라국이었기 때문에 오기되었을 가능성을 제기하고 있다[28]. 김태식의 견해대로라면 공격의 주도국이 공격을 받는 國으로 오기되었다는 것이다. 불가능한 추정은 아니라 할지라도 인정하기 어렵다.

한편, 가라 오기론자들(공격받는 나라를 함안의 아라국으로 보는 논자들)[29]의 경우, 대부분 전쟁의 시기를 6세기 대 이후 남가라 멸망 이후의 사실로 보아 논지를 전개시키고 있다. 三品彰英은 포상팔국 전쟁을 신라 진흥왕 대 이후, 이미 망한 가야 제국 중 최서남지구 가야세력의 반격이라고 하였다[30]. 선석열은 포상팔국이 공격한 대상은 阿羅라고 규정하고, 이를 신라가 공격할 수 있는 시기의 상한은 김해의 금관가야가 이 상황에 개재될 수 없는 시기 즉 멸망 이후로 보았다[31]. 김정학은 가라 오기론자는 아니지만 팔국이 결국 신라에 의해 평정 당한 점과 더불어 대부분 김해가야보다 서쪽 해안에 있기 때문에 신라가 금관가야를 평정한 이후의 시기에 포상팔국의 연합군이 신라군에 반격한 사실을 반영한 것이라 하였다[32].

전쟁의 시기를 3세기 말로 보는 남재우는 포상팔국전쟁기사를 포

---

27) 金泰植, 앞의 논문, p. 57.
28) 金泰植, 앞의 논문, p. 58.
29) 宣石悅, 앞의 학위논문, p. 60. 三品彰英, 앞의 책, p. 174. 田中俊明, 1992,『大加耶連盟の興亡と「任那」』, 吉川弘文館, p. 30.
30) 三品彰英, 앞의 책, p. 174.
31) 선석열, 1997, 앞의 논문, p. 66.
32) 김정학, 1977, 앞의 책, pp. 57~58.

상팔국이 김해 가라국을 공격한 것이 아니라 농경지 확보를 위해 안라국을 공격한 것으로 해석하고 있다[33]. 전쟁의 시기 및 이유에 대해서는 동감한다. 그러나 신라본기 기사에 대한 해명이 부족하다. 그는 다산 정약용이 '柯羅'로 쓴 이유를 추구하여, 阿羅의 오기라고 설명하고 있다[34]. 그러나 다산이 그의《강역고》에서 加羅에 대한 표기로서 주로 쓴 迦羅 대신에, 포상팔국 전쟁기사에서는 柯羅를 쓴 것은 同기사에 대한 다산이 가진 의문의 발로로 보아야 할 것이다.

다음은 포상팔국의 위치에 대한 기존설들을 검토해 보고자 한다. 앞서 언급한 골포국, 칠포국, 고자국, 사물국은 지금의 창원시 마산합포 · 회원구, 함안군 칠원면, 고성군 고성읍, 사천시 사천읍 등으로 비정된다. 골포는『삼국사기』권34, 잡지3 良州 義安郡 領縣條에 "合浦縣 本骨浦縣 景德王改名"이라 되어 있어 합포, 즉 현 창원시 마산합포 · 회원구임을 알 수 있다. 칠포는 같은 책에 보이는 "漆隄縣 本漆吐縣 景德王改名 今漆園縣"으로 미루어 보아 현 함안군 칠원면 일대로 비정된다. 고사포는 고성에 사물국은 사천에 비정된다.

문제는 보라국의 위치이다.《삼국유사》찬자는 '아마도 發羅로서 지금(고려)의 羅州가 아닌가?' 하고 전라남도 나주설을 제기하였다. 이를 그대로 받아들이는 연구자도 없지는 않다[35]. 그러나 보라국을

---

33) 南在祐, 2003,『安羅國史』, 혜안, p. 101.
34) 南在祐, 앞의 책, p. 109.
35) 노중국, 2005,「가야의 대외교섭 - 3~5세기를 중심으로 -」『加耶의 海上勢力』, 金海市, 제11회 가야사학술회의 발표자료집, p. 41.

나주에 비정할 경우 사천, 고성, 칠원, 합포 등과는 너무 멀다. 멀면 반드시 불가하다는 점은 없지만 《삼국유사》 물계자조에 즈음해서 볼 때 포상팔국 전쟁의 선두에 섰던 나라가 보라국이었다. 먼 나주의 보라국이 가라와 안라를 공격하는데 앞장섰다는 점은 이해하기 어렵다. 보라국 또한 가야지역인 남해안 일대와 낙동강 주변지역에서 찾아야 할 것이다.

이영식은 保羅에서의 '保'는 任, 守, 安의 뜻을 가진 글자라 하면서, 任羅(那)나 安羅가 保羅와 같이 표기되었을 가능성이 있다고 하여 보라국은 安羅國의 이표기일 가능성을 제기하였다[36]. 허재혁도 지명 비정된 4국과 함안지역과의 지리적 관련성과 4세기 후반 대에 함안식 토기가 김해·부산지역에 나타난다는 점을 고려한다면 保羅를 安羅로 봄이 적합하다고 하였다[37]. 그러나 여전히 保羅를 安羅의 이표기로 확정하기는 어렵다.

일찍이 다산 정약용은 포상팔국의 위치에 대해서 대체로 창원 이서 곤양 이동으로 비정한 바 있다[38]. 대체로 수용할 수 있는 비정안이라 할 수 있다.

---

36) 이영식, 2004, 「安羅國과 倭國의 交流史 硏究」, 『史學硏究』 74, 한국사학회, p. 37의 주 11 : 2005, 「노중국 「가야의 대외교섭 - 3~5세기를 중심으로 -」를 읽고」 『加耶의 海上勢力』, 金海市, 제11회 가야사학술회의 발표자료집, p. 63.
37) 許在赫, 2005, 「포상팔국전쟁의 원인과 성격 - 김해지역정치세력의 성쇠와 교역 -」 『加耶의 海上勢力』, 金海市, 제11회 가야사학술회의 발표자료집, p. 100.
38) 丁若鏞, 『疆域考』 卷2, 弁辰別考, "鏞案 旣云浦上不云海中 則今巨濟 南海不在計也 今浦上之地 東自昌原 西至昆陽 恰爲八邑 而咸安 固城本有加耶之名 骨浦 漆浦已著新羅之史." 다만, 여기서 咸安도 본래 가야였기 때문에 포상팔국 속의 한나라로 추정한 것은 따르기 어렵다.

표 1. 포상팔국 전쟁에 대한 문헌 연구자들의 견해[39]

연구자	전쟁시기	전쟁대상	전쟁의 성격
백승충	3세기 초반	김해	구야국의 쇠퇴로 인한 교역권을 둘러싼 대립
이현혜	〃	〃	3세기 초 해상교역권을 둘러싼 대립
이형기	〃	〃	소가야연맹체와 금관가야연맹체간의 교역권 쟁탈전
권주현	3세기 후반~4세기 전반	〃	변한제소국의 주도권 쟁탈전
남재우	3세기 후반	함안	농경지 확보를 위한 내륙지역 진출
백승옥	3세기 말~4세기 초	김해, 함안	교역권 쟁탈과 농경지 확보를 위한 내륙진출
김태식	4세기 초반	김해	해상교역권을 둘러싼 가야세력권의 내분
허재혁	5세기 전후	신라	김해를 중심으로 신라에 대항
김정학	532년 이후	김해	금관가야 멸망 후 팔국이 연합하여 신라군에 반격
선석열	6세기 중엽	함안	백제가 배후인 포상팔국이 아라공격, 신라의 구원으로 실패
三品彰英	6세기 후반 이후	신라	신라에 이미 망한 제국 중 최서남지구 가야세력의 반격

표 2. 포상팔국 전쟁에 대한 고고학 연구자들의 견해[40]

연구자	전쟁시기	전쟁대상	내용
김형곤	3세기 초	아라	지리적으로 반폐쇄적인 조건을 가진 내륙의 아라가야가 마산만, 진동만 등 해상진출에 따른 포상팔국연합군과의 대립
이주헌	3세기 전반 이후	가라(다호리) 아라	3세기 전반~4세기까지 도항리와 다호리고분군에서 목곽묘가 축조되지 않은 점으로 보아 양 지역을 피해를 받은 당사국으로 인식

---

39) 김주용, 2010, 앞의 논문, p. 722의 표를 보충 전재. 金廷鶴, 1977, 『任那と日本』, 小學館, pp. 57~58. 宣石悅, 1997, 「浦上八國의 阿羅國 침입에 대한 考察 -6세기 중엽 남부가야제국의 동향과 관련하여-」 『加羅文化』 14, 경남대학교 가라문화연구소, pp. 80~89.
40) 김주용, 2010, 앞의 논문, p. 725의 표를 보충 전재.

이희준	3세기 후반~4세기 전반	아라	4세기 전후 김해토기를 대신해 함안토기가 출현하는 중요한 계기. 안라국과 신라의 교린관계로 인해 신라의 간접지배하에 있던 부산지역과 안라국이 상호 우호적 관계를 이룸. 이 때 부산지역에 함안토기 부장
정주희	〃	〃	함안양식토기의 유통양상을 검토하면서 포상팔국전쟁을 계기로 4세기대 함안양식토기가 광역에 분포하는 계기
김규운	〃	아라, 신라	포상팔국전쟁에서 패한 고자국에서는 3~4세기대 대형목곽묘가 등장하지 않고 독자적인 토기가 확인되지 않음, 승자인 안야국은 4세기 이후 가야지역 내륙교역권을 장악하여 함안양식토기가 넓게 분포하게 됨.
박승규	4세기 초	가라	4세기 초에 포상팔국이 해상교역권으로 인해 가라국을 공격하였고, 전쟁 후 소가야는 아라가야와 동일 문화권역에 흡수
박천수	5세기 전엽		소가야의 교섭전성기는 소가야토기가 서부경남에서 전라도지역, 일본까지 넓게 분포하는 5세기 전엽이며 포상팔국전쟁은 5세기 전엽 발생
신경철	5세기 후반	가라(복천동, 연산동)	소가야연맹체를 橫의 聯盟體, 포상팔국연맹체로 규정, 고고학적으로 포상팔국의 형성은 5세기 후반이며, 전쟁 역시 5세기 후반 추정
이유진	〃		유공광구소호가 영산강 유역, 남해안일대 등 광역적인 분포를 나타내는 것으로 보아 포상팔국의 위치와 유공광구호의 분포상이 서로 유관하다고 판단함.
이성주	5세기 후반~6세기 전반경		소가야양식토기는 매우 불규칙한 권역으로 분포하는데 이것은 소가야정치체가 작은 단위사회들 간의 일정한 네트워크를 형성하였고 포상팔국이라는 정치시스템과 관련이 있는 것으로 봄.
김주용	5세기 말~6세기 초	아라가야	소가야토기가 가장 폭넓게 분포하는 시점-소가야세력의 내륙진출을 위한 교두보로 골포, 칠포국과 연합

표 3. 浦上八國의 위치비정[41]

	三國遺事	丁仲煥	金廷鶴	金泰植	田中俊明	白承玉	南在祜	李炯基
骨浦國	합포	마산	창원	마산	마산	마산·창원	창원(가음정동)	창원(마산)
柒浦國		거제도 칠천량	칠원		칠원	칠원	칠원	칠원
古自國	고성	고성	고성	고성	고성	고성	고성	고성
史勿國	사주	사천	사천	사천	사천	사천	사천	사천
保羅國	나주?	진동			고성 부근?			

2. 관련 사료의 분석

포상팔국 전쟁 관련기사는 《삼국사기》신라본기 내해니사금 14년 추 7월조와, 같은 책 물계자 열전, 《삼국유사》물계자전에 나온다.

사료 ⓐ : 포상팔국이 모의하여 加羅를 침략했다. 가라왕자가 와서 구원을 요청하자, (신라)왕이 태자 于老와 이벌찬 利音에게 명하여 六部의 군사를 이끌고 가서 加羅를 구하게 했다. 포상팔국의 장군을 쳐서 죽이고 사로 잡혔던 6000인을 빼앗아 (가라국에)돌려 주었다[42].

사료 ⓑ : 勿稽子는 奈解尼師今 때의 사람이다. (중략) 이 때 8포

---

41) 李炯基, 2009, 『大加耶의 形成과 發展硏究』, 景仁文化社, p. 69의 표를 수정·보충 전재.
42) 『三國史記』卷2, 新羅本紀2, 奈解尼師今14年(209년) 秋7月條, "浦上八國謀侵加羅 加羅王子來請救 王命太子于老 與伊伐湌利音 將六部兵 往救之 擊殺八國將軍 奪所虜六千人 還之."

상국이 같이 모의하여 阿羅國을 쳤다. 아라국의 사자가 (신라에)와서 도움을 청했다. 尼師今이 왕손인 㮈音으로 하여금 인근의 郡 및 六部의 군사를 이끌고 가서 구하게 했다. 팔국의 병사들을 패배시켰다. (중략) 삼년 뒤에 骨浦 柒浦 古史浦 삼국 군대가 와서 竭火城을 공격했다. 왕이 군사를 이끌고 가서 구했다. 삼국의 군대를 크게 패배시켰다. (중략) (물계자가 말하기를) 전날의 浦上, 竭火의 싸움은 위험하고 어려운 것이었다[43].

사료 ⓒ : 제 십대 임금인 奈解王 즉위 십칠년인 壬申年에 保羅國 古自國[지금(고려 때)의 固城] 史勿國[지금(고려 때)의 泗州] 등 팔국이 힘을 합하여 변경지역을 침범해 왔다. 왕이 태자 㮈音과 장군 一伐 등에게 명하여 군사를 이끌고 가서 막게 했다. 팔국이 모두 항복했다. (중략) (왕 즉위)십년인 乙未年에 骨浦國[지금(고려 때) 合浦이다] 등의 삼국 王이 각각 군사를 이끌고 竭火를 공격해 왔다.[갈화는 아마도 屈弗일 것이다. 지금(고려 때)의 蔚州이다.] 왕이 친히 군대를 이끌고 가서 막았다. 삼국이 모두 패했다. (중략) (물계자가 말하기를) 무릇 保羅[아마도 發羅로서 지금(고려 때)의 羅州이다.], 竭火의 전쟁은 참으로 나라의 어려움이었다[44].

---

43) 『三國史記』卷48, 列傳8, 勿稽子傳, "勿稽子 奈解尼師今時人也 (中略) 時八浦上國同謀伐阿羅國 阿羅使來請救 尼師今使王孫㮈音率近郡及六部軍往救 遂敗八國兵一(中略)一 後三年骨浦 柒浦 古史浦三國人來攻竭火城 王率兵出救 大敗三國之師 (中略) 前日浦上竭火之役 可謂危且難矣."
44) 『三國遺事』卷5, 避隱8 勿稽子條, "第十奈解王卽位十七年壬辰 保羅國 古自國[今固城] 史勿國[今泗州] 等八國 倂力來侵邊境 王命太子㮈音 將軍一伐 等 奉兵拒之 八國皆降 (中略) 十年乙未 骨浦國[今合浦也]等三國王 各率兵來攻竭火[疑屈弗也 今蔚州] 王親率禦之 三國皆敗 (中略) 夫保羅[疑發羅今羅州]竭火之役誠是國之難."

사료 ⓐ는 신라 내해니사금 14년조 기사로서 서력 기원 209년 해당하며, 17년은 212년, 20년은 215년에 해당한다. 연구사에서 살펴본 바와 같이 전쟁의 시기를 《삼국사기》 기년을 그대로 받아들이는 논자들도 있다.

그러나 필자는 초기기록은 기본적으로 많은 문제점이 있다고 보는 입장이다. 전쟁의 발발 시기를 신라본기의 편년 그대로 3세기 초로 보기 어려운 점은 다음과 같다. 《삼국지》는 3세기 단계 변진한 소국들에 대해 그 국의 인구를 소국은 6~7백가 대국의 경우 4~5천가라 하고 있다[45]. 이러한 인구 수준에서 전쟁 포로 6,000명의 발생이란 믿기 어렵다. 또한 280년 대 기록인 《삼국지》는 한반도의 삼한관계 기사의 경우 260년대를 그 하한으로 하고 있다. 그런데 이 때의 진한 사로국은 경주 분지를 벗어나지 못한 상태였다. 신라의 갈화성(울산) 장악은 3세기 말 이후에나 가능한 것이었다[46]. 그런데 사료 ⓑ와 ⓒ에 보이는 갈화는 이미 신라의 영역내로 보인다. 또한 3세기 초 단계에 경주의 신라는 김해 혹은 함안지역까지 원군을 파견할 수 있는 역량을 갖고 있었다고 보기 어렵다.

위의 사료에서 시기를 고찰해 볼 수 있는 곳은 于老와 관계된 사료이다. 사료 ⓐ에 나오는 우로를 전설적인 인물로 치부해 버린다거나[47], 신라본기에는 나오지만 물계자 열전에는 등장하지 않고 있다는 점, 태자가 아닌데 태자로 나온다는 점 등을 강조하여 우로는

---

45) 『三國志』卷30, 魏書 烏丸鮮卑東夷傳 韓條.
46) 백승옥, 2002, 「삼국시대의 울산」 『울산광역시사』1-역사편, 울산광역시사편찬위원회.
47) 李基東, 1985, 「于老傳說의 世界」 『韓國古代國家의 國家와 社會』, 一潮閣.

포상팔국 전쟁에 참여하지 않았기 때문에 우로의 활동을 근거로 전쟁의 시기를 후대로 늦추어 볼 수 없다고 한 설명48)은 받아들일 수 없다.

于老는 신라본기 내해니사금 14년조를 필두로 조분니사금 2년조와 4년조, 15년조, 16년조, 첨해니사금 3년조 등에 그의 구체적 활약과 몰년이 기록되어 있다49). 또한 열전에도 등재되어 있다. 뿐만 아니라 《삼국유사》 왕력에도 내해왕의 아들이며 흘해왕의 아버지로 나오고 있다50). 첨해니사금 3년조에 의하면 우로는 왜인에 의해 죽음을 당하는 것으로 되어 있다. 이와 관계하여 《일본서기》에도 열전과 상응하는 내용이 담겨 있다. 편찬 주체와 시기가 다른 사서에 모두 등장하는 우로를 가상의 인물로 볼 수 없다. 그렇다면 이들 사서를 바탕으로 우로가 활동한 시기의 추출도 가능할 것이다.

《삼국사기》 우로열전에 의하면 우로와 訖解王은 부자관계로 되어 있다51). 우로는 본기 기록에 의하면 249년에, 열전 기록에 의하면 253년에 사망한 것으로 되어있다. 《일본서기》에는 편년을 수정하지 않으면 200년에 사망한 것으로 되어 있다. 각 각의 사서에 다르게 기록된 점에서도 알 수 있듯이 우로 사망 연대는 안정적이지 못하다. 이는 초기기록, 즉 내물왕 대 이전 기록의 불안정성과도 연

---

48) 노중국, 2005, 「가야의 대외교섭 - 3~5세기를 중심으로 -」, 『加耶의 海上勢力』, 金海市, 제11회 가야사학술회의 발표자료집, p. 40.
49) 『三國史記』卷2, 新羅本紀2, 助賁尼師今 2년조("秋七月 以伊湌于老爲大將軍 討破甘文國 以其地爲郡"), 4년조("秋七月 伊湌于老與倭人 戰沙道~"), 15년조("春正月 拜伊湌于老爲舒弗邯 兼知兵馬事"), 16년조("冬十月 高句麗侵北邊 于老將兵出擊之 不克~"), 沾解尼師今 3년조("夏四月 倭人殺舒弗邯于老").
50) 『三國遺事』권1, 왕력 제1 第十六代 乞解尼叱今. "昔氏 父于老音角干 卽奈解王第二子也 庚午立 治四十六年"

동된다고 보인다.

　신라본기에 의하면 우로의 아들인 흘해왕은 356년에 사망한다. 같은 책 열전 기록에 의하면 우로 사망 당시 흘해는 어렸다[52]. 그리고 기림왕이 죽고 후사가 없자 여러 신하들이 의논하기를 "흘해는 어리지만 老成한 덕이 있다하여 받들어 왕으로 세웠다"는 기록으로 보아[53] 또한 그는 어린 나이에 왕이 되었다.

　본기 기록에 의하면 흘해는 310년에 즉위한 것으로 되어 있다. 이를 믿는다면 우로는 310년에서 10년 내지 15년 정도 이전에 사망한 것으로 추측할 수 있다. 우로가 죽을 때 즈음 흘해는 어렸었고, 또한 그는 어려서 왕이 되었기 때문이다. 그러나 흘해왕의 즉위 연대에 대한 확실성이 없기 때문에 이를 그대로 따르기는 주저된다. 또 다른 사료를 인용하여 고찰해 보자.

　우로 관련기사는《일본서기》신공황후의 신라 정벌 기사 속에 분주의 형태로 기록되어 있다[54]. '新羅王 宇流助富利智干'의 형태로 나오지만, 그 내용이《삼국사기》우로열전의 내용과 상응되기 때문에 '宇流助富利智干'는 곧 우로를 지칭한다고 볼 수 있다. 즉 '宇流'는 '于老'에 '助富利智干'은 우로가 올랐던 신라 제1위 관직 '舒

---

51)『三國史記』卷45, 列傳5, 昔于老傳, "奈解尼師今之子(或云角干水老之子也) 助賁王二年七月 以伊飡爲大將軍 出討甘文國破 之 以其地爲郡縣 四年七月 倭人來侵于老逆戰於沙道 乘風縱火 焚賊戰艦 賊溺死且盡 (中略) 七年癸酉 倭國使臣葛那古在館 于老主之 與客戲言 早晚以汝王爲鹽奴 王妃爲爨婦 倭王聞之怒 遣將軍于道朱君討我 大王出居于柚村 于老曰 今玆之患 由吾言之不愼 我其當之 遂抵倭軍 謂曰 前日之言戲之耳 豈意興師至於此耶 倭人不答 執之積柴置其上 燒殺之乃去 于老子幼弱不能步 人抱以騎而歸 後爲訖解尼師今 味鄒王時 倭國大臣來聘 于老妻請於國王 私饗倭使臣 及其泥醉 使壯士曳下庭焚之 以報前怨 倭人忿 來攻金城 不克引歸."
52) 李基東, 앞의 논문, p. 189 참조.
53)『三國史記』卷2, 신라본기, 흘해니사금, 원년조.

弗㘨'의 또 다른 借字表記인 것이다.

그런데 주지하다시피《일본서기》신공기의 연대는 그대로 믿을 수 없다. 백제사료와의 비교 등을 통해 보아 2주갑(120년) 인하해 보는 것이 일반적이다. 그렇다면 이는 320년의 사건으로 편년된다[55]. 우로의 몰연대가 이즈음이라면 그가 참가한 포상팔국 전쟁이 일어난 시기는 3세기 말 4세기 초로 보아 크게 무리가 없을 것이다.

다음은 오기론에 관한 문제이다. 사료 ⓐ와 ⓑ는 그 내용상 얼추 비슷한 구조를 가진 것은 사실이다. 포상팔국이 모의해서 상대를 공격한 사실과 구원 요청에 의해 신라가 구원해 주었다는 사실이 그러하다. 그런데 포상팔국이 공격한 상대가 사료 ⓐ는 '가라'이고 사료 ⓑ에서는 '아라'이다. 가라와 아라는 각 각 다른 나라이기 때문에 이를 어떻게 보느냐에 따라 가야사의 모습은 크게 달라진다.

전쟁 대상국을 加羅로 보는 설은 사료 ⓐ와 ⓑ가 기본적으로 동일 구조를 가졌다는 점에서 정사인《삼국사기》에 중점을 둔 관점

---

54) 『日本書紀』권9 神功皇后 攝政前紀-仲哀天皇 9년(庚辰二○○) 12월조 분주. "十二月戊戌朔辛亥. 生譽田天皇於筑紫. 故時人號其産處曰宇瀰也.《一云. 足仲彦天皇居筑紫橿日宮. ―(중략)―則皇后爲男束裝. 征新羅. 時神導之. 由是隨船浪之遠及于新羅國中. 於是新羅王宇流助富利智干. 參迎跪之. 取王船旣叩頭曰. 臣自今以後. 於日本國所居神御子. 爲內官家. 無絶朝貢. 一云. 禽獲新羅王詣于海邊. 拔王臏肋令匍匐石上. 俄而斬之埋沙中. 則留一人. 爲新羅宰而還之. 然後新羅王妻不知埋夫屍之地. 獨有誘宰之情. 乃誂宰曰. 汝當令識埋王屍之處. 必篤報之. 且吾爲汝妻. 於是宰信誘言. 密告埋屍之處. 則王妻與國人. 共議之殺宰. 更出王屍葬於他處. 時取宰屍. 埋于王墓土底. 以擧王櫬窆其上曰. 尊卑次第固當如此. 於是天皇聞之. 重發震忿. 大起軍衆. 欲頓滅新羅. 是以軍船滿海而詣之. 是時. 新羅國人悉懼不知所如. 則相集共議之. 殺王妻以謝罪."》
55) 이를 믿을 수 있다면 흘해왕은 310년 보다는 오히려 330년~335년 사이에 즉위한 것으로 추측해 볼 수 있다.

으로 여겨진다. 그리고 다산 정약용의 '阿羅는 柯羅의 잘못'이라는 설도 영향을 준 듯하다. 전쟁 대상국을 阿羅로 보는 설은, 加羅보다는 阿羅가 특수한 용례이기 때문에 찬자가 阿羅를 잘못 기록했을 까닭이 없다는 입장이다.

  그런데 위의 사료들은 자세히 살펴보면 일정 정도의 차이를 가지고 있어 과연 찬자가 오기했을까 하는 의심을 갖게 한다. 무엇보다 사료 ⓒ의 입장을 주목해 볼 필요가 있다. 《삼국유사》는 편찬 시 《삼국사기》를 참고했음이 곳곳에 보인다56). 남부여조에서는 '삼국사기'의 형태로, 마한, 말갈, 남부여, 무왕, 후백제, 원광서학조 등에서는 '삼국사'의 형태로, 아도기라, 대산오산진신조에서는 '삼국본기'의 형태로 인용하고 있다. 이러한 점으로 보아 사료 ⓒ는 사료 ⓐ와 ⓑ를 참고하여 만들어 졌음을 짐작할 수 있다. 그런데 사료 ⓒ는 내용에 있어 ⓐ와 ⓑ보다 구체적이다. 이는 ⓒ를 편찬할 당시 ⓐ, ⓑ 외에 또 다른 자료를 활용했음을 시사한다. 그런데도 ⓒ의 찬자는 ⓐ의 내해왕 14년 전쟁 기사 외에 17년 전쟁기사를 싣고 있다. 그것도 임신년이라는 간지와 함께 ⓐ와 ⓑ에 보이지 않는 국명까지 열거하고 있다. 이는 ⓒ의 입장에서 보아 ⓐ도 인정하면서 17년 전쟁도 확신할 수 있었기 때문에 기록한 것으로 볼 수 있다. 또한 ⓒ는 ⓐ와 ⓑ에서의 차이점 가운데 '가라'와 '아라'에 대해서는 '변경 지역'으로 처리하였다. ⓒ가 보기에도 ⓐ와 ⓑ 가운데 어느 것이 옳은 지 판단하기 어려웠던 것으로 보인다. ⓒ의 고민이 엿보이는 부분이다. 이는 곧 ⓒ 편찬 당시에도 '가라'와 '아라'가 각 각

---

56) 『三國遺事』의 引用書에 대해서는 崔南善, 1993, 「三國遺事 解題」『增補 三國遺事』, 瑞文文化社, pp. 14~22 참조.

기록되어 있었다는 증거이다. 이로 보아 만약 誤記라면 《삼국사기》 찬자는 두 가지를 동시에 오기했다고 볼 수 있다. 연대의 오기와 전쟁 상대국의 오기이다. 따르기 어렵다. 오기론은 폐기되어야 할 것이다. 다만 이들 기록이 모두 신라 위주의 新羅史官의 입장에서 서술되어 졌다는 점은 염두에 두고 사료를 볼 필요는 있다.

그러면 앞의 사료 ⓐ, ⓑ, ⓒ를 서로 모순 없이 어떻게 해석할 수 있을까? 문제 해결의 관건은 비교적 간단하다. 사료를 자세히 보면, 사료 ⓑ와 ⓒ는 동일시기 동일사건에 대한 기술이지만, ⓐ는 다른 시기 다른 사건에 대한 기술이다. 즉 사료 ⓐ는 포상팔국이 가라국을 친 사건을 기록한 것이고, 사료 ⓑ는 포상팔국이 아라국을 친 사건이다. 전쟁 대상국이 각각 다른 것이다. 〈표 4〉는 차이점을 표로 만들어 대조해 본 것이다.

표 4. 浦上八國戰爭 관계기사 비교 대조표

	전쟁 도발국	대상국	전쟁 시기	구원 사자	구원군	전쟁의 경과 및 결과	비고
사료 ⓐ	浦上八國	加羅	奈解尼師今 14年	加羅 王子	太子 于老와 이벌찬 利音이 거느린 6部兵	포로로잡힌 6천인을 빼앗아돌려줌	
사료 ⓑ	八浦上國	阿羅國	奈解尼師今 代	阿羅國의 사신	王孫 㮈音이 이끄는 近郡 및 6部軍	八國兵을 무찌름	3년 후 골포, 칠포, 고사포 삼국이 강화성을 공격하자 왕이 병사를 이끌고 나아가 대패시킴
사료 ⓒ	保羅國, 古自國, 史勿國, 등 八國	邊境	奈解王 17년		太子㮈音과 將軍 一伐 등이 兵을 이끔	八國이 모두 항복함	奈解王 20년에 골포국 등 삼국왕이 강화을 공격하자 왕이 직접 출격하여 막음

이상의 논의를 정리하면 다음과 같다.

내해왕 14년(실연대는 3세기 말~4세기 초 사이의 어느 시기)에 포상팔국이 김해의 南加羅를 공격하지만, 구원군으로 온 신라에 의해 패배하고 사로잡았던 가라인 6000명 마저 빼앗긴다. 그로부터 3년 후인 내해왕 17년, 포상팔국은 함안의 阿羅國을 공격한다. 이때에도 포상팔국은 신라 구원군에 의해 패하게 된다. 내해왕 20년[57]에는 (포상팔국 중의) 골포 · 칠포 · 고사포의 삼국이 갈화성(지금의 울산지역)을 공격하지만 신라왕이 몸소 이끄는 군대에 의해 대패하고 만다.

이상의 사실에서 포상팔국은 동남해안을 누비며, 9년 동안 전쟁을 일으킨 것을 알 수 있다. 즉 3세기 말에서 4세기 초, 한반도 남부 지방은 전쟁의 혼란기였다고 볼 수 있는 것이다. 그러면 이러한 전쟁은 왜 일어나게 되었을까?

Ⅲ. 포상팔국 전쟁의 성격과 지역연맹체

1. 전쟁의 성격

한반도 남부지방은 자체 생산력의 향상과 함께 북쪽 지역과의 관계 속에서 성장 · 발전해 간다. 끊임없는 전쟁과 교섭은 남부 諸小

---

[57] 『三國遺事』卷5, 避隱8 勿稽子條의 원문에는 '十年 乙未' 로 되어있으나, 이는 '十' 字 앞에 '二' 字가 탈락된 것으로 보아야 한다. 그래야만 干支 '乙未' 도 맞아진다.

國을 자극하는 계기가 되었을 것이다. 남부 지방에서 우월한 小國의 등장은 양호한 입지 조건을 바탕으로 선진 지역과의 활발한 교섭을 통해서였을 것이다. 한반도 남부 지역의 김해 양동[58], 대성동[59], 울산 하대유적[60] 등에서 출토된 왜계, 혹은 중국계 유물은 그 방증자

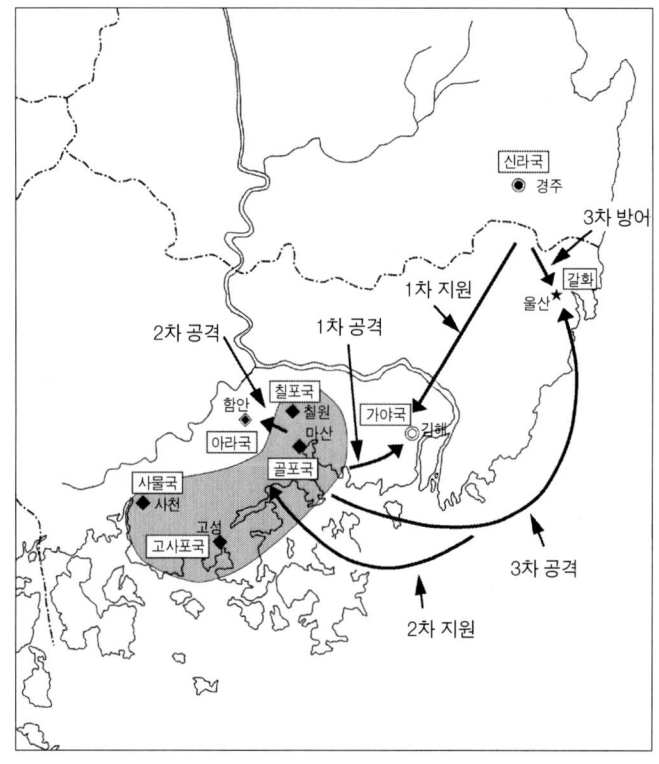

그림 1. 포상팔국의 위치와 전쟁의 경과[61]

---

58) 東義大學校博物館, 2000, 『金海良洞里古墳文化』.
59) 慶星大學校博物館, 2000~2003, 『金海大成洞古墳群』Ⅰ~Ⅲ.
60) 釜山大學校博物館, 1997, 『蔚山下垈遺蹟-古墳Ⅰ』.
61) 김태식, 『미완의 문명 7백년 가야사』1권, 푸른역사, p. 132의 지도를 바탕으로 수정 전재함.

료가 된다. 그리고 평화적 교섭이 아닌 대규모의 전쟁 또한 전체 사회를 변화시키는 계기가 되기도 한다.

포상팔국은 그 이름에서도 알 수 있듯이 포구나 해양을 그 존립 근거로 하는 國들이었다. 이러한 國들이 새로운 도약을 위해서는 그들 경쟁국과의 전쟁, 또는 새로운 활로의 모색은 필연적이었을 것이다.

포상팔국이 합심하여 전쟁을 일으킨 목적은 전쟁의 발발 시기 및 전쟁의 원인 등과 아울러 생각해 보아야 한다. 한반도 남부지역에서 이러한 사건이 일어날 수 있었던 상황을 보다 다각적인 차원에서 천착해 볼 필요도 있다. 즉 이를 외부 환경의 변화에 의한 결과로 보는 시각도 필요하지만, 포상팔국의 성장과 그를 발판으로 한 새로운 욕구의 충족을 위한 전쟁이라는 시각도 필요한 것이다.

그동안 포상팔국 전쟁 발발의 배경과 성격에 대해서는 가야와 신라간의 교역체계의 변화라는 차원에서 다루어져 왔었다[62]. 이러한 시각은 사료 ⓐ에 국한하는 한 타당하다고 여겨진다. 포상팔국과 남가라는 모두 해상세력으로서 그 성장기반을 교역에 두고 있었다. 두 세력간의 충돌은 당연히 있을 수 있는 것이며, 사료 ⓐ는 그러한 사실을 뒷받침해 주는 사료인 것이다.

《삼국지》에 의하면 3세기 중·후엽 변진지역에서 주도적인 國들은 구야국, 안야국이었다. 신지들에게 가우호한 상황을 보아 알 수 있는 일이다. 이들은 중국 군현들과의 전쟁을 통해 더욱 발전할 수 있었으며 주변 소국들과의 연맹을 통해 지역연맹체 단계로까지 성

---

62) 李賢惠, 1988, 앞의 논문. 白承忠, 1989, 앞의 논문.

장 할 수 있었다.

　이러한 상황 속에서 구야국을 중심으로 하는 남가라연맹체에도 들지 못하고 안야국 중심의 안라연맹체에도 들지 못한 남해안 일대 일군의 소국들이 포상팔국이었다. 이들이 가라, 즉 남가라지역 연맹체를 공격한 것은 곧 생존의 문제였다. 생존의 기반이 교역이었기 때문에 역시 교역을 기반으로 하는 남가라연맹체와는 필연적으로 부딪칠 수밖에 없었던 것이다.

　한반도 남부에 있어서 3세기 후반 4세기 초의 시기는 이른바 삼한사회에서 삼국시대로 이행하는 시기이다. 이러한 시대의 획기는 생산력 발달을 기초로 한 사회 제반의 변혁을 전제로 하는 것이며, 문화적 양상의 차이도 뚜렷이 보인다. 한반도 남부에서의 대형 목곽묘의 출현은 그 단적인 예로 볼 수 있을 것이다. 아울러 4세기대를 전후하여 토기의 기종과 기형의 분화가 진행되고 각 지역간의 지역성도 본격적으로 나타나는 점[63]과도 무관하지 않을 것으로 본다.

　이러한 시기에 고대국가로의 성장에 있어서 중요한 원동력 가운데 하나라고 볼 수있는 교역권의 상실 및 상대적 약세는 포상팔국의 자체 통합과 함께 보다 강력한 사회로의 발전이 좌절된 하나의 사건으로 볼 수 있는 것이다. 따라서 포상팔국연맹의 좌절이란, 대외 교역권을 바탕으로 꾸준히 성장한 소국이 더 높은 단계로의 도약을 위해, 주위 세력들에 대한 결속력의 강화와 팽창을 시도했으나 그 꿈이 무산된 것으로 해석될 수 있을 것이다. 좀 더 유추하자

---

[63] 安在晧·宋桂鉉, 1986,「古式陶質土器에 관한 약간의 考察 -義昌 大坪里出土品을 通하여-」,『嶺南考古學』1.

면 삼한의 諸國들 중 大國의 반열에 들지 않는 소국들이 연맹하여 大國化하고자 하였으나 좌절되는 한 예로 보여 지는 것이다. 이는 곧 고대국가단계로의 진입 실패로 귀결되는 것이며, 이들의 국가적 성격을 엿볼 수 있는 것이다.

포상팔국의 남가라와 안라 공격은 신라로 인해 번번이 좌절되었다. 이에 내해왕 20년에는 신라의 대외 교역항이자, 남해안으로의 진출기지인 갈화(지금의 울산)를 공격하게 되는 것이다. 그러나 결과는 포상팔국의 패배로 나타났다. 패배의 원인은 강력한 주도국이 없었다는 점과 결속력의 미약 등을 들 수 있을 것이다. 포상팔국 지역연맹체의 패배는 역으로 전승국인 南加羅와 安羅國, 新羅의 약진을 가져오게 되었다.

2. 포상팔국 지역연맹체

사료에 보이는 포상팔국을 지역연맹체라고 정의 하였다[64]. '연맹'이란 '동일한 군사 외교적 처지에서 공동의 이익을 위해 결합 구조를 가지는 것'이다. 포상팔국은 그러한 정의에 부합한다.

'지역연맹체'란 '일정한 지역을 중심으로 복수의 소국이 결합한 형태의 연맹체'를 말한다. '지역연맹체'란 용어는 노중국이 백제의 국가형성과정을 설명하는 도중, 마한연맹체내에서 각 지역별로 형성된 소연맹체를 지칭하면서부터 쓰이기 시작하였는데, 그 내용은 소국과 소국이 연맹한 형태를 말하는 것이었다[65].

---

(64) 백승옥, 앞의 책, p. 80.
(65) 盧重國, 1988, 『百濟政治史硏究』, 一潮閣, pp. 62~63.

본고에서의 '지역연맹체'도 이와 동일한 형태를 말하지만, 씨가 말하는 마한연맹체와 같은 변한 사회 전체를 포괄하는 연맹체를 말하는 것은 아니다.[66] 《삼국지》와 《후한서》에 보이는 '弁辰與辰韓雜居'란 구절로 보아 진한과 변한지역에 각 각 전체를 아우르는 연맹체가 존재하고 있었다고는 볼 수 없기 때문이다. 생활양식이 거의 동일한 집단끼리 서로 섞여 살면서 서로 다른 별도의 연맹체를 형성하고 있었다고 보기는 어렵기 때문이다.

가야 諸小國은 결코 단일동맹으로 결속한 것은 아니지만 동일한 시기에 다수의 연맹 즉 '소지역권'이 존재하였다고 한 견해나[67] 가야의 局地的·分岐的 특성을 강조하여 '지역연맹체'를 설정한 견해는 받아들여질 수 있다고 본다.[68]

단 기존 학계에서 말하는 지역연맹체와 본고에서의 지역연맹체는 약간의 차이가 있다. 기존에는 김해 지역연맹체를 설명하면서 소국단계의 구야국과 소지역연맹체단계를 하나로 묶어 '김해 지역연맹체' 단계로 설정하였다.[69] 그리고 3세기 후반부터 김해 지역연맹체는 분열되는 것으로 설명하고 있다.[70]

그러나 필자는 구야국의 형성시기부터 2세기 중·후엽 무렵까지는 소국단계로 보며, 사회 발전에 의해 2세기 중엽 무렵부터는 몇 개의 소국이 연맹체를 형성하기 시작하는데 이를 지역연맹체라 본

---

66) 노중국은 加耶의 시조형제설화를 바탕으로 대가야와 금관가야가 중심이 되어 가야연맹체를 형성하였다고 하여, 사실상 가야 전체연맹체를 인정하고 있다. 위의 주와 동일.
67) 權鶴洙, 1994, 「加耶諸國의 相關關係와 聯盟構造」『韓國考古學報』31, pp. 152~158.
68) 白承忠, 앞의 학위 논문, pp. 24~30.
69) 백승충, 위의 논문, p. 83.
70) 백승충, 위의 논문, pp. 85~91.

다. 지역연맹체는 그 가운데에서 중심국이 생겨 연맹의 구조가 한 층 강화되는데 그 시기는 3세기 중·후엽 무렵이라고 본다. 김해의 경우 이 시기부터 남가라(=금관가야)가 중심이 되어 주변 소국들을 연맹체의 방식으로 주도 하는 바, 이를 '남가라 지역연맹체'라 칭한다. 이후 5세기 전반까지 남가라 지역연맹체는 존재하는 것으로 본다.

가야의 지역연맹체는 이미《삼국지》가 표현하고 있는 대·소국 가운데 대국들의 상당수는 소국의 단계를 탈피한 지역연맹체의 형태로 존재했을 것이다. 소국과 대국의 인구차를 보면,

　사료 ⓓ : 변한과 진한은 합하여 24국이 된다. 대국은 4~5천가이고, 소국은 6~7백가로서 총 4~5만호이다. 그 가운데 12국은 진왕에 속한다[71].

라고 하여 무려 7~8배의 차를 보이고 있다. 이는 대국들 중에는 소국의 형태가 아니라 복수의 소국을 연맹의 형태로 결합한 國들도 있었을 것임을 짐작케 한다. 그러한 國들 가운데 주목할 수 있는 國이 변한 狗邪國과 安邪國이다. 狗邪·安邪 2개국의 臣智는 특별히 우대하여 부르는 칭호가 있었다. 이는 이들이 변한지역에서 주변 소국들을 주도하는 위치에 있었음을 보여 주는 것이다.

소국 가운데 비교적 큰 나라가 중심이 되어 연맹적 결속을 한 정치체가 곧 지역연맹체인 것이다. 이러한 지역연맹체의 형성을 2세

---

71) 『三國志』韓條, "弁辰韓 合二十四國 大國四五千家 小國六七百家 總四五萬戶."

기 중·후엽 무렵부터 시작되었을 것으로 본 것은 《삼국지》 기록에 근거한 것이다.

《삼국지》에서는 漢나라 말기 桓帝(재위 기간 : 146~167)와 靈帝(168~188) 연간인 2세기 중·후엽 韓과 濊가 강성해 져서 중국의 군현이 잘 제어 할 수 없었다고 하고 있다. 아울러 인구의 증가도 부언하고 있다[72]. 이는 바로 당시 한반도 중남부지역의 사회변화상을 말해 주는 것이다. 중국의 군현이 잘 통제할 수 있었던 개별 소국 상태의 사회구조가 아니었음을 엿 볼 수 있는 것이다.

그리고 3세기 중엽의 對二郡과의 전쟁을 계기로 그 연맹체의 결속 정도는 더욱 강화되었을 것이다[73]. 즉 韓의 對二郡과의 전쟁에 있어 그 구심체 역할을 한 國들이 바로 狗邪國과 安邪國이었으며, 이들은 지역연맹체의 형태로 對二郡과의 전쟁을 수행하였던 것이다. 그리고 이 때의 전쟁이 삼한지역 전체와 중국 군현과의 대립이었기 때문에 지역별 연맹체의 결속은 일반적 양상이었을 것으로 추측한다.

포상팔국 지역연맹체도 이러한 상황 속에서 결성되었을 것이다. 그러나 한반도 남해안 지역이라는 지리적 여건은 사회적 분위기보다는 생존의 문제가 더욱 절실했을 가능성이 높다.

전쟁으로 인한 소국연합과 그것의 강화는 이전까지의 비교적 간단했던 정치구조의 변화를 요구하였을 것이다. 여기에 사회발전에

---

72)『三國志』韓條, "桓靈之末 韓濊彊盛 郡縣不能制 民多流入韓國."
73)『三國志』韓條, "景初中 明帝密遣 帶方太守劉昕 樂浪太守鮮于嗣 越海定二郡 -중략- 部從事吳林 以樂浪本統韓國 分割辰韓八國 以與樂浪 吏譯轉有異同 臣智激韓忿 攻帶方郡崎離營 時太守弓遵 樂浪太守劉茂 興兵伐之 遵戰死 二郡遂滅韓."

대한 전쟁의 긍정적 요소가 있는 것이다.《삼국지》한조에는 대이군 전쟁의 결과 韓이 滅亡 당한 것으로 묘사되어 있지만 이는 중국측 입장에서의 시각이고 韓諸國은 오히려 대이군 전쟁 시 경험했던 연맹체 결성이 더욱 촉진되었을 것이다. 그것은 혹은 평화적 연합의 방법으로 혹은 군사적인 정복을 통하여 이루어졌을 것이다. 그런데 연맹을 주도한 중심국도 이전시기와 커다란 변동은 없었을 것이다. 즉 이전시기 '소국' 가운데 대국이 연맹체의 중심국으로 대두되었을 것이다. 그 중 교역의 중심지로서 주변국을 주도한 구야국과 안야국의 경우도 여전히 중심적 위치를 점하고 있었던 것으로 보인다.

반면 포상팔국의 경우는 연맹 소속국들 간의 정치적 결합력이 상대적으로 약했던 것으로 보인다. 해양적 특성 때문인지 아니면 외교력의 부족 때문인지는 알 수 없지만 결과적으로는 전쟁에 패한다. 그 결과 '지역국가'[74]로의 성장을 이루지 못하고 연맹체는 해체되는 것이다.

'地域國家'란 가야제국의 존재형태에 중점을 둔 개념이면서도 사회발달단계를 염두에 둔 개념이다. 즉, 소국 → 지역연맹체 → '지역국가'로의 단계적 성장과정을 중시하고, 또한 '지역국가'에 대한 국가적 성격을 살펴봄으로서 '지역국가'의 고대국가단계로의 진입 여부를 가늠해 볼 수도 있는 것이다.

'지역국가론'은 기존의 연맹체론과 고대국가론이 갖는 한계의 극복 뿐만 아니라, 앞으로의 연구와 관련하여서도 가야사를 보다 다

---

74) 백승옥, 앞의 책, pp. 327~330.

양한 시각으로 볼 수 있는 틀이다. 옛 가야지역에는 아직도 그 성격을 정확히 알 수 없는 정치집단이 많이 존재한다. 그들 중에는 고총고분군을 보유한 점 등으로 보아 상당한 정도의 국가적 성격을 가진 집단도 있었을 것이다.

Ⅳ. 맺음말

포상팔국 전쟁에 대하여 연구사를 정리하고 관계기사를 검토하였다. 전쟁이 일어난 시기와 대상을 중심으로 살펴보았다. 사료 속의 우로를 실존 인물로 보고 그가 활약한 시기를 추출하는 방법을 통해 포상팔국 전쟁이 발발한 시기를 3세기 말~4세기 초의 어느 시기로 추정하였다.

그리고 전쟁은 3차례 일어난 것으로 보았다. 포상팔국은 김해의 가라와 힘인의 이디, 신디의 외힝인 울신을 공격한 것이다. 포상팔국은 동남해안을 누비며, 9년 동안 전쟁을 일으킨 것을 알 수 있다. 3세기 말에서 4세기 초, 한반도 남부 지방은 전쟁의 혼란기였다.

포상팔국이 연맹하여 동남해안을 누비며, 전쟁을 일으킨 목적은 교역권 쟁탈에 있었다. 해상의 소국들은 남가라와 안라라는 주변 연맹체에 대항하기 위해서는 동일한 입장에 있는 소국들이 연맹하지 않을 수 없었을 것이다. 포상팔국 지역 연맹체의 성립은 이렇게 해서 이루어졌다. 해상교역권 확보라는 목적 달성을 이루기 위해 결성된 연맹체였다. 소국들이 자체 발전을 도모하기 위해 일정 지역을 중심으로 연맹한 것이다. 이를 '포상팔국 지역연맹체'라 하였다.

　포상팔국 지역연맹체는 소국 공동의 이익 추구를 위해 형성되었다가 목적달성을 못하자 해체되는 양상을 보였다. 일부국은 주변의 타 지역연맹체에 흡수되기도 하였다. 칠포국과 골포국이 안라국에 흡수되는 사정이 그러하다. 사물국의 경우는 고자국 권역으로 흡수되는 것으로 보인다.

참고문헌

1. 문헌학

三品彰英, 1962,『日本書紀朝鮮關係記事考證』上, 吉川弘文館.

金廷鶴, 1977,『任那と日本』, 小學館.

李永植, 1985,「加耶諸國의 國家形成問題 -'加耶聯盟說'의 再檢討와 戰爭記事 分析을 중심으로-」『白山學報』32.

李基東, 1985,「于老傳說의 世界」『韓國古代國家의 國家와 社會』, 一潮閣.

李賢惠, 1988,「4세기 加耶社會의 交易體系의 變遷」『韓國古代史硏究』1.

白承忠, 1989,「1~3세기 가야세력의 성격과 그 추이 -수로집단의 성격과 浦上 八國의 亂을 중심으로-」『釜大史學』13.

千寬宇, 1991,『加耶史硏究』, 一潮閣.

田中俊明, 1992,『大加耶連盟の興亡と「任那」』, 吉川弘文館.

權珠賢, 1993,「阿羅加耶의 成立과 發展」『啓明史學』4.

白石悅, 1997,「浦上八國의 阿羅國 침입에 대한 考察 -6세기 중엽 남부가야제국 의 동향과 관련하여-」『加羅文化』14, 경남대학교 가라문화연구소.

金泰植, 1994,「咸安 安羅國의 成長과 變遷」『韓國史硏究』86.

白承玉, 2003,『加耶 各國史 硏究』, 혜안.

南在祐, 2003,『安羅國史』, 혜안.

南在祐, 2005,「骨浦國의 형성과 발전」『역사와 경계』54.

南在祐, 2008,「柒浦國의 성립과 변천」『한국상고사학보』61.

노중국, 2005,「가야의 대외교섭 - 3~5세기를 중심으로 -」『加耶의 海上勢力』, 金海市, 제11회 가야사학술회의 발표자료집.

許在赫, 2005,「포상팔국전쟁의 원인과 성격 - 김해지역정치세력의 성쇠와 교역 -」『加耶의 海上勢力』, 金海市, 제11회 가야사학술회의 발표자료집.

李炯基, 2009,『大加耶의 形成과 發展 硏究』, 景仁文化社.

2. 고고학

金亨坤, 1995,「阿羅伽耶의 形成過程 硏究-考古學的 資料를 중심으로」『가라문화』12.

申敬澈, 1995,「金海大成洞·東萊福泉洞古墳群 點描 -金官加耶 이해의 一端-」『釜大史學』19.

申敬澈, 2007,「加耶 스케치」『考古廣場』창간호, 부산고고학연구회.

이성주, 2000,「소가야지역의 고분과 출토유물」『묘제와 출토 유물로 본 소가야』, 국립창원문화재연구소 개소 10주년 기념 학술회의.

이주헌, 2004,「도항리목관묘와 안야국」『文化財』제37호, 국립문화재연구소.

박승규, 2005,「소가야권의 토기변동과 대외교섭」『加耶의 海上勢力』, 金海市, 제11회 가야사학술회의 발표자료집.

이희준, 2007,『신라고고학연구』, 사회평론.

박천수, 2007,「5~6세기 호남동부지역을 둘러싼 대가야와 백제」『교류와 갈등-호남지역의 백제, 가야, 그리고 왜-』, 제15회 호남고고학회 정기학술대회.

李瑜眞, 2007,「한반도 남부 출토 有孔廣口壺 연구」, 부산대학교대학원 석사학위논문.

정주희, 2008,「함안양식 고식도질토기의 분포정형에 관한 연구」, 경북대학교대학원 석사학위논문.

金奎運, 2009,「考古資料로 본 5~6세기 小加耶의 變遷」, 경북대학교대학원 석

사학위논문.

金周龍, 2010, 「5~6世紀 中部慶南地域 小加耶土器의 擴散과 그 意味」『釜山大學校 考古學科 創設20周年 紀念論文集』, 釜山大學校 考古學科.

「포상팔국 전쟁과 지역연맹체」에 대한 토론문

백승충*

　소위 포상팔국의 난은 『삼국사기』와 『삼국유사』에 전하는 가야 관련 기록 가운데서도 특이한 성격을 가진다. 왜냐하면 대개의 기록이 전쟁 관련이거나 개국과 관련된 설화적인 내용이 주류를 이루는데 반해 이 사건은 전쟁 관련 사료이기는 하지만 초기가야제국의 '집단성'을 나타내는 유일한 기록이기 때문이다. 이러한 '집단성'은 가야의 정치·사회 구조를 이해하는데 대단히 중요한데, 멸망할 때까지 하나의 통일된 정치체를 이루지 못한 '지역연맹체'로서의 가야제국의 실상과 특징을 전형적으로 보여준다고 생각한다.

　다만 이 사건이 『삼국사기』 초기기록이다 보니 기년 설정에 논란이 많고, '포상 8국'과 인접한 김해 가락국과 함안 안라국과의 상관성 문제에 대한 해석이 엇갈리고 있는 것이다. 본 발표문에서는 이에 대한 종래설의 문제점을 지적하면서 이 사건을 3세기말~4세기초의 사실로 보고, '포상 8국'이 가락국·안라국·신라를 차례대로 공격하였고 그 목적은 교역권 쟁탈과 농경지 확보에 있었던 것으로 추정했다. 공감하는 내용이 많지만, 부분적으로는 토론자와 시각의 차이를 보이는 부분도 있다. 이하에서는 논지전개상에

---

* 부산대학교 역사교육학과

보이는 몇 가지 의문점에 대하여 질의 하고자 한다.

첫째, 이 사건의 기년 설정 및 성격과 관련하여 본 토론자가 기존에 발표한 견해를 '3세기 초 신라의 영향력 아래에 놓인 것'으로 요약하면서 김해 대성동고분을 증거로 비판하였다. 그러나 발표자의 이 같은 이해에는 약간의 오해가 있는 듯한데, 토론자는 사건의 주요 내용을 정리하면서 '파병 대가로 인질 파견→화친관계→그 영향력 아래 놓임'이라고 한 것이고, 그 의미하는 바는 가야와 신라의 관계보다는 가야 내부의 변화에 초점을 맞추어 한군현의 쇠퇴에 따른 변진구야국 수로(집단)의 재분배 기능의 약화와 가야제국의 분열로 본 것이다. 김해 대성동고분군의 성격에 대해서는 별도의 검토가 필요한데, 이러한 기본 논지는 지금도 견지하고 있고 바꿀 생각도 없다. 토론자의 기존 논지를 정확하게 다시 한편 살펴주었으면 한다.

둘째, 발표자는 낙랑·대방군의 소멸에 따른 교역권의 변동과 관련지은 4세기 전반설을 주목하면서도, 그 이전에 이미 교역체계의 다양화가 보이는 점과 우로의 생몰연대의 추정을 근거로 그 기년은 3세기말~4세기 초로 소급할 수 있다고 주장하였다. 이 사건과 우로의 관련성 여부에 대해서는 논란이 많기 때문에 일단 논외로 하고, 교역체계의 다양화 문제는 달리 해석할 여지가 있다고 생각한다. 즉 1~3세기 가야에서는 중국계·왜계 유물이 지속적으로 보이기 때문에 교역체계의 다양화를 논하는 기준으로 삼기는 어렵고, 교역체계의 변동(혹은 다양화)의 시작은 2군 소멸 훨씬 이전인 '환령지간'과 '한예강성' 때 그 단초를 찾을 수 있으며, 3세기 이후 가야지역에서는 전세품을 제외하고는 중국계 유물이 희소하다는 점 등이다. 이에 대한 발표자의 견해를 듣고 싶다.

셋째, 발표자는 "포상팔국 가운데 중심국은 고성의 古自國일 가능성도 있지만, 사료에 입각하여 물계자의 발언에 초점을 맞추어 보면 保羅國일 가능성이 더 높다."고 서술하고 있는데, 8국의 중심국을 고자국 혹은 보라국으로 볼 수 있는 근거는 어디에서도 찾을 수 없다. 특히 보라국의 경우『삼국유사』물계자전에는 1차 전쟁 때는 보이다가 2차 전쟁 때는 사라지고, 꾸준히 등장하는 것은 오히려 골포국 등 3국이다. 또한 "지금의 칠원지역(함안군 칠원, 칠서, 칠북면)에 존재했던 것으로 보이는 柒浦國의 경우, 5세기 후반 대까지 독립된 國으로 존재하고 있었다고 보기 어렵다. 칠원지역은 3세기 말~4세기 전반 대에 함안의 안라국(=아라가야) 권역으로 포함된 지역으로 보인다."고 하였는데, 발표자의 견해대로 이 기사의 편년을 4세기 전후로 보더라도 안라국 권역의 상정과 칠포국의 귀속을 상정할만한 근거가 있는지 의문이다. 이 점 대한 발표자의 견해를 듣고 싶다.

넷째, 발표자는 사료ⓑ와 ⓒ는 동일 시기 동일 사건에 대한 기술이고, ⓐ는 다른 시기 다른 사건을 기술한 것으로 보면서, 내해왕 14년 포상팔국의 김해의 南加羅 공격, 3년 후인 내해왕 17년 포상팔국의 함안 阿羅國 공격, 내해왕 20년 骨浦·柒浦·古史浦 3국의 竭火城 공격으로 정리하였다. 사료ⓒ를 기준으로 ⓑ의 연대를 확정하고, 이와는 연대를 달리 하는 사료 ⓐ를 별개의 사건으로 추정한 것이다. 이러한 논리전개는 독창성을 가지는 것으로서 적어도 기년 정리에 있어서는 정합성을 가지고 설득력이 있다고 생각한다. 문제는 〈표 4〉에 예시된 바와 같이 사료ⓐ와 사료ⓑ의 전반부는 약간의 자구 차이만 보일 뿐 형식과 내용이 거의 동일하기 때문에 객관적으로는 각각 다른 사건을 기록한 것으로 보기는 어렵다는 점이다. 발표자의 보충적인 견해를 듣고 싶다.

다섯째, 포상팔국은 포구나 해양을 근거로 존립하면서 한 단계 성숙한 사회('포상팔국연맹→지역국가')에로의 진입을 위해 '전쟁'을 통해 새로운 활로를 모색했으나 좌절된 것으로 보고 있다. 구체적인 목적으로는 대외교역권의 유지(가락국), 농경지의 확보(안라국)와 내륙에로의 진출 등을 들고 있다. 개념 문제는 일단 논외로 하고, 발표문에서는 논지의 중요성에 비해 그 내용이 너무 압축되어 있어 이해하기 힘든 부분이 많다. 예를 들면 농경지의 확보를 위해 안라국을 공격했다는 것도 선뜻 이해하기 힘든데, 대외교섭활동을 전제로 하지 않은 채 안라국을 농경국가로 볼 수 있는지 가경지는 얼마나 되는지 의문이고 내륙으로의 진출도 너무 막연히다. 보충적인 설명을 부탁드린다.

여섯째, 사소한 문제입니다만 각주 38)에 丁若鏞의 『疆域考』, 弁辰別考를 해석하면서 "다만 여기서 함안도 본래 가야였기 때문에 포상팔국 속의 한 나라로 추정한 것은 따르기 어렵다."고 하였다. 그러나 본 사료의 강조점은 가야의 범주에 있는 8국의 위치가 '浦上'이고 '海中'이 아니라는 점과 함안은 가야의 이름을 가지고 있다는 점에 있는데, 같은 조의 다른 기사를 참고해 보면 함안을 포상팔국의 한 나라로 본 것은 아니라고 판단된다. 다시 한번 살펴주었으면 한다.

외래계문물을 통해 본 고성 소가야의 대외교류

하승철*

| 目 次 |

Ⅰ. 서언
Ⅱ. 스에키 출토현황과 고성소가야
  1. 가야지역 출토 스에키
  2. 가야지역 출토 스에키의 연대
  3. 한반도지역 스에키의 출토 현황
    과 소가야
Ⅲ. 고성 소가야의 대외교섭
  1. 시기별 교류양상
  2. 고성 소가야의 대외 교역망

Ⅳ. 외래계문물로 본 고성소가야집단
   의 성격
  1. 소가야와 마한·백제의 교섭
  2. 영산강유역과 고성소가야의 동질성
  3. 북부큐슈계석실의 도입과 공유
  4. 가야지역 왜계고분의 피장자와
    그 역할
Ⅴ. 대외교역체계로 본 가야의 내부구조
Ⅵ. 결

Ⅰ. 서언

  가야와 왜의 교류에서 가장 큰 변화를 보인 획기는 5세기 중엽 경으로 파악된다. 고구려 남정과 신라의 낙동강 하류역 진출은 가야

---

* 경남발전연구원 역사문화센터

전체의 역학구도에 큰 변화를 초래하였다. 낙동강을 통한 대·내외의 교역활동은 가야 성장의 중추적인 역할을 담당하였으나 낙동강하구의 봉쇄로 가야 사회 전체는 심각한 혼란에 직면하였다. 4세기에 교역의 중심이었던 김해 대성동고분군 축조집단은 광개토왕 남정을 계기로 몰락하였고 그 역할을 한동안 복천동집단이 수행하였으나 그리 오래 지속되지 못하였다.

가야사회는 5세기 중엽부터 새로운 교역망이 형성된다. 이전의 시기가 낙동강하류역 금관가야를 중심으로 한 일원적인 교역체계였다면 5세기 중엽 이후는 다원화된 것이 특징인데 고령, 창녕, 함안 등 보다 내륙에 존재한 정치체들이 성장하면서 개별적인 교역망을 형성한다. 그 중에서 가야의 대내·외 교역망의 새로운 거점으로 대두된 지역이 남해안의 고성이다. 고성은 남해안의 해상교역로를 통해 중국, 마한·백제, 왜의 교역을 중개하였고, 남해안-남강을 연결한 '소가야루트'를 통해 가야 내륙의 교역을 담당한 세력으로 성장하였던 것으로 파악된다.

본고에서는 한반도 지역 출토 스에키(須惠器)와 가야지역 왜세고분을 통해 고성지역의 대내·외 교역망에 대해 검토해 보고자 한다. 더불어 고성지역에 출토된 외래계문물을 통해 고성지역이 후기가야의 새로운 교역창구로 부상하였음을 증명해보고자 한다.

Ⅱ. 스에키 출토현황과 고성소가야

한반도 출토 스에키에 대해서는 酒井淸治[1], 木下亘[2], 安在晧[3], 洪 潽植[4] 등의 연구가 있다. 출토된 스에키의 형식[5]에 대해서는 대체로 의견을 같이하지만 연대에 대해서는 견해차가 크다. 본 장에서는 소가야토기의 형식변화를 통하여 스에키의 연대를 파악해보고자 하며 특히 TK23형식의 연대에 대해 집중 검토해보기로 한다. 더불어 한반도지역 스에키의 반입과 확산과정에 고성 소가야 집단이 주도적인 역할을 수행했음을 밝혀보고자 한다.

1. 가야지역 출토 스에키

1) 함안 오곡리 28번지 유적

함안 오곡리유적은 1994년 창원대학교 박물관[6]에서 발굴조사를 실시하여 목곽묘 13기, 석곽묘 1기, 석실분 1기를 발굴조사 한 바 있으며, 2006년 경남문화재연구원[7]에서 삼국시대 석곽묘 101기를 조

---

1) 酒井淸治, 1993,「韓國出土の須惠器類似品」『古文化談叢』30, 九州古文化硏究會.
2) 木下亘, 2003,「韓半島 出土 須惠器(系)土器에 대하여」『百濟硏究』37, 忠南大學校 百濟硏究所.
3) 안재호, 2005,「韓半島에서 출토된 倭 관련 文物」『왜 5왕 문제와 한일관계』(한일관계사연구논집2), 景仁文化社.
4) 홍보식, 2006,「한반도 남부지역의 왜계 요소-기원후 3~6세기대를 중심으로-」『한국고대사연구』44.
5) TK23형식과 TK47형식은 구분이 뚜렷하지 않는 경우가 많았음을 미리 밝혀두고자 한다. 세부적인 형식차이에 대해서는 추후 검토해 보기로 한다.
6) 창원대학교박물관, 1995,『咸安 梧谷里遺蹟』.

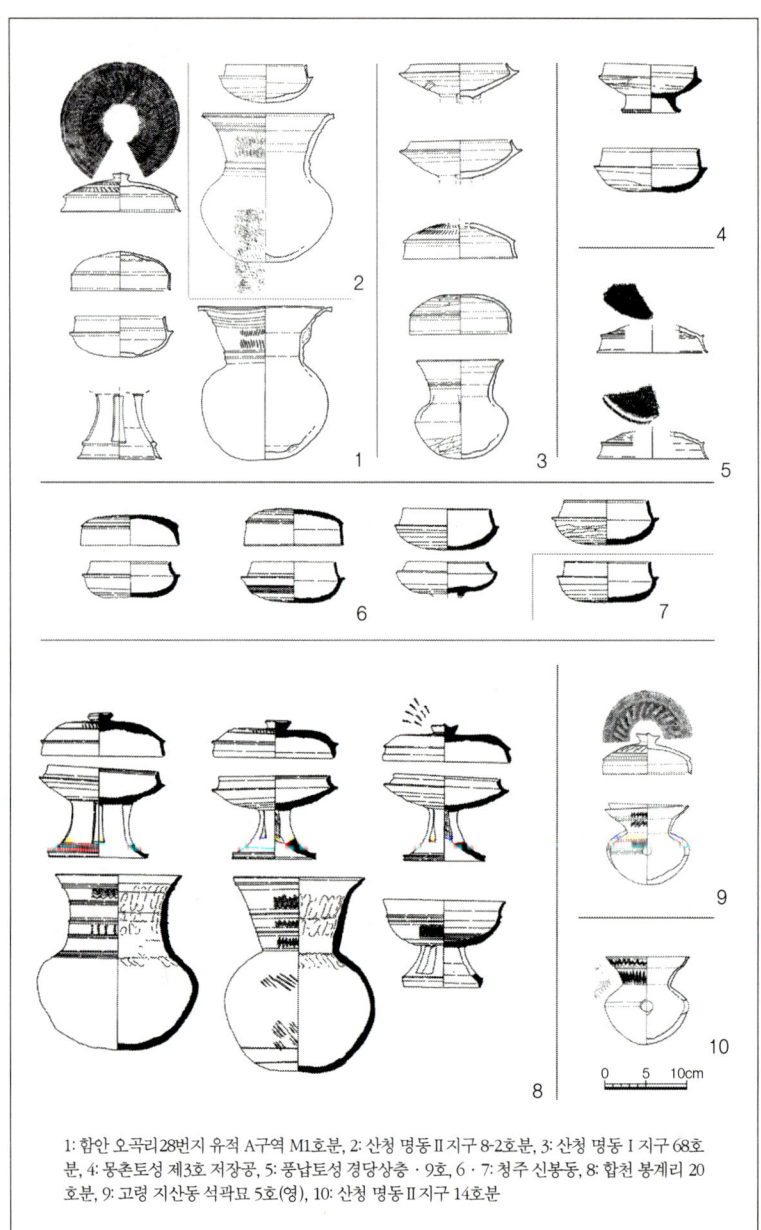

1: 함안 오곡리28번지 유적 A구역 M1호분, 2: 산청 명동Ⅱ지구 8-2호분, 3: 산청 명동Ⅰ지구 68호분, 4: 몽촌토성 제3호 저장공, 5: 풍납토성 경당상층・9호, 6・7: 청주 신봉동, 8: 합천 봉계리 20호분, 9: 고령 지산동 석곽묘 5호(영), 10: 산청 명동Ⅱ지구 14호분

도 1. 한반도 지역 출토 스에키와 공반유물(5C 후엽)

사한 바 있다. 오곡리 일대에 대한 발굴조사를 통해 5세기에서 6세기 전반대의 다양한 자료가 확보되었으며, 유적에서는 아라가야, 소가야, 신라토기들이 공반 출토되는 경향을 보이고 있어 주목된다.

오곡리 28번지 유적[8]은 2007·2008년 우리문화재연구원에서 조사하였는데 삼국시대 고분은 봉토분 2기, 석곽묘 24기가 해당되며, 그 외 건물지를 다수 조사하였다. 스에키는 A구역 구릉 정상부에 위치한 M1호분에서 개배가 출토되었다. 공반된 토기는 소가야 수평구연호, 개, 일단장방형투창고배이며 재갈, 등자편, 안교, 교구 등 마구류도 출토되었다(도 1-1).

개는 기고 4.7cm, 구경 12.1cm이며 배는 기고 4.9cm, 구경 10.8cm이다. 개신부 외면에는 자연유가 산화 박리되어 있고 외면의 상위에는 회전깎기를 하였으며 드림단은 凹狀으로 처리하였다. 배는 뚜껑받이턱이 수평으로 길게 돌출되어 있고 구연단은 凹상으로 처리되었다. 배신의 저면은 회전깎기 하였다. TK23형식[9]에 가까운 것으로 판단한다.

공반된 수평구연호는 기고 18.2cm, 구경 16.1cm, 동최대경 15.3cm로 필자 분류[10] Ⅱ그룹에 속하는 것으로 5세기 후엽에 해당한다. 소가야 개는 구경 14.5cm이고 점열문을 촘촘히 시문하였으며 드림턱이 돌출한 것으로 필자 분류 5세기 후엽에 해당한다. 특

---

7) 경남문화재연구원, 2007, 『咸安 梧谷里遺蹟-함안 도시계획시설지구내-』.
8) 우리문화재연구원, 2010, 『咸安 梧谷里 28番地遺蹟』.
9) 梧谷里, 金海 餘來里 출토품을 비롯한 가야지역 스에키에 대해서는 木下亘의 敎示를 받았음을 밝혀둔다.
10) 하승철, 2001, 「加耶西南部地域 出土 陶質土器에 대한 一考察」, 慶尙大學校大學院 碩士學位論文.

히 개의 형식은 풍납토성 경당 9호[11] 출토 소가야 개(도 1-5)와 동일한 형식임이 주목된다. 고배는 대각 하단부의 돌대가 뚜렷하고 꺾임 현상이 일어나기 직전의 상태이다. 현재까지 TK23형식 스에키와 공반된 소가야토기 중 가장 이른 단계에 속하는 자료들이다.

2) 산청 명동유적 출토 스에키

산청 명동고분군은 2002년, 2007년 경남발전연구원 역사문화센터에서 2차례 발굴조사[12]를 실시하여 석곽묘 157기를 조사하였다. 고분군은 경호강 하류의 좌안에 연접한 소구릉의 남동사면에 밀집해서 조성되어 있다. 고분군에서 동쪽으로 약1km 지점에는 백마산성과 중촌리고분군이 조성되어 있고 경호강 건너편은 강누리 선사시대 유적이다.

명동고분군은 등고선을 따라 순차적으로 조영되었는데 석곽묘는 130기가 단곽식이며 봉토내에 2개의 석곽이 조영된 것은 25기이고 3기의 석곽이 조성된 것은 1기이다.

출토유물 중 토기류는 거의 진부가 소가야토기이니 부장된 철기류는 대부분 농공구류이다. 무기류는 철촉이 주종이다. 출토유물은 공반관계와 토기의 속성변화로 구분하면 5세기 중엽, 5세기 후엽, 6세기 전엽의 3단계로 구분해 볼 수 있다. 이 중 많은 수의 고

---

11) 권오영, 2002, 「풍납토성 출토 외래유물에 대한 검토」, 『百濟硏究』第36輯, 忠南大學校 百濟硏究所, pp. 25~48.
12) 이영주·이춘선·박진현·이성현 外, 2004, 『山淸 明洞遺蹟 Ⅰ·Ⅱ』, 경남발전연구원 역사문화센터.
이영주·박소은 外, 2009, 『山淸 明洞遺蹟 Ⅲ』, 경남발전연구원 역사문화센터.
보고서에서는 1, 2지구로 구분하였으나 유구의 일련번호가 중복되므로 2007년도 발굴조사 유구는 3지구로 구분하여 기술한다.

분이 5세기 후엽에 속한다.

　명동고분군에서 출토된 스에키는 Ⅱ8-2호, Ⅱ14호, Ⅰ168호, Ⅰ22호에서 출토되었는데 유공광구소호와 개배이다.

　Ⅱ8-2호(도 1-2)에서 출토된 스에키 배는 기고 4.6cm, 구경 9.8cm이며 구연이 길고 단부가 凹상으로 처리되었다. 뚜껑받이턱이 강하게 돌출하였고 저부는 회전깎기로 정면되었다. 스에키 TK23형식에 가깝다. 공반된 수평구연호는 기고 17.8cm이고 동최대경과 구경이 같으며 구연부는 수평화가 진전되기 직전단계이다. 이는 필자 분류 Ⅱ그룹에 속하며 5세기 후엽에 해당한다.

　Ⅰ68호(도 1-3) 출토 개는 기고 4.7cm, 구경 12.3cm이다. 배부 외면은 회전깎기 되었고 드림턱은 약하게 돌출하였으며 드림단은 내측으로 凹상 처리되었다. 스에키 TK208형식~TK23형식에 가깝다. 공반된 고배는 직선적으로 벌어지는 배부는 늦은 요소이지만 강하게 돌출한 뚜껑받이턱과 길게 내경한 구연부 등은 이른 요소에 해당하므로 5세기 후엽으로 편년하는 것이 적당하다. 소가야 개 역시 5세기 말 내지 6세기대로 보기 어려운 자료이다.

　Ⅰ22호(도 2-2) 출토 스에키 배는 3점인데 기고 4.6~5.5cm, 구경 9.8~10.2cm이며 바닥 외면은 회전깎기 흔적이 뚜렷하다. 3점 모두 소가야 개와 공반되었다. TK47 형식[13]으로 보거나 TK23~TK47 형식[14]으로 파악한다. 필자는 전자의 견해를 따른다. 공반된 소가야 개는 Ⅰ68호 출토품 보다 늦은 형식이다.

　Ⅱ14호(도 1-10) 출토 유공광구소호는 기고 10.4cm, 구경 10.1cm

---

13) 酒井淸治, 1993, 앞의 논문.
14) 홍보식, 2006, 앞의 논문.

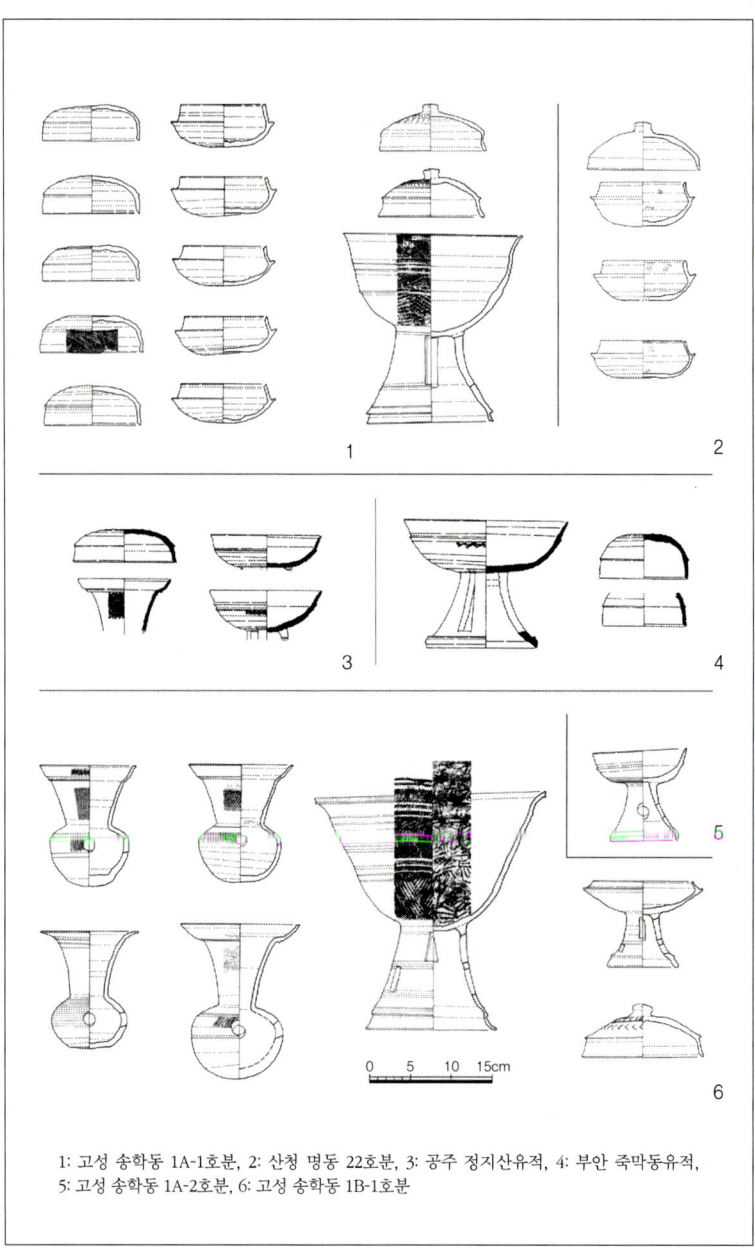

1: 고성 송학동 1A-1호분, 2: 산청 명동 22호분, 3: 공주 정지산유적, 4: 부안 죽막동유적,
5: 고성 송학동 1A-2호분, 6: 고성 송학동 1B-1호분

도 2. 한반도 지역 출토 스에키와 공반유물(5C 후엽~6C 전엽)

이며 구연부와 경부에 밀집파상문을 시문하였고 견부는 회전깎기 하였다. 공반된 소가야토기가 없지만 동일한 형식의 스에키가 고령 지산동 5호 석곽에서 출토된 바 있다. TK23형식에 해당한다. 공반된 대가야토기를 옥전 M3호분 출토품과 유사한 것으로 보고 TK23형식을 6세기 1/4분기로 설정하는 경우도 있으나[15] 공반된 대가야 개 2점으로 M3호분과 동일한 연대로 설정하기에는 무리가 있으며 오히려 白井克也[16]의 고령ⅠC기의 개와 유사한 점이 많은 것으로 보는 견해[17]가 타당하다. 따라서 TK23형식에 해당하는 Ⅱ14호 출토 유공광구소호는 6세기 이후로 편년하기 힘들다.

3) 지산동 1-5호 출토 유공광구소호

고령계 뚜껑 2점과 스에키 유공광구소호 1점이(도면1-9) 출토되었다. 기고 9.6cm, 구경 10.2cm이고 구연과 경부에 밀집파상문을 시문하였다. TK23형식에 해당하며 산청 명동 Ⅱ14호 출토 유공광구소호와 유사하다.

4) 합천 봉계리 20호분 출토 스에키

합천 봉계리 20호분은 석곽묘이며 장경호 2점, 소가야 삼각투창고배 2점, 고령계 일단장방형투창고배 1점과 스에키 고배가 공반되었다(도 1-8). 스에키는 구경 14.9cm, 기고 10.4cm, 대각 基部

---

15) 홍보식, 2006, 앞의 논문.
16) 白井克也, 2003,「日本における高靈地域加耶土器の出土傾向-日韓古墳編年の竝行關係と歷年代-」『熊本古墳研究』, 創刊號.
17) 酒井淸治, 2006, 앞의 논문.

직경 5.3cm이다. 구연부는 완만하게 외반하며 구연 하단에 돌대를 2줄 돌렸다. 돌대하단에는 밀집파상문을 시문하였다. 배신부 내외면은 목리조정하였고 회전깎기로 마무리하였다. 대각 외면 역시 목리조정하였다. 스에키 TK23형식에 해당한다[18].

공반된 삼각투창고배는 배부의 깊이가 얕아졌고 구연부는 짧아지기 시작하는 단계이며 뚜껑받이턱도 짧아졌다. 개 역시 오곡리 M1호, 산청 명동 Ⅰ68호 출토품에 비해 후행하는 요소를 가지고 있다. 소가야토기가 주변지역으로 확산되는 단계로 이전의 논고[19]에서는 봉계리 20호분을 5세기 4/4분기로 편년한 바 있다. TK23형식의 폭을 염두에 두고 보다 세밀하게 검토해 볼 여지를 남기는 대목이다.

5) 고성 송학동 출토 스에키

고성 송학동고분군은 출토유물의 변화를 기준으로 5기로 구분[20]한 바 있는데 스에키는 3기에서 5기에 집중한다.

1A-1호분에서는 스에기 개 5짐, 배 6짐과(도 2-1) 함께 소가야 개·배·기대·장경호, 대가야 장경호 1점·기대 1점 등이 출토되었다. 개는 기고 4.1~4.7cm, 구경 11.9~12.8cm이고, 배는 기고 4.2~5.0cm, 구경 9.8~10.4cm로 TK23~TK47형식에 해당한다. 공반된 소가야 개와 기대 등은 TK23형식과 공반된 오곡리 M1호, 산청 Ⅰ68호 출토품에 비해 1~2단계 늦은 형식임은 확실하다.

---

18) 木下亘, 2003, 앞의 논문.
19) 하승철, 2001, 앞의 논문.
20) 하승철, 2010, 앞의 논문.

1A-2호분 출토 고배는(도 2-5) 기고 10.5cm, 구경 11.2cm, 저경 8.0cm이고 각부에 원형 투창 3개를 뚫었다. 흑회색을 띠며 신부 외면은 회전목리로 조정하였다.

1B-1호 유공광구소호는(도 2-6) 4점이 해당되는데 3점은 기고 14.0 전후이나 1점은 18.6cm로 크다. 구경은 胴部頸 보다 크고 頸部高는 胴部高 보다 크거나 비슷하다. TK47~MT15형식으로 보거나[21], MT15~TK10형식으로 파악하는 견해[22]로 나뉜다. 1A-11호 출토 유공광구소호는(도 3-2) 기고 13.3cm이고 경부고는 6.3cm로 동부고 7.0cm에 비해 약간 작고 구경은 12.9cm로 동부경 9.6cm에 비해 크다. TK47형식으로 보거나[23], MT15형식으로 파악하는 견해[24]로 나뉜다.

필자는 1A-1호 출토품은 TK47형식으로 판단하여 5세기 후엽으로 편년하며 1B-1호는 MT15형식으로 판단하여 6세기 전엽으로 설정한다.

6) 의령 천곡리 21호분 出土 스에키

의령 천곡리고분군은 행정구역상 의령군에 속하지만 해발 897m의 자굴산에 의해 의령읍권과 나뉘져 있어 합천 삼가권으로 보는 것이 합당하다. 고분군은 6세기 전반대에 조성되었다. 이중 21호분에서는 스에키 提瓶과 소가야 개배, 수평구연호가 공반되었다. 제병

---

21) 홍보식, 2006, 앞의 논문.
22) 酒井淸治, 2006, 앞의 논문.
23) 홍보식, 2006, 앞의 논문.
24) 酒井淸治, 2006, 앞의 논문.

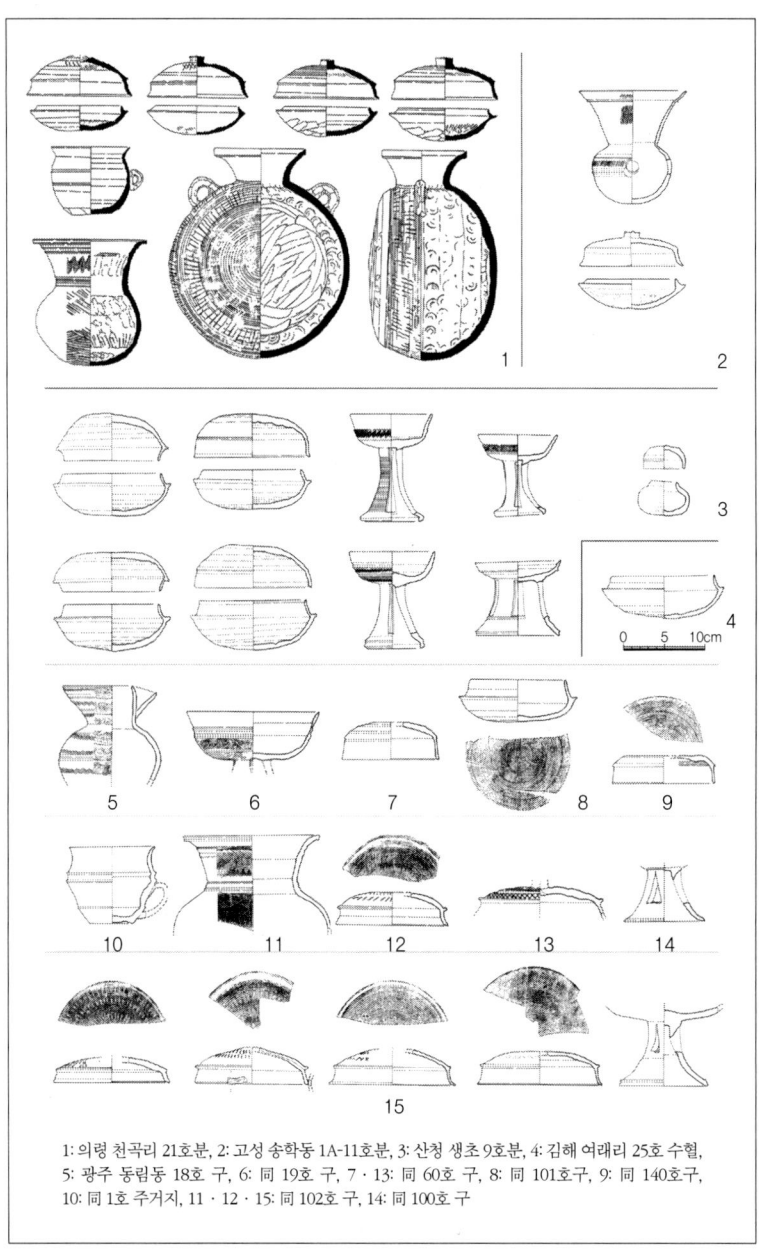

도 3. 한반도(6C 중엽), 광주 동림동(5C 후반) 유적 출토 스에키와 공반유물

1: 의령 천곡리 21호분, 2: 고성 송학동 1A-11호분, 3: 산청 생초 9호분, 4: 김해 여래리 25호 수혈, 5: 광주 동림동 18호 구, 6: 同 19호 구, 7·13: 同 60호 구, 8: 同 101호구, 9: 同 140호구, 10: 同 1호 주거지, 11·12·15: 同 102호 구, 14: 同 100호 구

은(도 3-1) 口徑 10.3cm, 기고 25.5cm이다. 동부는 한쪽 면은 둥글고 반대편은 평탄하며 견부에는 環狀把手가 부착되어 있다. 구연부는 외반하며 단부는 평탄 면으로 처리되었다. 동부의 평탄면은 회전깎기로 마무리하였다. 스에키는 MT15형식으로 파악하였으나[25] 필자는 그 보다 늦은 TK10형식에 가깝지 않을까 판단한다.

공반된 개배는 소가야토기로 구경 13cm 이하로 작고 드림이 강하게 벌어졌으며 무문양이 속해있어 개배 중 늦은 형식에 속한다. 수평구연호 역시 기고 16cm 이하로 낮아졌고 구연이 동최대경 보다 넓어진 상태로 필자 분류 Ⅲ그룹에 속한다. 천곡리 21호분 출토 토기는 필자의 편년에 의하면 6세기 전엽의 늦은 시기에 해당한다.

7) 김해 여래리유적

김해 여래리 유적은 김해시 진영읍 여래리 506번지 일대로 2007년 우리문화재연구원에서 발굴조사[26]하였다. 조사결과 삼국시대 유구는 지상건물지, 수혈, 도로 유구 등이 확인되었고 각종 생활토기 등이 다량 출토되었으며 그 시기는 5세기 중반에서 6세기대로 추정되었다. 특히 송풍관, 철광석, 철괴, 슬래그 등이 출토되어 제철을 기반으로 조성된 취락일 가능성이 지적되고 있다. 스에키는(도 3-4) 수혈 25호에서 杯 1점이 출토되었다. 기고 5.1cm, 복원구경 12.7cm이다. 구연은 직립하고 신부 중하위는 반시계방향의 회전깎기가 행해져 있다. TK10형식에 속한다. 공반된 유물은 연질옹, 호, 통형기대, 고배 대각편 등으로 모두 신라후기양식 토기이다.

---

[25] 木下亘, 2003, 앞의 논문.
[26] 우리문화연구원, 2009, 『金海 餘來里遺蹟』.

8) 산청 생초9호분 출토 스에키

산청 생초고분군은 2002년 경상대학교박물관에서 삼국시대 석곽묘 78기, 옹관묘 1기와 고려시대 석곽묘 10기, 토광묘 2기를 조사하였다. 스에키는 9호분에서 출토되었는데 스에키는 대형 개배 4점과 무개식 일단장방형투창고배 3점, 적색안료가 들어있는 소형 합 등이며 대가야 고배, 장경호, 기대 등과 공반되었다. 공반된 複環板轡와 珠紋鏡도 倭製로 파악되고 있다.

스에키 개배는(도 3-3) 대형으로 개는 기고 4.1cm~5.2cm, 구경 11.7cm~14.2cm이고 배는 기고 5.1cm~5.9cm, 구경 11.7cm~13cm이다. 색조는 암청회색이며 내면에 점토띠 흔적이 선명하다. 개신 외면과 배 저부의 외면은 회전깎기로 정면하였다. 고배는 기고 9.8cm, 11.6cm, 13.0cm로 다양하고 배신은 바닥이 편평하고 외면 하단에는 돌대를 돌리고 그 사이에 파상문을 시문하였다. 각부에는 3~4개의 투창을 뚫었고 외면을 목리조정한 것도 관찰된다. 酒井淸治는 MT15형식, 木下亘은 MT15~TK10형식으로 파악하였으며 조성제는 TK47~TK10형식으로도 파악하였나. 필자는 TK10형식으로 파악한다.

2. 가야지역 출토 스에키의 연대

가야를 포함한 한반도지역 출토 스에키는 일본 陶邑編年으로 TK23 형식부터 TK10 형식 사이에 해당되는데 5세기 전반대까지는 일본 각지에 須惠器窯가 開窯되고 제작이 활성화되는 단계로 도질토기는 한반도에서 일본 열도로 일방적인 흐름을 보이고 있다.

필자는 스에키를 宇治市街遺蹟 SD302 - 大庭寺TG231・232 - TK73 - TK216 - TK208 - TK23 - TK47 - MT15 - TK10의 순서로 생각한다. TK47형식까지를 5세기대로 이해하며 京都府 宇治市街遺蹟 출토 스에키는 공반된 목재의 연대(A.D 389년)와 부합할 가능성이 높은 것으로 보아 초기스에키의 출현이 4세기 말에 이루어졌을 가능성이 높다고 판단한다[27].

그러나 宇治市街遺蹟 SD302 출토 스에키를 大庭寺TG231・232와 동일한 형식으로 설정하거나 平城宮 하층유구 SD6030 상층에서 출토된 목제품(年輪年代 412년)과 TK73형식이 공반된 것으로 이해하는 입장[28]은 찬성하지 않는다. 宇治市街遺蹟 SD302 출토 스에키는 자료가 극히 적어 大庭寺TG231・232 출토품과 비교하기 어려운 점이 있지만 고배와 소형기대, 발형기대를 비교하면 大庭寺TG231・232 출토품들이 새로운 요소를 많이 가지고 있음은 확실하다. 宇治市街遺蹟 SD302 출토 발형기대는 구연이 외반하며 돌대가 뚜렷하지 않고 점렬문, 거치문이 시문되나 大庭寺TG231・232 출토 발형기대는 파상문이 중심이고 구연은 강하게 외반하며 구연 하단의 2조 돌대가 뚜렷하다. 고배 역시 宇治市街遺蹟 SD302 출토품이 점열문, 투공이 중심인 반면 大庭寺TG231・232 출토품들은 다투창

---

27) 하승철, 2007, 「스에키 출현과정을 통해 본 가야」, 『4~6세기 가야・신라 고분 출토의 외래계 문물』, 第16回 嶺南考古學會 學術發表會, pp. 75~125.
　　필자는 오바데라 TG232窯를 415~435년으로 설정한 바 있으나 최근 목륜연대 측정 자료가 증가하면서 연대를 상향시킬 요인이 많아졌다. 스에키 1형식의 폭에 대해서는 검토할 부분이 많지만 TG231・232窯 출토품을 5세기 전엽의 이른시기로 조정할 필요가 있다.
28) 박천수, 2010, 「Ⅳ. 토기로 본 가야・신라고분의 역연대」『가야토기-가야의 역사와 문화-』, 진인진, p114.

고배를 포함해 다양한 투창고배가 제작된다. 大庭寺TG231·232 窯의 조업기간이 문제가 되겠지만 만약에 신, 구형식으로 구분한다면 宇治市街遺蹟 SD302 출토품은 舊型式 단계에 속할 것으로 본다. 따라서 大庭寺TG231·232 출토품의 시기를 宇治市街遺蹟 SD302 출토 목제품의 연대로 상향시키는 견해에 대해서는 찬성하지 않으며 현재로선 양자를 엄밀히 구분하여 이해할 필요가 있다고 생각한다. 또한 宇治市街遺蹟 SD302 출토품으로 본다면 大庭寺遺蹟 이전에 가야인들의 이주와 도질토기 공인의 참여에 의해 스에키 생산이 시작되었을 것으로 예상하며 그 시기는 4세기 말로 판단한다.

平城宮 하층유구 SD6030 유적의 경우는 상층에서 출토된 TK73형식 유공광구소호와 年輪年代 412년으로 측정된 목재의 출토위치가 이격되어 있는 점이 문제이고 단 2점의 구연부편으로 연대를 확정하는 것은 합당치 않은 것으로 판단되므로 목재의 연륜연대를 근거로 TK73형식을 412년 전후로 확정하는 것은 재검토되어야 할 것으로 본다[29].

가야지역 스에키 일대를 무식암에 늑이 수복뇌는 것은 TK23형식이다. 앞서 살펴본 바와 같이 한반도 출토 스에키는 TK23형식부터 집중한다. TK23형식 스에키는 오곡리 M1호, 명동 Ⅰ68호·Ⅱ8-2호·Ⅱ14호, 지산동 1-5호, 봉계리 20호 출토품이 해당되며 공반된 소가야토기는 TK47형식과 공반된 송학동 1A-1호 출토품보다 한 단계 선행하는 것이 확실하므로 5세기 후엽의 이른시기로 설정 가능하다. 문제는 TK23형식의 시작과 끝을 어떻게 잡을 것인

---

29) 하승철, 2007, 앞의 논문.

가에 달려있다. 문제 해결의 수단으로 몽촌토성 3호 저장공에서 출토된 스에키 배를 이용하고자 한다. 스에키 배는(도 1-4) TK23형식에 해당하며 이 토기는 백제와 왜의 교류를 통해 유입된 것으로 판단되므로 한성백제가 멸망한 475년 이전에 몽촌토성에 반입되었을 가능성이 높다[30]. 풍납토성에서 출토된 소가야 개는(도 1-5) 오곡리 M1호분 출토 개와 동일한 형식이므로 이들의 연대 역시 한성백제가 멸망한 475년 이전에 해당할 가능성이 높다. 또한 최근 일본 奈良縣 下田 2호분에서는 방형주구묘의 주구에서 금송제의 목관 底板이 출토되었는데 목재는 邊材형으로 449+∝년으로 측정되어 10년 전후의 연륜을 더한다면 460년에 해당하며 공반된 스에키는 TK23형식이다[31].

TK23형식에 후행하는 TK47형식의 연대는 辛亥年(471년)銘 철검이 출토된 稻荷山古墳의 분구상에서 출토된 TK47형식과 礫槨을 병행하는 것으로 파악한 견해[32]를 수용하여 5세기 후엽의 늦은 시기로 설정한다.

따라서 TK23형식의 연대를 5세기 후엽의 이른 시기, TK47형식을 5세기 후엽의 늦은 시기로 설정하는 것이 가능하다.

---

30) 木下亘, 2003, 앞의 논문.
31) 공반된 스에키를 TK23형식으로 보는 입장과 TK47형식으로 판단하는 입장으로 나뉘는 것으로 이해하고 있는데 필자는 전자의 견해를 따른다.
和田晴吾, 2009,「古墳時代の年代決定法をめぐって」『日韓における古墳三國時代の年代觀Ⅲ』, 福岡, 國立歷史民俗博物館.
32) 和田晴吾, 2009, 앞의 논문.

3. 한반도지역 스에키의 출토 현황과 소가야

앞서 살펴본 바와 같이 가야지역 스에키는 일본 陶邑編年 TK23형식부터 TK10형식에 집중함을 알 수 있었고 시기는 5세기 후엽부터 6세기 중엽까지이다. 대부분 소가야토기와 공반되는 양상이 주목되는데 공반된 소가야토기로 파악해보면 함안 오곡리 28번지 M1호 출토품, 산청 명동 Ⅰ-68호 출토품이 가장 이르고, 합천 봉계리 20호분, 산청 명동 Ⅱ-14호분, 고령 지산동 5호 출토품이 약간 늦다. 이 토기들은 5세기 후엽의 이른 단계가 적당한데 서울 몽촌토성 제3호 저장공 출토 스에키, 청주 신봉동 B지구 1호(도 1-6)·A지구 32호 출토품과(도 1-7) 동일한 시기로 판단한다.

5세기 후엽의 늦은 단계는 고성 송학동 1A-1호, 산청 명동 Ⅰ22호 출토품이 해당되는데 공주 정지산유적(도 2-3)과 부안 죽막동 제사유적(도 2-4) 출토 스에키와 동일한 시기에 해당한다.

6세기 전엽에 해당하는 스에키는 MT15형식으로 고성 송학동 1A-2호, 1D 1호 출토품이 해당됩니다. 6세기 중엽은 고성지역 출토 스에키의 양이 줄어드는 반면 산청 등 내륙 출토품이 늘어나는데 의령 천곡리 21호분, 고성 송학동 1A-11호분, 산청 생초 9호분, 김해 여래리 25호 수혈 출토 스에키가 해당한다. 모두 TK10형식에 해당하는 스에키들이다.

가야지역 출토 스에키는 고성 송학동고분군을 중심으로 산청 명동고분군, 의령 천곡리고분군 등 소가야지역에 집중한다. 함안 오곡리고분군도 소가야묘제와 소가야유물이 집중되고 있고 M1호분에도 소가야토기와 스에키가 공반되고 있어 소가야에 의해 반입된 것은 확실하다. 합천 봉계리 20호분도 공반된 소가야 고배로 보아 남해안-남강을 통해 전달되었던 것은 확실하며 지산동 1-5호 출토 유공광구소호는 산청 명동 출토품과 유사하므로 동일한 시기에 '소가야루트'를 통해 전달되었을 가능성이 높다. 산청 생초고분군의 경우 대형봉토분들은 대가야문물 일색이지만 중·소형분들에서 소가야문물이 지속적으로 출토되고 있으므로 생초 9호분 출토 스에키 역시 남해안에서 남강을 거슬러 전달되었던 것으로 판단한다[33]. 따라서 5세기 후반에서 6세기 전반대의 스에키는 남해안-남강루트를 통해 가야 내륙 각지에 전달된 상황임은 확실하다.

필자는 이러한 가야 내륙의 교역망을 '소가야루트'로 명명한 바 있는데[34] 소가야루트는 고성 송학동고분군-고성 연당리고분군-진주 수정봉·옥봉고분군-산청 중촌리고분군-산청 생초고분군-함양 백천리고분군으로 이어지거나 고성에서 진주 수정봉·옥봉고분군-합천 삼가고분군을 통해 합천 옥전고분군-고령 지산동고분군으로 연결되는 루트이다(도 4).

이처럼 가야지역 스에키의 출현은 소가야와 직접적인 관련이 있음을 알 수 있었는데 이러한 소가야의 활동은 마한·백제지역에까지 전개되었던 것으로 나타난다. 서울 몽촌토성 3호 저장공 출토 TK23형식 스에키와 풍납토성 출토 소가야 蓋는 그러한 소가야인들의 활동을 대변하는 뚜렷한 증거로 주목된다[35].

---

33) 趙榮濟, 2004,「小加耶(聯盟體)와 倭系文物」『嶺南考古學會·九州考古學會 제6회 합동고고학대회-韓日交流의考古學-』, 영남고고학회·구주고고학회, pp. 187~221.
34) 하승철, 2010, 앞의 논문.
35) 권오영, 2002,「풍납토성 출토 외래유물에 대한 검토」『百濟研究』第36輯, 忠南大學校 百濟研究所, pp. 25~48.

서울 풍납토성 경당상층과 경당9호 유구에서 출토된 2점의 소가야 개는(도면1-5) 추정 구경 16cm 정도로 크고, 신부 외면에 점열문이 시문되었으며 드림부가 길고 단부는 凹상으로 처리되었다. 소가야에서 직접 이입된 토기가 확실하며 필자 분류[36]에 의하면 5세기 중·후엽에 해당하는 자료이다. 이 토기는 남강-금강수계[37]를 통하지 않고 남해안루트를 통해 전달되었을 가능성이 높은데 TK23형식에 속하는 몽촌토성 스에키 배와 연관지어 생각하면 더욱 그럴 가능성이 높다. 함안 오곡리 28번지 M1호 출토 소가야 개는(도 1-1) 풍납토성 출토 소가야 개와 거의 동일한데 TK23형식의 개배와 공반되는 점으로 보아 몽촌토성 출토 스에키는 소가야에 의해 전달되었을 것으로 판단된다. 풍납토성 소가야 개와 몽촌토성 TK23형식 스에키는 한성백제가 멸망하는 475년 이전에 유입되었을 가능성이 높으므로 소가야와 한성백제의 교섭 역시 5세기 후엽의 이른 시기에 시작되었던 것은 확실하다.

마한지역에서 소가야가 적극적으로 교역활동에 참여했음을 보여주는 또 하나의 사례는 광주 동림동유적[38]이다. 2003·2005년 호남문화재연구원에서 삼국시대 주거지 98동, 각종 구 237기, 수혈 114기, 지상건물지 65기, 토광 2기, 우물 2기, 목조물 등을 조사하였다. 유구에서는 다량의 생활토기들이 출토되었는데 개배, 유공광구소호, 광구호 등 각종 스에키계토기(도 3-5~9)와 함께 1호 주거지, 18

---

36) 하승철, 2001, 앞의 논문.
37) 남강-금강수계는 5세기 전반까지 폭넓은 교류가 이루어진 것으로 파악되지만 5세기 후엽을 기점으로 대가야세력이 西進함에 따라 소가야는 위축되고 독자적인 교역로를 상실한다.
38) (財)湖南文化財硏究院, 2007, 『光州 東林洞遺蹟Ⅰ·Ⅱ·Ⅲ·Ⅳ』.

호·60호·100호·101호·102호·164호(도 3-10~15) 구에서 소가 야 개, 삼각투창고배, 수평구연호, 광구호, 파수부배 등이 다량 출토되었다. 특히 주목되는 것은 가야토기는 대가야, 아라가야 토기는 거의 확인되지 않고 소가야토기 일색인데 이는 소가야인들이 교역에 중점적으로 참여하고 있음을 나타낸다. 소가야 토기들은 5세기 중·후엽이 중심이며 현지에서 모방된 삼각투창고배들도 확인된다. 스에키계토기들은 재지의 토기들과 구별이 용이하지 않은데 이는 왜인들이 거주하면서 모방, 재현한 결과로 해석될 수 있다[39]. 동림동유적은 인접하여 전방후원형고분인 광주 월계동고분이 존재하고 있는데 출토된 스에키계토기, 소가야토기로 보아 교역에 참가한 소가야, 왜, 마한 사람들이 공동으로 거주한 교역의 集散地로 판단된다. 모방, 재현된 유물의 출토상황으로 보면 동림동유적에는 남해안과 서남해안 루트를 활용하여 백제-마한-고성-왜와의 교역에 종사한 사람들이 누세대로 체류하였을 가능성이 높다.

---

39) 안재호, 2005, 앞의 논문.

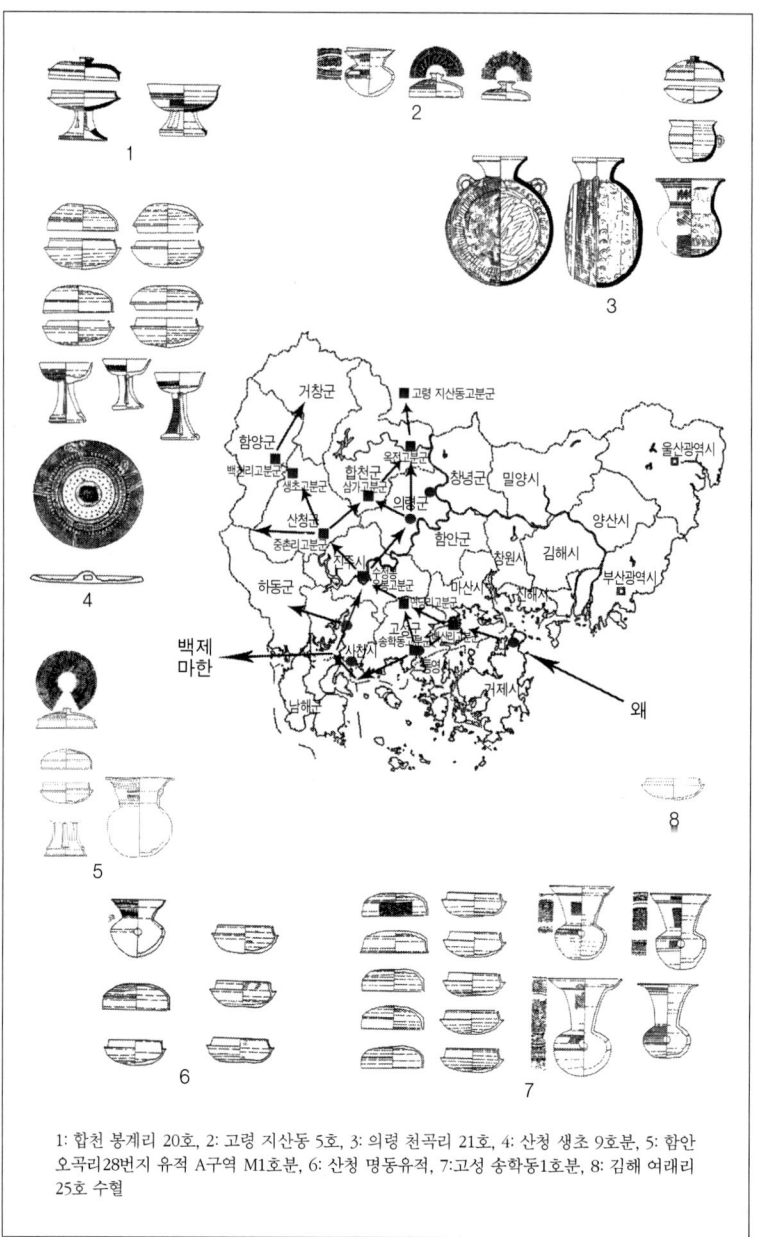

1: 합천 봉계리 20호, 2: 고령 지산동 5호, 3: 의령 천곡리 21호, 4: 산청 생초 9호분, 5: 함안 오곡리28번지 유적 A구역 M1호분, 6: 산청 명동유적, 7:고성 송학동1호분, 8: 김해 여래리 25호 수혈

도 4. 소가야 루트

Ⅲ. 고성 소가야의 대외교섭

　스에키의 출현 현황을 통해 본 결과 고성 소가야는 한반도와 일본 열도의 교섭에 주요한 역할을 담당했던 것을 알 수 있었다. 이 밖에도 5세기 후엽을 기점으로 고성지역에는 외래계문물의 집적이 두드러지는데 본 장에서는 고성지역에 반입된 외래계문물을 검토하여 고성이 가야의 새로운 대외 교역 창구로 대두되었음을 입증해 보고자 한다.

1. 시기별 교류양상

　1) 5세기 후엽
　5세기 후엽 고성 소가야의 대외 교류는 남해안 해상교역망과 내륙의 소가야루트를 통해 대가야, 왜와 중점적으로 이루어졌다. 특히 소가야루트는 진주, 산청, 의령, 합천 등 내륙의 가야집단은 물론 대가야와의 교역에 중점을 둔 것으로 이해된다. 대가야와 왜의 문물은 5세기 후엽을 기점으로 급격히 늘어나는데 스에키, 대가야계 토기와 마구의 유입이 두드러진다.
　5세기 후엽에 해당하는 대가야문물(도 5)은 송학동 1A-1호분에서 장경호, 파배, 기대, 연질개 등 다수의 대가야토기가 출토되었고 1A-1호, 1A-6호에서는 f자형판비, 내만타원형경판비, 사행상철기, 검릉형행엽을 세트로 하는 장식마구(도 6-1~7)가 출토되었다. 이들은 대가야계 마구로 분류될 수 있는 것들로 대가야의 지역성을⁴⁰⁾ 상징하며 최고수장층의 전유물로 이해된다.

1A-1호, 1A-6호 劍菱形杏葉(도 6-1·5)은 함안 말산리 451-1번지 석곽묘, 창원 다호리 B지구 1호분 출토품과 유사하며 1A-1호에서 출토된 청동제 마령(도 6-6)은 함안 말산리 451-1번지 석곽, 합천 옥전 M3호분에서 출토되며 검릉형행엽과 공반되는 경우가 많다.

1A-1호 鐵製輪鐙은 2개체분이 출토되었는데 답수부가 윤부 폭과 비슷하며 못을 가지는 형태는 합천 옥전 M3호분 출토품과 동일한 단계로 파악되고 다른 하나는 고성 율대리 2호분 보다 형식적으로 한 단계 앞선 것으로 추정되었다⁴¹⁾.

따라서 1A-1호, 1A-6호 출토 마구는 대가야에서 고성 송학동 최고 수장층에게 제공된 것으로 볼 수 있다.

왜계문물은 스에키, 마구, 왜계석실로 대별된다⁴²⁾. Ⅱ장에서 살펴본 바와 같이 스에키는 송학동 1A-1호, 1A-2호, 1A-11호, 1B-1호에서 출토되었으며 왜계석실은 거제장목고분을 들 수 있다.

1A-1호 출토 雙葉劍菱形杏葉⁴³⁾은(도 6-9) 출토예가 매우 제한적인 것으로 일본 大阪府 高槻市 梶原1호분, 福井岡 上中町 丸山塚古

---

40) 류창환, 2000, 「大伽耶圈 馬具의 變化와 劃期」『韓國古代史와 考古學』, 鶴山 金廷鶴 博士 頌壽紀念論叢.
41) 류창환, 2008, 「마구로 본 6세기대 소가야와 주변제국」『6世紀代 加耶와 周邊諸國』, 제14회 가야사국제학술회의, 김해시, p. 174.
42) 조영제, 2004, 앞의 논문.
   홍보식, 2008, 「6세紀 前半 加耶의 交易 네트워크」『6世紀代 加耶와 周邊諸國』, 제14회 가야사국제학술회의, 김해시.
43) 류창환(2008: 195)은 일본 자료 보다 송학동 1A-1호 출토품이 이른 단계에 해당하므로 가야마구일 가능성도염두에 두고 있다.

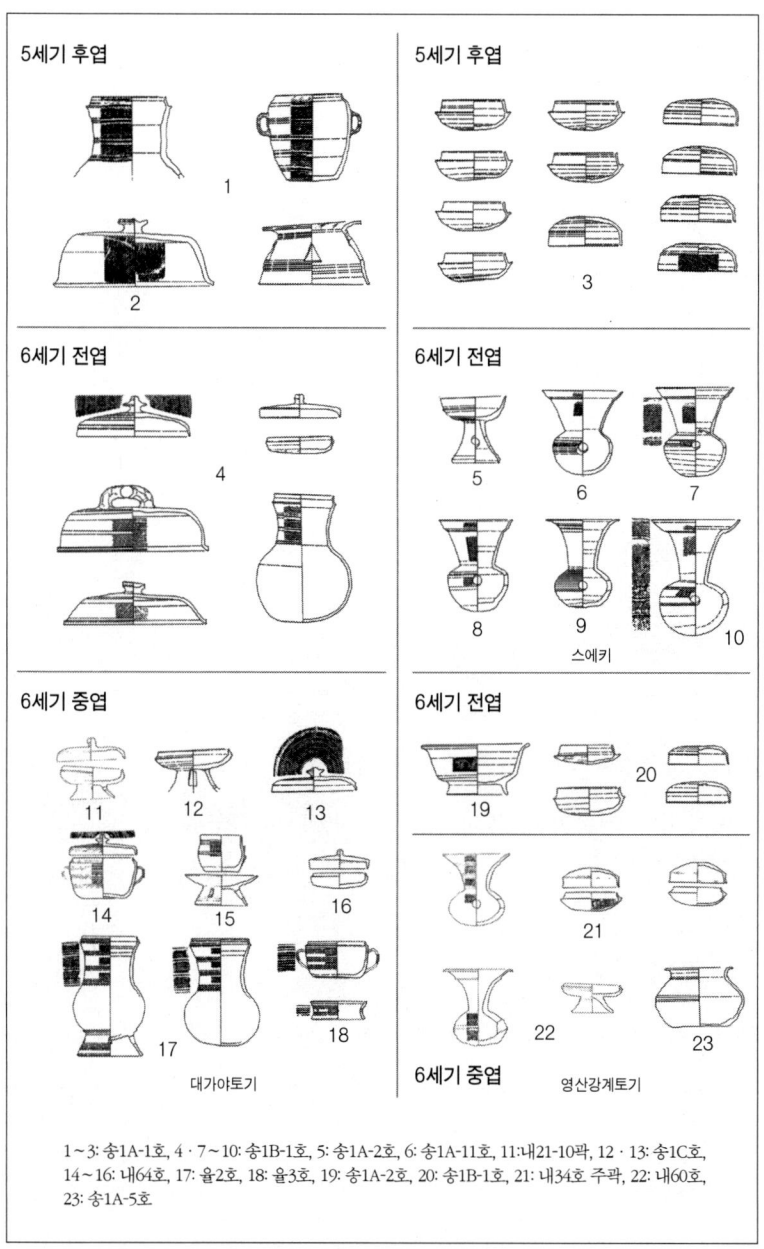

도 5. 고성 출토 외래계토기의 변화(송: 송학동, 내: 내산리, 율: 율대리)

墳 출토품과 매우 흡사하다[44].

2) 6세기 전반

(1) 대가야계 문물

6세기 전반의 고성지역은 외래계문물의 각축장으로 표현할 만하다. 대가야, 왜계문물은 말할 것도 없이 새로이 신라계문물의 반입이 주목된다.

대가야문물은 6세기 전·중엽의 시기에도 출토가 끊이지 않는데 송학동은 물론 내산리, 율대리, 연당리 등 수장층 전체로 확대되는 양상이다. 토기는 송학동 1B-1호, 1C호(도 5-12·13)를 비롯하여 내산리 21-10곽(도 5-11), 내산리 60호, 64호(도 5-14~16), 율대리 2호·3호(도 5-17·18) 등에서 출토되었다. 고성 율대리 2-3호분에서 출토된 이식(도 6-7)은 대가야계로 파악된다[45].

고성지역에 대가야문물이 다량 출토되고 있음은 양자가 긴밀한 협력관계를 유지하고 있었음을 나타내며 특히 수장층을 중심으로 대가야형 마구의 부장이 두드러지는 현상은 소가야 수장층에 대한 대가야의 특별한 관심을 반영하는 것이다.

박천수[46]는 소가야루트상에 나타나는 대가야문물을 주목하여 대가야와 소가야의 상하관계를 설정하고 대가야의 주도하에 교역이 이루어졌음을 제시하였다. 나아가 송학동 1B-1호분 피장자를 대

---

44) 장윤정, 2005, 「Ⅵ. 綜合考察 라. 馬具」『固城松鶴洞古墳群』, 동아대학교박물관.
45) 류창환, 2008, 앞의 논문, p. 171 참조.
46) 박천수, 2007, 『새로 쓰는 고대 한일교섭사』, (주)사회평론, pp. 227~228.

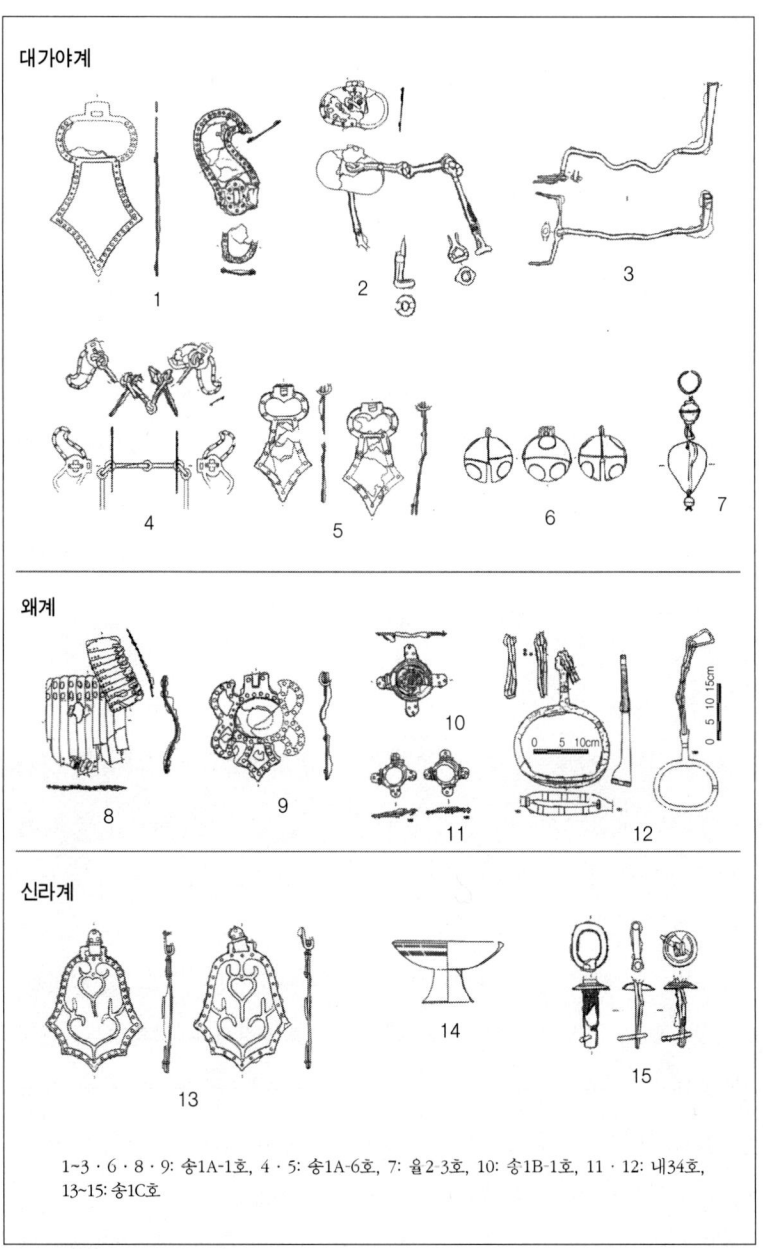

도 6. 고성 출토 외래계 마구, 장신구

가야와 관련된 왜인으로 파악하였는데 이는 영산강유역 전방후원형고분의 피장자를 왜계백제관료로 파악한 견해와 동일한 맥락으로 소가야의 효과적인 통제를 위해 대가야에서 왜인을 관료로 파견하였다고 보는 견해이다.

그러나 소가야루트에서 대가야세력은 지배적 확산현상으로 나타나지 않으며 대가야 수장층과 소가야 수장층은 線形구조로 관계를 지속하고 있으나 지배적관계로 전환된 것으로 보긴 힘들다. 묘제 역시 소가야지역은 분구묘가 도입되거나 송학동유형 석실이 주로 채택되고 있어 대가야권과 차이가 크다. 고성 송학동고분군, 내산리고분군 등에 대가야문물을 비롯하여 신라계, 왜계, 영산강유역의 문물이 다량 확인되고 있는 사실은 대가야와 소가야의 관계가 일방적인 주도로 진행된 것은 아님을 의미한다.

(2) 왜계 문물

왜계문물은 묘제, 스에키, 마구 등에서 확인되는데 1B-1호 석실의 현문부 문틀구조, 현실 천장과 벽면의 주칠 등이 북부구주계 요소임은 이미 지적된 바와 같고, 1B호분 주구에 매납된 원통형토기 역시 일본적인 매장의례이다.

송학동 1B-1호분과 내산리 34호분에서 출토된 四脚貝製雲珠(도 6-10·11)는 발부와 각부를 함께 만든 일체형으로 일본 유구열도산 조개를 이용해 제작되었을 가능성이 높다. 일본열도에서 수입한 이모가이를 소재로 한 辻金具나 운주 등은 한반도 전역에서 유행하는데 내산리 34호, 산청 중촌리 3호 석실 등 가야지역은 물론 황남대총 남분을 비롯해 천마총, 금령총 등 경주의 왕릉급고분과 창녕 교동 11호분에서 출토되고 있다. 또한 고령 지산동 44호 출토 야광패제국자, 해남 조산고분 출토 패천 등도 왜와의 교류를 통해 수입된 물품일 가능성이 지적되고 있다[47].

내산리 34호분 출토 철제등자(도 6-12)는 답수부와 병두부의 폭이 현저하게 넓어진 T자형 병부를 특징으로 하며 병부의 역혁공에 철선으로 만든 겹사슬이 달려있는 것이 특징인데 이는 일본 西宮山古墳 출토품과 유사하므로 왜계유물일 것으로 판단한다[48].

고성지역 왜계문물은 5세기 후엽부터 6세기 중엽의 시기까지 계속해서 출토되는데 1A-1호, 1B-1호, 내산리 34호 석실 등 고성지역 최고 수장층의 묘에 다량 부장되고 있음은 당시 해상교역을 담당한 소가야 수장층의 위상을 직시한다.

(3) 신라계 문물

5세기대 소가야지역에서 출토된 신라토기는 산청 옥산리 63호, 산청 명동 27호, 산청 평촌 116·167호 출토품 등으로 수량도 극히 적고 기종도 대부장경호와 장경호에 한정된다.

그러나 6세기에 접어들면 신라토기는 개배, 고배, 대부장경호 등 기종이 다양해지며 수량이 폭발적으로 증가한다. 특히 고성지역에 집중적으로 이입되는 양상으로 보아 신라와 고성 소가야집단의 관계가 점차 긴밀해져 감을 알 수 있다. 이 시기에 진주 가좌동, 산청 명동, 의령 천곡리 등에 출토된 신라토기 역시 소가야루트를 통해 확산되었을 것으로 추측된다.

---

47) 박천수, 2007, 앞의 책, pp. 137~139 참조.
48) 류창환, 2008, 앞의 논문.

6세기 전엽의 신라토기(도 7)는 송학동1B-1호, 내산리 8호분에서 출토되는데 대부장경호(도 7-1), 영락부유대장경호(도 7-4) 등 장식성이 가미된 대형토기의 반입이 두드러진다. 이는 고성 수장층에 대한 신라 수장층의 관심의 표현으로 이해할 수 있다. 이러한 노력은 6세기 중엽의 시기에는 더욱 노골화되는데 송학동 1C호분에서 출토된 청동제고배(도 6-14), 대도, 刺葉形杏葉(도 6-13)은 신라 중앙에서 직접 전달한 물품일 가능성이 높다. 한편 6세기 중엽의 시기에는 수장층의 교섭과 함께 중·소형묘에도 신라토기의 반입이 급증한다. 이러한 현상은 고성뿐만 아니라 남강 연안의 의령지역에도 확인되는데 창녕을 매개로 의령지역과 남해안을 통해 고성지역으로의 신라진출이 본격화된 상황을 반영한다. 이는 단순한 교류의 차원을 넘어 신라 세력의 확장과 관련이 깊다.

2. 고성 소가야의 대외 교역망

1) 백제-마한-고성-북부구주-왜 왕권 교역망의 성립

마한·백제와 왜의 교역은 4세기대 부터 전개되어 왔으나 금관가야에 비하면 미약한 편이었다. 그러나 금관가야의 몰락 이후 왜의 교역루트는 다각화 되었는데 왜와 마한·백제와의 교역루트가 뚜렷한 선으로 부각된 것은 이 시기이다.

박천수는 對倭交涉의 주도권이 김해·부산지역을 중심으로 한 금관가야권(3~4세기) → 고령을 중심으로 한 대가야권(5세기 중엽) → 백제지역(6세기)으로 전환되는 것으로 이해하였으며 대가야는 5세기 후반에 순천, 여수지역을 장악하여 백제, 왜의 교섭을 중개하면

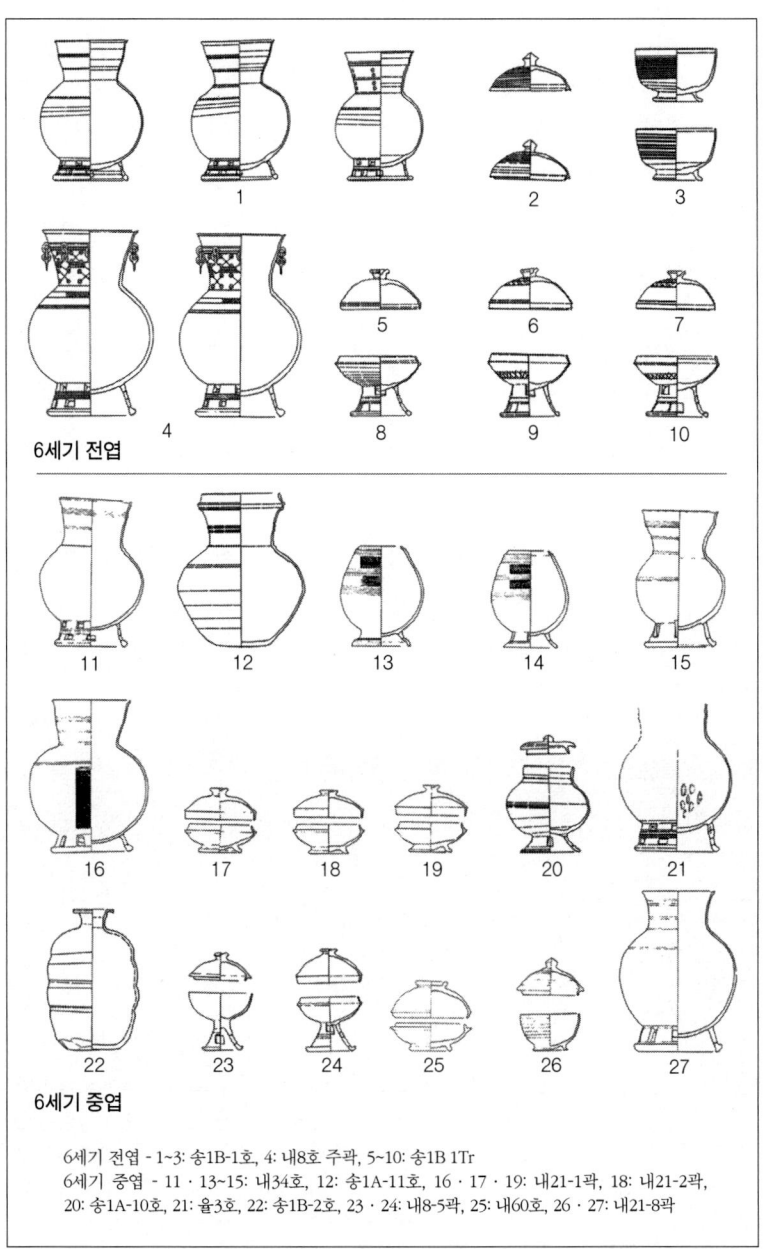

6세기 전엽

6세기 중엽

6세기 전엽 - 1~3: 송1B-1호, 4: 내8호 주곽, 5~10: 송1B 1Tr
6세기 중엽 - 11·13~15: 내34호, 12: 송1A-11호, 16·17·19: 내21-1곽, 18: 내21-2곽, 20: 송1A-10호, 21: 율3호, 22: 송1B-2호, 23·24: 내8-5곽, 25: 내60호, 26·27: 내21-8곽

도 7. 고성 출토 신라토기의 변화

서 강력한 국가로 성장하였던 것으로 파악하였다[49]. 그러나 순천과 여수 지역에 대가야문물이 확산된 것은 인정되나 대가야의 항구로 기능하였음을 나타내는 증거는 부족하다. 오히려 서남해안 루트상의 주요 기착지인 고성, 고흥, 해남, 영산강유역 정치체들이 교역의 전면에 등장한 것으로 이해하는 것이 합리적이다. 그 대표적인 사례가 고흥 길두리 안동고분이다(도 8-1).

전라남도 고흥군 포두면 길두리에 위치한 안동고분은 2006년 2월부터 6월까지 전남대학교 박물관에서 시굴조사하였는데 백제계 금동관과 금동신발을 비롯하여 중국의 후한경, 일본계 갑주 등이 출토되었다. 백제계 금동관모와 금동식리는 백제 한성기 장신구 가운데 초현기 모습을 보여주고 있는 것으로 백제 중앙에서 제작하여 사여한 것으로 판단되고 있으며 그 시기는 한성기인 5세기 중엽으로 비정하고 있다[50].

왜지역 출토품과 형식이 동일한[51] 長方板革綴板甲과 小札鋲留遮陽冑, 革製遮陽冑는 일본내 장방판혁철판갑의 전개과정에서 볼 때 병유기법이 도입되기 직전에 해당하는 것으로 5세기 전엽경으로 추

---

49) 박천수, 1996, 「大伽耶의 古代國家 形成」『碩晤尹容鎭敎授停年退任記念論叢』, 석오윤용진교수정년퇴임기념논총간행위원회.
50) 임영진, 2006, 「고흥 안동고분 출토 금동관의 의의」『한성에서 웅진으로』, 충청남도역사문화연구원·국립공주박물관.
   이한상, 2009, 『장신구사여체제로 본 백제의 지방지배』, 서경문화사.
51) 일본의 경우 고분시대 전기에는 縱長板甲이 주로 제작되고 중기가 되면 장방판혁철판갑, 삼각판혁철판갑 등이 유행한다. 5세기 가야지역 출토품의 경우 대부분 倭製로 분류되는 경우가 많은데 이는 자료의 빈약으로 초래된 결과로 본다. 앞으로의 검토가 필요하지만 갑주류의 경우 각 지역의 정치체를 중심으로 제작이 가능하였을 것으로 보며 유사한 형태로 제작되었을 가능성은 높다. 일단, 한반도 출토품을 전량 倭製로 이해하는 것은 곤란함을 지적해둔다.

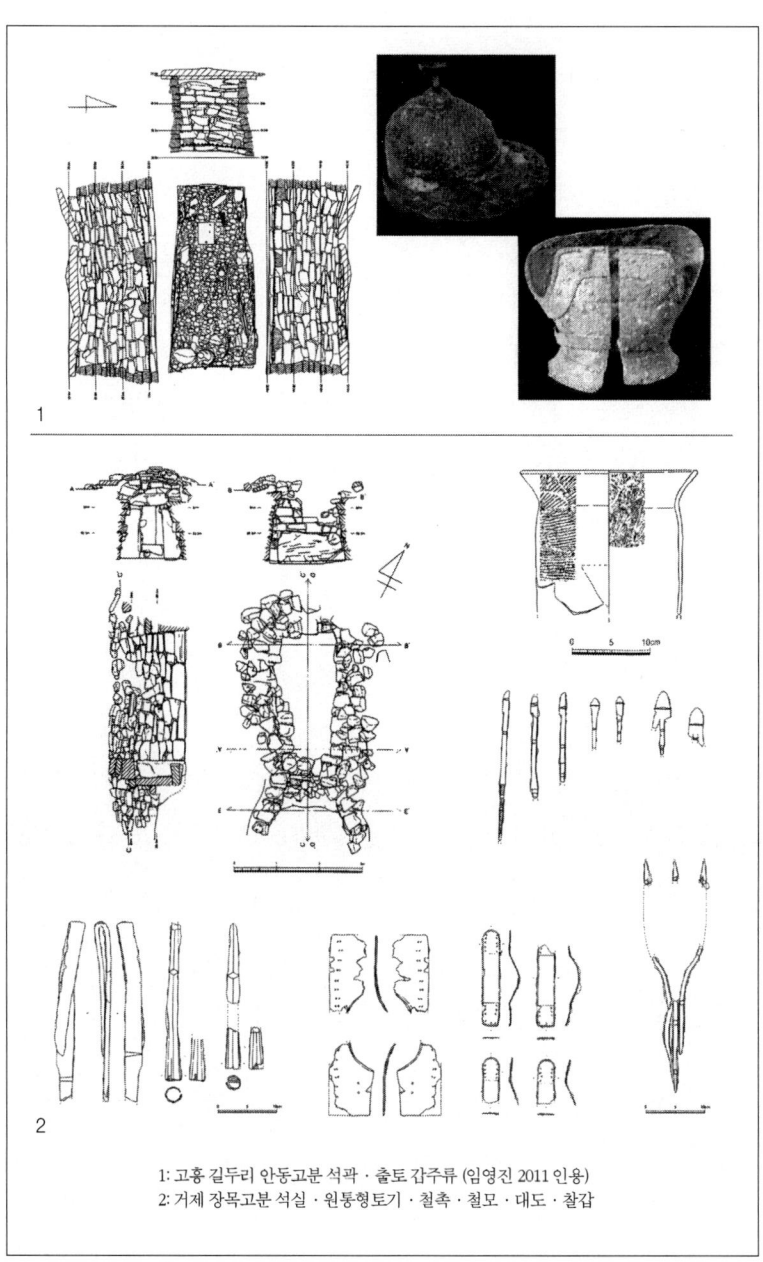

1: 고흥 길두리 안동고분 석곽 · 출토 갑주류 (임영진 2011 인용)
2: 거제 장목고분 석실 · 원통형토기 · 철촉 · 철모 · 대도 · 찰갑

도 8. 고흥 길두리 안동고분, 거제 장목고분

정하였으며 차양주는 약간 늦은 5세기 중엽으로 이해된다. 이러한 新舊요소의 조합은 5세기 2/4분기의 늦은 시기로 편년되는 일본 新開1호분과 유사함이 지적된다[52].

출토된 유물외에 고분의 축조방식, 석곽의 구조도 주목되는데 먼저 고분의 축조방식을 보면 구릉의 원지표면에서 1m 정도 성토한 후 분구중에 매장주체부를 설치한 것으로 조사되었다. 석실은 길이 320cm, 동단벽 150cm, 서단벽 130cm로 동단벽이 20cm 넓은 제형으로 일본 北九州型 석실의 특징인 羽子板型에 해당된다[53].

따라서 고흥 길두리 안동고분은 남해안 수장층 중 백제 중앙의 위세품이 직접 이입된 것과 북부구주 석실이 파급된 것이 동시에 확인된 고분으로 현재로선 가장 이른 단계에 해당한다. 그 시기는 5세기 중엽이 적당하다.

5세기 후반에 속하는 몽촌토성 TK23형식 스에키(도 1-4), 청주 신봉동 A지구 32호 토광묘 출토 TK208형식~TK23형식 스에키(도 1-7), 청주 신봉동 B지구 1호묘 TK208~TK23형식 스에키(도 1-6), 공주 정지산유적(도 2-3)과 부안 죽막동 제사유적(도 2-4)에서 출토된 TK47형식 스에키들[54]은 이러한 교역망을 통해 확산된 것임

---

52) 김영민은 판갑을 5세기 전엽, 小札鋲留遮陽冑는 5세기 중엽경으로 추정하였으나 제작시기와 부장시기의 차이, 백제의 영산강유역 진출 시기 등을 고려하여 5세기 말 이후로 편년될 가능성을 제시하였다. 그러나 고흥 길두리 안동고분은 묘제, 금동관, 금동식리 등의 연대로 보아 백제의 영산강유역 진출, 기문, 대사지역 진출 시기 보다 이른 시기에 축조된 것으로 판단되므로 판갑, 차양주 등 유물의 연대를 우선시하는 것이 바람직하다.
김영민, 2011, 「고흥 길두리 안동고분의 갑옷과 투구」, 『고흥 길두리 안동고분의 역사적 성격』, 고흥 길두리 안동고분 특별전 기념 학술대회, 전남대학교박물관.
53) 조영현, 2011, 「고흥 길두리 안동고분의 축조구조」, 『고흥 길두리 안동고분의 역사적 성격』, 고흥 길두리 안동고분 특별전 기념 학술대회, 전남대학교박물관.

은 당연하며 풍납토성 소가야 개(도 1-5), 광주 동림동유적(도 3-10~15) 출토 소가야토기들로 보아 소가야인들도 이 시기부터 서남해안교역망에 중점 참가한 것으로 파악된다.

2) 대외교역망의 강화

백제-마한-고성-북부구주-왜 왕권으로 이어지는 교역망이 뚜렷한 선으로 기능한 것은 5세기 중엽의 일이며 고성집단은 중간 기착지로 대두되었다. 고성집단이 이러한 '서남해안루트[55]'에 편입된 것을 보여주는 대표적인 자료는 거제 장목고분(도 8-2)과 고성 송학동 1A-1호분이다.

거제 장목고분은 거제도의 동쪽 끝, 간곡만 배후의 나지막한 구릉 정상부에 단독으로 조성된 왜계고분이다. 고분은 남해안-대마도-북부구주로 이어지는 고대 항로를 바라다보는[56] 위치에 있으며 대한해협을 건넌 선박들의 첫 기착지였을 것으로 추정된다.

장목고분은 분구에서 출토된 소가야 개, 원통형토기로 보아 고성 송학동고분군 축조집단과 밀접한 관련이 있음은 분명하며 피장자는 송학동 수장층의 비호아래 정착한 왜인으로 파악된다[57]. 장목고

---

54) 木下亘, 2003, 앞의 논문.
55) '서남해안루트'는 백제-영산강유역-서남해안 수장층-고성 소가야-북부구주-瀨戶內沿岸 수장층-왜 왕권을 연결하는 루트로 3~4세기대 교역이 활성화된 동남해안지역과 구분하기 위해 사용한다.
56) 우재병, 2002, 「4~5世紀 倭에서 加耶・百濟로의 交易루트와 古代航路」 『湖西考古學』 6・7合輯.
윤명철, 2000, 「古代 東北아시아의 海洋交流와 榮山江유역」 『영산강유역 고대사회의 새로운 조명』.
57) 하승철, 2005, 「伽耶地域 石室의 受用과 展開」 『伽倻文化』 제18집, 伽倻文化研究院.

분은 고흥 길두리 안동고분과 연관된 점이 많은데 다만 시기는 한 단계 후행하는 것으로 본다. 현실은 북부구주의 우자판형으로 고흥 안동고분과 동일하며 석실의 길이는 320cm, 전벽 150cm, 후벽 180cm로 안동고분과 거의 동일하다. 유물 부장에서도 공통점을 확인할 수 있는데 찰갑, 철촉, 철모, 대도 등 무구류가 다량 부장되는 특징을 나타낸다. 단, 안동고분이 판갑인 점에 비해 장목고분은 그보다 후행하는 찰갑이 부장된 것이 차이점이다. 앞으로 안동고분과 동시기의 고분이 남해안의 소가야지역에서 확인될 개연성은 충분하다.

한편 고흥 길두리 안동고분 보다 더욱 확실히 영산강유역-고성-북부구주의 관련성을 증명하는 자료는 거제 장목고분, 해남 조산고분, 함평 신덕고분, 나주 복암리3호분 '96석실, 북부구주 番塚古墳(도 10-1), 關行丸古墳이다(도 9). 이 고분들은 羽子板型玄室, 짧은 八字形 연도, 문주석·문비석·문지방석 등이 잘 갖추어진 현문시설, 현실 후벽의 腰石 등이 특징으로 장목유형[58], 조산식[59]으로 분류된다. 거제 장목고분은 부구에서 출토된 수가야 개, 원통형토기, 현실내에서 출토된 철촉, 찰갑 등으로 보아 5세기 후엽의 늦은 시기에 축조된 것으로 판단되며, 番塚古墳은 내부에서 TK47형식 병행기의 스에키가 출토된 점, 타날문단경호, f자형판비, 검릉형행엽 등이 합천 옥전 M3호분(도 10-2) 출토품과 유사한 점으로 보아 5세기 末로 편년할 수 있다. 또한 해남 조산고분, 거제 장목고분, 番塚古墳은 석실의 축조기법에 공통점이 많고 철모를 현실후벽이

---

58) 하승철, 2005, 앞의 논문.
59) 김낙중, 2009, 『영산강유역 고분 연구』, 학연문화사, pp. 183~215.

나 연도 측벽에 꽂는 매장의례 등이 극히 동일하므로 비슷한 시기에 축조되었을 가능성이 한층 높다.

이처럼 북부구주형 석실의 요소를 가장 충실히 반영하고 있는 장목유형은 북부구주-고성-영산강유역에 유행하며 축조에 왜의 造墓공인이 관여한 것은 충분히 예측된다[60]. 그러나 장목유형은 북부구주계 석실을 충실히 재현하고 있지만 석실의 축조, 매장의례 등에서 북부구주의 일방적인 흐름만 감지되는 것은 아니다. 현실과 분구의 세부적인 면은 재지 석곽의 축조기법이 혼용되며 埴輪(원통형토기), 즙석 등도 일본 북부구주의 축조기법에서 벗어나는 경우가 많다. 장목고분의 분구에 설치된 원통형토기는 재지의 송학동1B-1호분 출토 원통형토기와 유사하여 일본의 埴輪과 차이가 크고 番塚古墳에 목관을 사용하거나 토기를 부장하는 점 등은 한반도의 매장의례를 도입한 사례이다. 또한 番塚古墳 출토 조족문 타날 단경호, 백제계 문물로 추정되는 두꺼비모양 장식, 물고기모양이 상감된 장식대도가 출토된 점, 關行丸古墳 출토 魚形裝飾이 달린 금동제반통형금구는 마한·백제의 영향이다[61].

남해와 서해를 연결하는 해로상의 요충지에 축조된 해남 조산고분, 대한해협을 사이에 두고 축조된 장목고분과 番塚古墳, 關行丸古墳은 영산강유역, 고성 소가야, 북부구주 세력이 교역망을 더욱 강화하고 그들의 동질감을 확대하는 과정에서 등장한 것으로 이해할 수 있다.

---

60) 김낙중, 2009, 앞의 책, p. 197.
61) 김낙중, 2009, 앞의 책, p. 199.

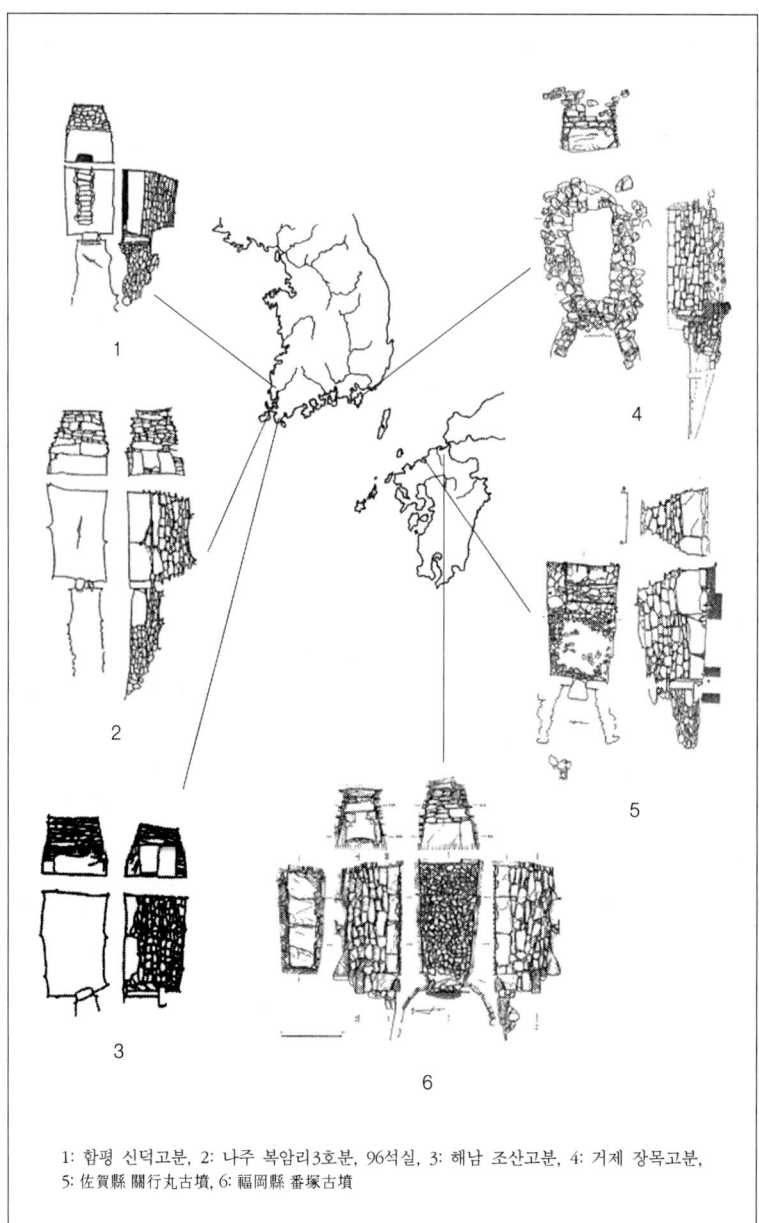

1: 함평 신덕고분, 2: 나주 복암리3호분, 96석실, 3: 해남 조산고분, 4: 거제 장목고분, 5: 佐賀縣 關行丸古墳, 6: 福岡縣 番塚古墳

도 9. 장목유형 고분의 분포

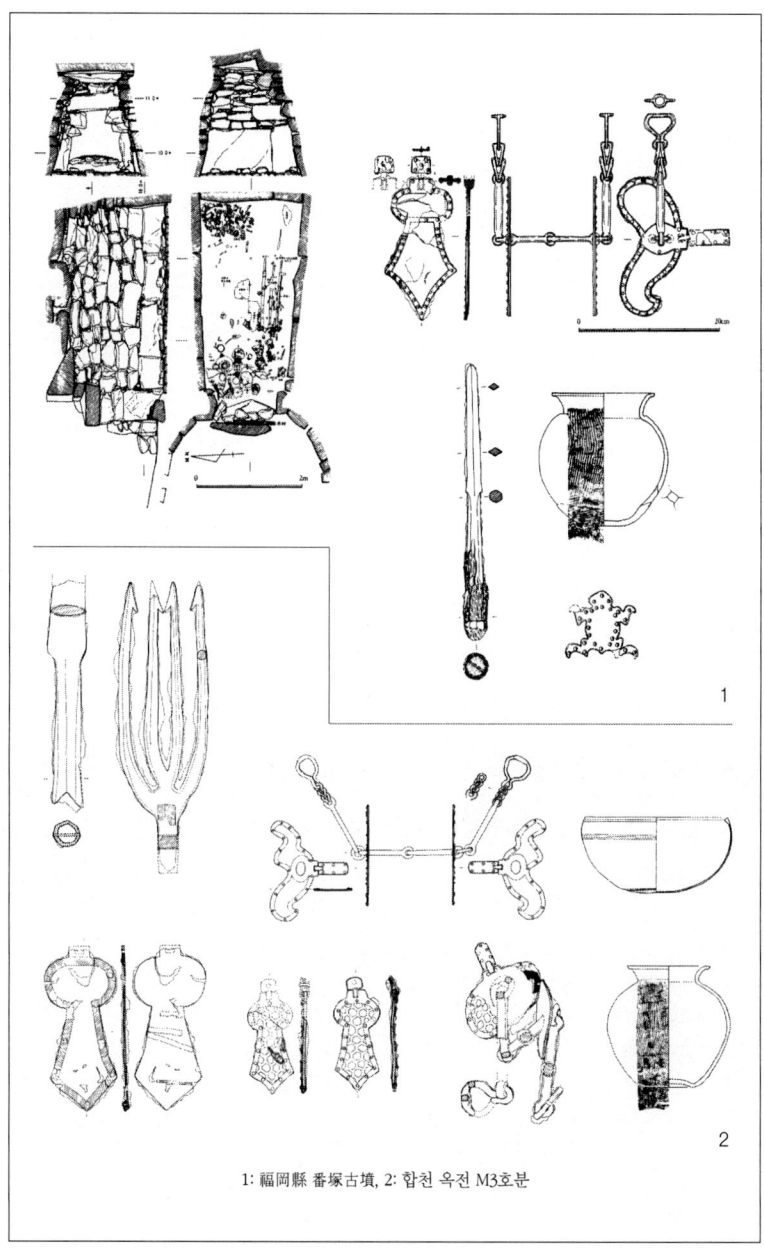

1: 福岡縣 番塚古墳, 2: 합천 옥전 M3호분

도 10. 福岡縣 番塚古墳 · 합천 옥전 M3호분 연대비교

Ⅳ. 외래계문물로 본 고성소가야집단의 성격

1. 소가야와 마한 · 백제의 교섭

소가야와 백제의 직접적인 교섭을 나타내는 문물은 극히 적은데 김해 양동리 462호묘, 동래 복천동 80호묘, 마산 현동 41호묘, 산청 옥산리 79호분 출토 금박유리옥 등이 금강수계를 통해 전달되었을 것으로 연구되는[62] 정도이다. 그런 중에도 소가야와 백제의 초기 교섭은 남강수계-금강수계를 통해 시작된 것을 확인할 수 있는데, 산청 묵곡리, 옥산리유적에서 출토된 토기자료 중 상당수가 금강수계와 관련있는 것으로 파악되고 있고[63] 금산 창평리유적에서 출토되었된 삼각투창고배가 소가야계임은 이미 지적된 바[64]와 같다. 청주 신봉동 92-107호 등에서 출토된 수평구연 단경호는 소가야의 수평구연호의 제작기법이 수용되었을 가능성이 높아[65] 상호간 토기 생산 기술은 일찍부터 전달되었을 가능성이 높다.

소가야와 벡제의 교섭사례가 빈약함에 비해 마한지역과의 교류

---

[62] 최종규, 1992,「濟羅耶의 文物交流」『百濟研究』23.
조영제, 2002,「山淸 玉山里遺蹟-木槨墓-」경상대학교박물관, p. 157.
홍보식, 2007,「신라 · 가야권역 내의 마한 · 백제계 문물」『4~6세기 가야 · 신라 고분 출토의 외래계 문물』, 第16回 嶺南考古學 學術發表會.
[63] 김장석 · 이상길 · 정용삼 · 문종화, 2006,「土器의 流通을 통해 본 百濟와 加耶의 交涉-山淸黙谷里古墳群 出土 土器를 중심으로-」『백제 생산기술과 유통의 정치사회적 함의』, 한신대학교 학술원.
[64] 조영제, 1990,「三角透窓高杯에 대한 一考察」『嶺南考古學』7.
[65] 성정용, 2007,「백제권역 내의 신라 · 가야계 문물」『4~6세기 가야 · 신라 고분 출토의 외래계 문물』, 第16回 嶺南考古學會 學術發表會, pp. 47~73.

는 두드러진다. 마한지역과 소가야의 교류·교섭을 검토함에 있어 주목받아온 지역은 전남동부지역[66]과 영산강유역이다. 특히 전남동부지역은 영산강유역 보다 경남서부지역과 고고자료의 유사성이 높은 것으로 나타나고 있다[67]. 그러한 문화적 동질감은 4세기 후반에서 6세기 전반대까지 지속된다. 삼각구연점토대토기 혹은 경질무문토기 문화가 기원후 2·3세기까지 존속하는 점에 비해 와질토기문화가 활성화되지 않는 특징이 지적되어 오고 있고[68], 경남서부지역의 碗形無透窓高杯문화를 공유하는 점, 평면 원형계 주거지의 비율이 높은 점[69] 등이 공통된다. 5세기대의 소가야 토기 또한 전남동부지역에 다량 유입되고 있는데 보성 조성리, 여수 죽림리, 여수 화장동, 여수 죽포리, 여수 고락산성, 광양 칠성리, 광양 도월리, 순천 운평리, 순천 죽내리, 구례 용두리 등에서 출토된 발형기대, 수평구연호, 개 등 수 없이 많다[70]. 더욱 중요한 사항은 토기의 직접 이입은 물론 형태적인 특징이나 속성을 모방한 재현품들도 상당수 확인되며 석곽묘 등 묘제 역시 소가야지역과 동일한 점이다.

소가야의 묘제, 토기 등이 유입됨과 함께 전남동부지역의 문화도 반출되는데 4세기 후반에 해당하는 하동 우복리 10호 주구토광묘

---

[66] 행정구역상으로 전남 광양, 순천, 여수, 구례, 보성, 고흥 등이 해당된다.
[67] 이동희, 2010, 「全南東部地域 加耶文化의 起源과 變遷」,『호남동부지역의 가야와 백제』, 제18회 호남고고학회 학술대회, 호남고고학회.
[68] 조영제, 2006, 「서부경남 가야제국의 성립에 대한 고고학적 연구」, 부산대학교 박사학위논문.
[69] 김나영, 2009, 「영남지방 원삼국시대의 주거와 취락」,『영남지방 원삼국·삼국시대 주거와 취락』, 제18회 영남고고학회 학술발표회.
공봉석, 2009, 「경남 서부지역 삼국시대 주거와 취락」,『영남지방 원삼국·삼국시대 주거와 취락』, 제18회 영남고고학회 학술발표회.
[70] 이동희, 2010, 앞의 논문.

와 단경호가 대표적인 사례이며, 5세기 후엽의 하동 고이리 나-12
호분, 창원 천선동 12호 석곽묘 출토 조족문타날단경호도 그러한
예이다. 특히 유공광구소호는 소가야, 전남동부지역, 영산강유역 정
치체의 관계를 가장 직접적으로 나타내는 기종이다. 고성 송학동
1호분에서는 모두 11점의 유공광구소호가 출토되었고 내산리고분
군에서도 10점 정도가 출토되었다. 주지하듯이 유공광구소호는 백
제·마한지역인 전라도 서해안 일대와 영산강유역, 소가야지역인
고성, 사천, 하동, 산청 등지에 집중 분포하는 특징적인 토기로[71] 소
가야, 전남동부지역, 영산강수계 집단이 공통으로 제작하고 사용
하며 양식의 일정부분을 공유한 사실은 주목된다.

  이러한 사실들을 근거로 전남동부지역이 소가야연맹체의 일원이
었을 것으로 예견하기도 하는데[72] 필자 역시 이 견해에 상당히 공
감하고 있다.

  소가야지역 출토 영산강계유물은 송학동 1B-1호분에서 출토된
개배(도 5-20), 1A-2호 출토 대부완, 1A-5호 출토 외반구연소호
(도 5-23), 내산리 34호 주곽 출토 개배와 유공광구소호, 내산리 21-
5곽 출토 개배, 내산리 60호 출토 고배와 유공광구소호(도 5-22) 등
으로 6세기 전반에 집중된다. 영산강유역 분구묘를 도입하고 전방
후원형고분을 모방하는 등 양 지역의 긴밀한 관계에 비추어 보면
유물의 출토량은 빈약한 편이다. 특히 토기에 한정되어 있는 점은
양 지역 수장층의 한계를 반영하는 것으로 판단된다. 즉 백제, 대

---

71) 신인주, 2005, 「Ⅵ. 綜合考察 나. 有功廣口小壺」『固城松鶴洞古墳群』, 동아대학교박
    물관, pp. 300~314.
72) 이동희, 2010, 앞의 논문.

가야 수장층이 지방 지배를 공고히 하거나 수장층을 회유하기 위한 목적으로 착장형위세품을 사여하는 점 등에 비하면 교역품은 크게 격이 떨어진다. 이것은 양 지역이 관식, 장신구, 장식대도 등 위세품의 생산이 여의치 않았기 때문일 가능성이 있다.

2. 영산강유역과 고성소가야의 동질성

고성 소가야와 영산강유역의 교섭은 단순히 물자의 유통에 국한된 것이 아니라 고분의 墳形, 매장의례 등에서 물적, 정신적 공감대를 형성해가고 있음이 주목된다.

먼저 고분의 분형을 보면 영산강수계의 전방후원형고분을 모방하거나 분구묘를 도입하였던 것을 알 수 있다[73]. 5~6세기대 영남지방에서 확인된 분구묘는 고성 송학동고분과 내산리고분군, 율대리고분군 3곳으로 영산강유역 수장층과의 정치적 관계속에서 도입된 것은 분명하다. 가야지역 고분의 축조기법이 매장주체부와 봉토를 동시에 축조하는 것에 비해 분구묘 축조기법은 생소한 것으로 이를 도입한 것은 특별한 의미가 있으며 단지 분형만이 아니라 매장의례도 동시에 받아들이고 있음은 양 지역 수장층의 동질감의 표현으로 이해된다.

고성 송학동 1호분은 영산강유역의 전방후원형고분을 모방했던 상황임을 제기한 바 있는데[74] 附言해 두면 다음과 같다.

송학동 1호분은 발굴조사단에서 3기의 원형 분구가 합쳐진 것으

---

73) 하승철, 2010, 앞의 논문.
74) 하승철, 2010, 앞의 논문.

로 파악하였으나[75] 선축된 1A호분에 1B호분을 연접하였으며 1C호분은 연접부분을 굴착하여 조성한 것으로 원형분구 3기가 합쳐진 것으로 보기 힘들다. 1A호분은 정상부가 평탄한 원형의 분구묘이고 1B호분 역시 1m 이상 분구를 구축한 후 재굴착하여 석실을 축조하고 있으므로 분구묘로 분류할 수 있다. 1C호분은 1A호와 1B호의 연접부분을 굴착하여 축조하였으며 뚜렷한 봉토를 조성하지 않았던 것으로 판단된다. 따라서 이러한 점을 근거로 파악해보면 송학동 1호분은 현재의 복원된 외형이 아닌 발굴이전의 외형에 좀 더 가까웠던 것으로 판단된다. 前方部에 해당하는 1B호분이 원형에 가까운 점이 일본의 전형적인 전방후원분과 차이를 보이지만 측량도를 참고로 하면 1B호분 역시 완전한 원형은 아니며, 6세기대 일본 전방후원분 중에도 전방부의 각이 뚜렷하지 않은 고분도 다수 확인된다[76]. 선축된 1A호분은 영산강수계의 분구묘를 도입하여 다곽분을 기획하였고 이후 1B호분을 조성하는 과정에서 1A호분에 연접하여 축조함으로써 전체적인 고분의 외형은 전방후원형고분을 의도했던 것이 아닐까 판단된다. 가야, 신라, 영산강수계에도 원형분이 연접된 경우가 있으나 봉분의 높이를 비슷하게 유지하는 경우가 대부분이지만 송학동 1호분의 경우 1A호분(후원부로 추정할 수 있는 부분) 보다 1B호분(전방부로 추정할 수 있는 부분)의 높이를 의도적으로 낮게 조성한 점, 분구의 정상부를 평탄하게 조성한

---

[75] 심봉근 외, 2005, 『固城松鶴洞古墳群』, 동아대학교박물관.
[76] TK10형식 단계에 해당하는 福岡縣 宗像市 桜京古墳, 熊本縣 大坊古墳과 熊本縣 國越古墳 등 적지 않다. 6세기대 중·소규모의 전방후원분 중에는 전방후원분의 분형이 지켜지지 않는 경향이 나타나는 것으로 판단된다. 이 점에 대해서는 추후 해결할 과제로 넘겨 둔다.

점, 분구의 측면으로 석실을 구축한 점, 1A호분과 연결하여 1B호분에 단절형주구를 설치한 점 등은 의도적인 기획으로 판단된다. 특히 고분의 주위에 단절형 주구를 배치한 점은 가야 묘제에서는 확인되지 않는 기법이며, 함평 신덕고분, 해남 창리 용두고분, 나주 신촌리 9호분, 나주 복암리 3호분에서 확인되고 있으므로 영산강유역의 사례를 모방한 것임을 알 수 있다.

또한 분구 하단에 원통형토기(墳周土器)를 배치함 점 역시 생소한 것으로 이러한 축조기법과 매장의례는 일본 고분과 영산강수계에서 확인되고 있다. 그러나 송학동 1B호분 埴輪은 일본의 전방후원분에 배치된 埴輪과는 분명한 차이를 나타내고 있어 일본 전방후원분의 직접적인 이식으로 보긴 힘들며 영산강유역 원통형토기의 모방으로 판단된다.

송학동 1호분은 전체길이 75m 정도로 영산강유역 전방후원형고분과 비교하면 큰 편에 속하고 전방부 폭보다 원부 직경이 약간 크고 허리폭이 방부 전면폭의 1/2 이상으로 넓은 점 등은 해남 장고봉형과 닮은 점이 많다. 매장주체부에 北部九州 석실을 도입하고 스에키가 다량 부장되는 점, 70m 전후의 대형전방후원형고분을 축조한 점 등은 함평과 해남지역, 일본 열도 내 畿內 周緣部 지역 大首長이 묻힌 전방후원분과 공통점이 많다. 송학동 1호분은 고성지역 최고 수장층 고분으로 세력범위는 상기의 고분들과 비슷할 것으로 예상된다.

분구묘의 도입, 전방후원형고분의 모방, 매장의례의 공통점으로 볼 때 고성지역 수장층과 영산강유역 수장층은 강한 동질감을 형성해갔던 것으로 이해할 수 있다.

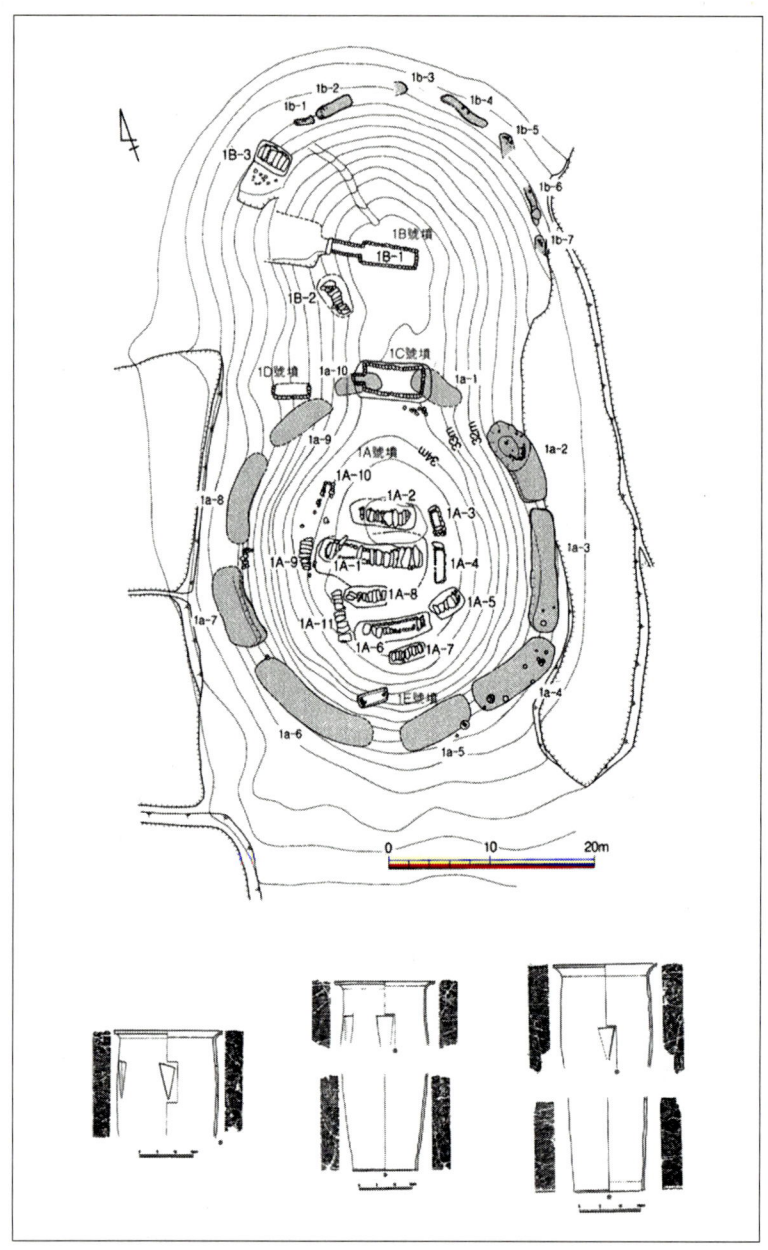

도 11. 고성 송학동 1호분과 출토 원통형토기

3. 북부큐슈계석실의 도입과 공유

　소가야지역 왜계고분 역시 주요한 특징 중 하나인데 현재까지 확인된 왜계고분[77]은 6기로 고성 송학동 1B-1호분, 거제 장목고분, 사천 선진리고분, 의령 운곡리 1호분, 의령 경산리 1호분, 사천 향촌동 Ⅱ-1호분 등이다. 이 중 장목고분, 송학동1B-1호분, 선진리고분, 사천 향촌동Ⅱ-1호[78]는 남해안에 분포하고, 경산리고분은 낙동강, 운곡리고분은 남강수계에 위치한다. 왜계고분은 해안가나 수계에 위치하고 있어 교역로와 관계 깊음을 알 수 있다.

　축조시기는 거제 장목고분 5세기 말, 고성 송학동 1B-1호분과 사천 선진리고분, 의령 경산리 1호분은 6세기 전엽, 의령 운곡리 1호분은 6세기 중엽, 사천 향촌동 Ⅱ-1호분은 6세기 말 내지 7세기 초로 편년된다. 거제 장목고분과 고성 송학동 1B-1호분, 사천 선진리고분은 고성 소가야와 관계 깊고 의령 경산리 1호분은 대가야세력에 의해 도입된 것은 확실하며 운곡리 1호분은 재지세력과 대가야세력의 복잡한 양상이 전개되고 있어 추후 검토를 필요로 한다. 사천 향촌동 Ⅱ-1호분은 가야 멸망 이후에 축조된 것으로 신라 지방 수장층에 의해 도입된 상황인데 도입배경에 궁금증이 크다.

　거제 장목고분은 고성 송학동고분 수장층의 비호아래 정착한 왜인일 가능성이 높은데 장목고분의 경우 해남 조산고분, 영산강유

---

77) '왜계고분'은 왜계석실의 축조기법이 현저하게 도입된 고분을 지칭하며 피장자 문제와는 상관하지 않는다.
78) 장상갑 · 손민욱, 2009, 「사천 향촌동유적」『2009 연구조사발표회』, 영남지역문화재조사연구기관협의회.

역의 신덕고분, 복암리 3호분, 북부큐슈의 番塚, 關行丸古墳과 동일한 계통으로 영산강유역-고성-북부큐슈 지역 수장층의 정치적 관계속에서 축조된 고분임은 앞서 언급하였다(도 9). 특히 장목고분과 송학동고분의 관계는 해남 조산고분과 장고봉고분의 관계와 흡사한데 피장자는 대외교섭을 직접 수행한 倭系人과 광역공통체의 중추적 대수장으로 상정된다[79]. 장목고분은 한반도의 첫 기착지에 조성된 왜계고분이며 조산고분은 남해안루트에서 서남해안으로 접어드는 끝 지점에 위치하고 있어 피장자는 교역로상의 중요한 기능을 담당한 인물임을 암시한다. 배후에 조성된 송학동고분군과 장고봉고분은 재지수장층 고분으로 세장방형현실, 현문시설, 긴 연도, 단차 없이 연결된 현실과 연도 등 축조수법도 극히 유사하다.

송학동 1B호분 축조에도 다수의 왜인이 참여했던 것으로 판단되는데 현문부에 설치된 대형의 문주석과 문지방석은 장성 영천리고분, 함평 신덕고분, 해남조산고분, 광주 월계동1호분, 나주 복암리 3호분 등에서 주로 확인되는 공통적인 축조기법이다. 또한 석실내부에 도포된 적색안료는 매장의 독특한 정신세계를 반영하는 것으로 큐슈지방의 출현기에서 6세기 전엽의 대형 석실에서 흔히 볼 수 있는[80] 매장의례로 영산강유역의 함평 신덕고분, 해남 장고봉고분, 해남 조산고분에서도 확인된 바 있다.

장목고분과 송학동 1B호분의 원통형토기(墳周土器)는 광주 명화동고분 출토품과 유사한데 영산강유역에서는 이밖에도 나주 신촌

---

79) 김낙중, 2009, 앞의 책, p. 198.
80) 柳澤一男, 2001,「全南地方の榮山江型橫穴式石室の系譜と前方後圓墳」『朝鮮學報』179輯, 朝鮮學會.

리9호분, 복암리 2호분, 덕산리 9호분, 광주 월계동 1·2호분, 함평 중랑고분, 해남 장고봉고분 등 다수의 고분에서 확인된 요소이다.

이처럼 영산강유역-고성-북부큐슈의 교류와 유대감이 강하게 나타나는 현상은 주목할 필요가 있다. 서남해안교역망의 양끝은 백제 중앙과 왜왕권이지만 교역망의 중추를 담당한 三者는 유대감을 강하게 드러내고 있다. 이러한 분위기는 5세기 후엽에서 6세기 전엽까지 지속된다.

그러나 이러한 분위기는 6세기 중엽을 기점으로 급격한 변화를 맞는다. 영산강유역에는 백제계석실의 축조가 증가하며 고성지역에 반입되던 왜의 문물은 6세기 중엽에 이르러 그 반입량이 급감한다. 대신에 신라토기의 반입이 급증한다. 대가야지역에는 고령 고아동벽화고분을 비롯한 백제석실이 등장하고 의령 경산리2호분에는 백제 무령왕릉 출토품과 유사한 銅盌이 부장되며, 진주 수정봉 2호분 출토 동완과 관고리, 옥봉 7호분 출토 원환비·동완형토기·받침형토기 등은 백제계문물 또는 그 영향을 받은 것으로 파악된다. 6세기 전엽 이후 대가야는 섬진강루트를 대신하여 낙동강루트를 강화하는데 의령 경산리1호분은 이러한 와중에 축조된 것으로 이해된다.

九州 역시 급격한 정세변동이 일어나는데 531년 왜왕권과 큐슈 호족의 전쟁이 발생하며 큐슈 호족인 磐井이 살해됨으로 난이 평정되는 상황이 전개된다. 6세기 중엽의 시기에 영산강, 고성, 구주세력이 동시에 곤경에 처하는 상황은 우연으로 보기 어렵다.

4. 가야지역 왜계고분의 피장자와 그 역할

　가야지역 왜계고분, 영산강유역 전방후원형고분의 도입배경과 그 피장자에 대해서는 많은 연구가 진행되어 왔다[81].

　가야지역 왜계고분 피장자의 출신과 성격에 대해서 柳澤一男[82]은 왜왕권에 의한 가야로의 군사지원에 큐슈 중부세력이 징발됨으로써 胴張型, 石棚, 石屋形의 배치 등 다양하게 나타났다고 하였다. 박천수[83]는 대가야가 재지세력을 견제하기 위해 파견한 친대가야계 왜인들이라는 의견을 제시하였다. 조영제[84]는 고성 송학동 1B-1호분, 경산리 1호분, 운곡리 1호분 등은 일본열도 구주 서부의 熊本을 중심으로 한 왜인들로 선진문물을 흡수하기 위하여 정착한 것으로 보고 있다.

　필자는 거제 장목고분은 입지, 석실구조, 매장의례 등에서 볼 때 왜인 피장자일 가능성이 높지만 다른 고분의 경우 재지 수장으로 판단한다. 사천 선진리의 경우 입지, 주변에 재지의 고분군이 확인되지 않는 점 등으로 보아 왜인의 가능성이 높지만 정확한 발굴조사가 이루어지지 않았고 석실구조는 고성 송학동1B-1호분이나 해남 장고봉고분의 영향이 복합적으로 나타나므로 재지 수장층의 가능성도 배제할 수 없다. 왜인이라면 재지화된 인물로 평가할 만

---

81) 박상언은 최근 이러한 연구성과를 정리한 바 있다.
　　박상언, 2010, 「가야지역 왜계고분의 연구현황과 과제」,『경남의 가야고분과 동아시아』, 제2회 한·중·일 국제학술대회, 경남발전연구원.
82) 柳澤一男, 2001, 앞의 논문.
83) 박천수, 2003, 앞의 논문.
84) 조영제, 2004, 앞의 논문.

하다.

　운곡리 1호분 역시 상당히 많은 부분에서 왜계요소를 드러내고 있는데 동장형의 석실축조는 한반도에서 전혀 확인되지 않는 것으로 단순히 기술의 유입 내지 모방의 차원을 넘어 왜계 축조기술자 내지 주민의 이주가 상정된다. 그러나 목관을 이용한다거나 대가야식과 소가야식, 함안식, 신라후기양식 토기의 부장과 교체현상은 지극히 재지적인 모습이다. 또한 계속해서 신라 석실분이 조영되어 가는 양상으로 보아 가야 멸망 즈음에 왜인이 정착하여 묻힐 정황으로 판단되지 않는다.

　경산리 1호분은 石屋形 석관, 고분 상단부에 설치한 즙석 등 내·외적인 면에서 북부구주지방의 장송의례나 장송관념을 표현하고 있으나 대가야의 고아동석실유형이나 송학동유형 석실의 요소가 복합적으로 나타나고 있는 점, 재지 고분군의 연속성 등으로 볼 때 왜인 피장자의 가능성은 낮다.

　요약하면 송학동1B-1호분은 고성지역 최고수장층이 석실을 수용하는 과정에서 왜계석실의 축조기법을 수용하였으며 이후 남해안, 남강연안의 소가야지역에는 송학동유형 석실이 확산된다. 장목고분은 소가야집단과의 교섭을 통해 정착한 왜인이며 운곡리1호분, 경산리1호분은 지역 수장층으로 판단한다. 나아가 운곡리1호분은 독자성이 강한 재지수장으로 판단되며 경산리1호분 피장자는 대가야의 지방 수장일 가능성이 높다.

　영산강유역에 스에키계토기가 다량 제작되는 점, 원통형토기가 제작되고 전방후원형고분이 축조되는 것으로 미루어 볼 때 왜인들의 이주, 정착이 빈번하게 이루어졌음을 알 수 있었고 그들 중에는 재지 수장층의 비호아래 상당한 지위를 누린 인물도 있음을 알게 되었다. 영산강유역 재지 수장층에서도 이러한 전방후원형고분을 직접 채용하거나 모방한 것으로 추측되는데 5세기 후엽에서 6세기 전엽의 시기에 영산강유역의 넓은 범위에서 전방후원형고분이 확인되는 점은 이러한 분위기의 결과로 해석된다. 반면 가야지역은 장기 거주의 흔적은 찾기 힘들며 단발적인 방문에 의한 교류에 중점을 둔 것으로 이해된다. 그러므로 5세기 후엽 한반도에 진출한 왜인들의 목적은 백제 중앙과 중국의 선진문물을 입수하는데 있었음을 알 수 있다. 가야지역 왜인들은 이러한 서남해안루트를 안전하게 유지하기 위해 재지의 수장층과 협력한 것으로 나타나는데 거제 장목고분, 사천 선진리고분 등이 대표적인 왜계고분이다.

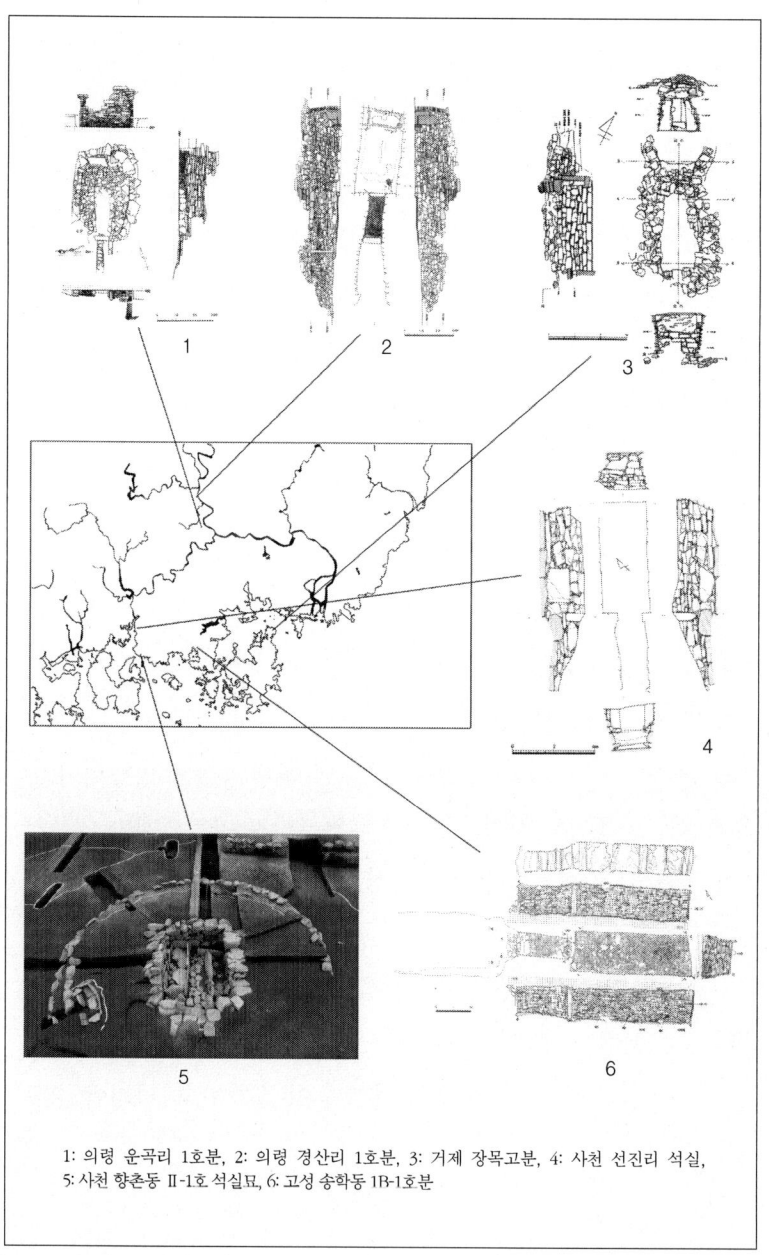

도 12. 가야지역 왜계석실의 분포

1: 의령 운곡리 1호분, 2: 의령 경산리 1호분, 3: 거제 장목고분, 4: 사천 선진리 석실, 5: 사천 향촌동 Ⅱ-1호 석실묘, 6: 고성 송학동 1B-1호분

V. 대외교역체계로 본 가야의 내부구조

끝으로 고성 소가야집단의 대외교역체계를 바탕으로 대가야, 아라가야, 소가야의 관계에 대해 간략히 검토해 보기로 한다.

마한 지역에 대한 백제의 영향력 확대는 금동관 및 금동신발을 통해 확인할 수 있는데 5세기 중엽 고흥 안동고분에 이입된 물품은 백제 중앙에서 직접 사여한 것으로 파악된다. 그러나 이때부터 백제 중앙의 영향력이 남해안에까지 도달한 것으로 보기는 어렵다. 금동관, 금동신발의 부장상태는 공주 수촌리1·4호, 용원리 9호, 서산 부장리5호 등이 착장형인 것에 비해 안동고분은 부장곽에 부장되는 차이를 드러내고 있기 때문이다[85]. 또한 북부구주계 석곽형태, 왜계 武具로 볼 때 길두리 안동고분 피장자는 독자적인 색채가 강하다. 따라서 이 시기 백제 중앙과 마한의 관계는 주요 거점을 연결한 교섭으로 이해할 수 있다[86]. 백제 중앙의 영향력이 마한 전체로 확대되는 시기는 5세기 후엽부터로 파악되지만 영산강유역 정치체는 6세기 전반까지 강한 독자성을 유지한 것으로 판단된다.

가야의 경우 특정한 정치체를 중심으로 한 위세품의 사여를 찾아보기 힘들다. 대신에 대가야형 마구로 분류되는 f자형판비, 내만타원형경판비, 사행상철기, 검릉형행엽 등이 소가야, 아라가야 수장

---

[85] 이한상, 2011, 앞의 논문, p. 63.
[86] 김낙중, 2009, 앞의 책, p. 327.

층 고분에서 출토될 따름이다. 이러한 대가야형 장식마구들이 대가야 수장층이 각각의 가야 수장층에게 직접 전달한 것이라면 착장형위세품 사여를 기본으로 하는 백제, 신라와 큰 격차임에 틀림없다. 고성 소가야집단은 대가야형 장식마구를 받음과 동시에 영산강유역, 북부구주 수장층과 긴밀한 관계를 유지하며 묘제 및 매장의례는 오히려 이 지역에서 흡수하고 있다.

낙동강하류역에 신라가 교두보를 확보함에 따라 낙동강 서안의 창원, 김해 등지는 한동안 뚜렷한 구심체를 형성하지 못한 채 가야, 신라의 영향을 동시에 받는 상태를 지속하였다. 고성을 비롯한 남해안지역 가야 수장층들은 새롭게 부각된 백제-영산강유역-북부구주-왜왕권의 교역망에 편성함으로써 내륙의 가야제국과 이질적으로 변모해 갔다. 대가야는 섬진강, 남강, 낙동강을 통해 다각도로 세력확장을 추구했으나 신라, 백제와의 대결에서 밀려나면서 가야지역 전체를 통솔하기에 한계를 나타낸다. 6세기 중엽을 기점으로 남해안지역 가야와 경남 내륙의 가야는 더욱 분열이 가속화되는 것으로 파악된다.

한편, 5세기 중엽 이후 고성지역에서 아라가야의 고고자료는 쉽게 찾아지지 않는데 그 원인이 무엇인지, 후기가야에서 아라가야의 위상은 어떠한 것인지에 대해서는 앞으로의 과제로 삼고 싶다.

VI. 결

　이상으로 고성지역 출토 외래계문물을 통해 고성 소가야 대외교류의 실상을 들춰 보았다. 한반도지역 출토 스에키는 일본 陶邑編年 TK23형식에서 TK10형식 사이에 해당하는 경우가 대부분이며 시기는 5세기 후엽에서 6세기 중엽에 해당하였다. 가야지역에 출토된 스에키는 소가야지역에 집중되거나 소가야토기와 공반하여 출토되는 경우가 많은 것으로 보아 소가야인들을 중간 매개로 확산되었을 가능성이 높았다. 소가야인들은 남해안-남강을 연결하는 소가야루트를 통해 가야내륙의 대외교역 창구를 담당했음을 확인할 수 있었다.
　고성은 5세기 후엽에서 6세기 전엽의 시기에 대가야, 왜, 영산강유역 등 각국의 문물이 집적되며 6세기 전엽에는 새로이 신라문물의 확산이 두드러진다. 6세기 중엽에도 대가야를 비롯한 각국의 문물이 유입되지만 점차 신라문물이 비중이 높아진다.
　고성의 대외교역망은 5세기 중엽에 성립되었을 가능성이 높지만 현재 확인되는 고고자료는 5세기 후엽이 가장 이르다. 대외교역망은 백제-영산강유역-서남해안 수장층-고성 소가야-북부구주-瀨戶內沿岸 수장층-왜왕권으로 이어지는 것으로 고성 소가야는 중간 기착지로 기능하였다. 해남 조산고분, 거제 장목고분, 북부구주 番塚古墳이 이러한 교역루트의 핵심지역에 축조된 고분들로 각 지역 최고수장층들의 정치적관계를 통해 등장한 것으로 파악된다. 고분의 피장자들은 교역을 담당한 중간 수장층들로 판단된다.

고성 소가야와 전남동부지역은 4세기대 이래 문화적 동질성이 강한 상태였으며 영산강유역은 5세기 후엽을 기점으로 문화적, 정치적 유대감이 강화된다. 영산강유역과 고성, 북부구주지역은 고분의 墳形은 물론 분구묘 축조방식, 세부적인 매장의례에서도 공통점이 확인되는 것으로 보아 서남해안루트상에서 三者의 연대를 강화해간 것으로 추측된다.

6세기 중엽이 되면 영산강유역에는 백제의 영향력이 확대되고 고성지역에는 신라문물이 급속도로 확산된다. 구주지역 역시 왜왕권과 전쟁이 발생하는 등 곤란이 야기된다.

5세기 후반에서 6세기 전반의 약 100년의 시간은 대한해협에 面한 한반도와 일본 열도의 다양한 정치체들이 거대한 왕권을 배후에 두고 나름대로 역동적인 활로를 모색하던 시기로 규정할 수 있다.

참고문헌

1. 보고서 및 도록

경상대학교박물관, 2002, 『山淸 生草古墳群』.

경남문화재연구원, 2007, 『咸安 梧谷里遺蹟-함안 도시계획시설지구내-』.

경남발전연구원 역사문화센터, 2004, 『山淸 明洞遺蹟Ⅰ·Ⅱ』.

_____, 2009, 『山淸 明洞遺蹟Ⅲ』.

동아대학교박물관, 1986, 『陜川 鳳溪里古墳群』.

동아대학교박물관, 2005, 『固城 松鶴洞古墳群』.

우리문화재연구원, 2010, 『咸安 梧谷里 28番地遺蹟』.

우리문화재연구원, 2009, 『金海 餘來里遺蹟』.

창원대학교박물관, 1995, 『咸安 梧谷里遺蹟』.

(財)호남문화재연구원, 2007, 『光州 東林洞遺蹟Ⅰ·Ⅱ·Ⅲ·Ⅳ』.

2. 한국논문

공봉석, 2009, 「경남 서부지역 삼국시대 주거와 취락」 『영남지방원삼국·삼국시대 주거와 취락』, 제18회 영남고고학회 학술발표회.

권오영, 2002, 「풍납토성 출토 외래유물에 대한 검토」 『百濟硏究』第36輯, 忠南大學校 百濟硏究所. pp. 25~48.

김나영, 2009, 「영남지방 원삼국시대의 주거와 취락」 『영남지방 원삼국·삼국시대 주거와 취락』, 제18회 영남고고학회 학술발표회.

김영민, 2011, 「고흥 길두리 안동고분의 갑옷과 투구」 『고흥 길두리 안동고분의 역사적 성격』, 고흥 길두리 안동고분 특별전 기념 학술대회, 전남대학교박물관.

김낙중, 2009,『영산강유역 고분 연구』, 학연문화사.

김장석·이상길·정용삼·문종화, 2006,「土器의 流通을 통해 본 百濟와 加耶의 交涉-山淸 黙谷里古墳群 出土 土器를 중심으로-」『백제 생산기술과 유통의 정치사회적 함의』, 한신대학교 학술원.

박천수, 1996,「大伽耶의 古代國家 形成」『碩晤尹容鎭敎授停年退任記念論叢』, 석오윤용진교수정년퇴임기념논총간행위원회.

_____, 2003,「榮山江流域と加耶における倭系古墳の出現過程とその背景」『熊本古墳研究1.

_____, 2007,『새로 쓰는 고대 한일교섭사』, (주)사회평론.

_____, 2010,「Ⅳ. 토기로 본 가야·신라고분의 역연대」『가야토기-가야의 역사와문화-』, pp 105~135, 진인진.

류창환, 2000,「大伽耶圈 馬具의 變化와 劃期」『韓國古代史와 考古學』鶴山 金廷鶴博士頌壽紀念論叢.

_____, 2008,「마구로 본 6세기대 소가야와 주변제국」『6世紀代 加耶와 周邊諸國』, 제14회 가야사국제학술의의, 김해시, pp. 167~199.

성정용, 2007,「백제권역 내의 신라·가야계 문물」『4~6세기 가야·신라 고분 출토의 외래계 문물』, 第16回 嶺南考古學會 學術發表會, pp. 47~73.

신인주, 2005,「Ⅵ. 綜合考察 나. 有孔廣口小壺」『固城松鶴洞古墳群』동아대학교박물관, pp. 300~314.

안재호, 2005,「韓半島에서 출토된 倭 관련 文物」『왜 5왕 문제와 한일관계』(한일관계사연구논집2), 景仁文化社.

임영진, 2006,「고흥 안동고분 출토 금동관의 의의」『한성에서 웅진으로』, 충청남도역사문화연구원·국립공주박물관.

이동희, 2010,「全南東部地域 加耶文化의 起源과 變遷」『호남동부지역의 가야와 백제』, 제18회 호남고고학회 학술대회, 호남고고학회.

이성주, 2002,「南海岸地域에서 출토된 倭系遺物」『古代 東亞細亞와 三韓・三國 의 交涉』, 2002년도 복천박물관 국제학술대회.

_____, 2003,「加耶-倭의 相互作用에 대한 考古學的 理解」『伽耶文化』16.

이한상, 2009,『장신구사여체제로 본 백제의 지방지배』, 서경문화사.

장윤정, 2005,「Ⅵ. 綜合考察 라. 馬具」『固城松鶴洞古墳群』, 동아대학교박물관.

조영제, 1990,「三角透窓高杯에 대한 一考察」『嶺南考古學』7.

_____, 2002,『山淸 玉山里遺蹟-木槨墓-』, 경상대학교박물관, p. 157.

_____, 2004,「小加耶(聯盟體)와 倭系文物」『嶺南考古學會・九州考古學會 제6회합동고 고학대회-韓日交流의 考古學-』, 영남고고학회・구주고고학회, pp. 187~221.

_____, 2006,「서부경남 가야제국의 성립에 대한 고고학적 연구」, 부산대학교 박사학위논문.

조영현, 2004,「高塚墳의 構造에서 보이는 倭系古墳의 要素」『加耶, 그리고 倭와 北方』, 金海市.

_____, 2011,「고흥 길두리 안동고분의 축조구조」『고흥 길두리 안동고분의 역사 적 성격』, 고흥 길두리 안동고분 특별전 기념 학술대회, 전남대학교박물관.

최종규, 1992,「濟羅耶의 文物交流」『百濟研究』23.

하승철, 2001,「加耶西南部地域 出土 陶質土器에 대한 一考察」, 慶尙大學校大學 院碩士學位論文.

_____, 2005,「伽耶地域 石室의 受用과 展開」『伽倻文化』제18집, 가야문화연구원.

_____, 2007,「스에키 출현과정을 통해 본 가야」『4~6세기 가야・신라 고분 출 토의 외래계 문물』, 제16회 嶺南考古學會 學術發表會, pp. 75~125.

_____, 2010,「5~6세기 고성지역 고분문화의 이해」『경남의 가야고분과 동아

시아』, 第2回 한·중·일 국제학술대회, 경남발전연구원.
홍보식, 2006, 「한반도 남부지역의 왜계 요소-기원후 3~6세기대를 중심으로-」 『한국고대사연구』44.
_____, 2007, 「신라·가야권역 내의 마한·백제계 문물」『4~6세기 가야·신라 고분출토의 외래계 문물』, 16 學術發表會.
_____, 2008, 「6世紀 前半 加耶의 交易 네트워크」『6世紀代 加耶와 周邊諸國』, 제14회 가야사국제학술회의, 김해시.

3. 일본논문

古城史雄, 2003, 「有名海沿岸の橫穴式石室と韓半島の橫穴式石室」『熊本古墳硏究』1.
木下亘, 2003, 「韓半島 出土 須惠器(系)土器에 대하여」『百濟硏究』37, 忠南大學校百濟硏究所.
白井克也, 2003, 「日本における高靈地域加耶土器の出土傾向-日韓古墳編年の竝行關係と歷年代-」『熊本古墳硏究』, 創刊號.
柳澤一男, 2001, 「全南地方の榮山江型橫穴式石室の系譜と前方後圓墳」『朝鮮學報』179輯, 朝鮮學會, pp. 113~156.
_____, 2002, 「日本における橫穴式石室受容の一側面 - 長鼓峯類型石室をめぐって-」『淸溪史學』16·17合輯.
酒井淸治, 1993, 「韓國出土の須惠器類似品」『古文化談叢』30, 九州古文化硏究會.
_____, 2006, 「須惠器の編年と年代觀」『韓日古墳時代의年代觀』, 國立歷史民俗博物館·韓國國立釜山大學校博物館.
和田晴吾, 2009, 「古墳時代の年代決定法をめぐって」『日韓における古墳三國時代の年代觀Ⅲ』, 福岡, 國立歷史民俗博物館.

「외래계문물을 통해 본 고성 소가야의 대외교류」에 대한 토론문

홍보식*

　최근 가야의 대외교류에서 소가야의 역할에 주목하는 견해가 제시되었다. 금번 하승철선생의 발표문도 고성 소가야의 역할에 주목하고, 5세기 후반부터 6세기 전반까지 가야의 대외교류를 소가야의 측에서 검토하고 있다. 발표 분량이 상당히 많고, 많은 내용을 다루고 있어 어떤 것을 토론해야 할지 매우 고민된다. 논의되어야 할 문제가 상당히 많지만, 이번에는 연대문제, 교역주체와 루트, 자료 해석, 소가야 수장층의 대외교류(또는 교역)의 역사적 의미 등 4가지 문제에 대해 질의하고자 한다.

Ⅰ. 역연대 문제

　1. 스에키 TK23형식의 역연대를 서울 몽촌토성 85-3호 저장공이 한성 함락 이전에 폐기되었다는 근거로 475년을 하한으로 설정하고, 이에 기준을 두고 스에키는 물론 가야토기와 신라토기의 역연대까지 귀속하였다. 그러면 본 발표문에서도 적기하고 있는 바

---
* 부산박물관

와 같이 475년 한성함락에 의해 폐성이 된 풍납토성 상층유구에서 출토한 소가야계 뚜껑과 공반한 백제토기와 몽촌토성 85-3호 저장공에서 출토한 백제토기간의 형식차이는 존재하지 않는지? 몽촌토성 85-3호 저장공에서 출토한 유물의 조성은 어떤 특징을 가지고 있는지 이해할 필요가 있다.

2. 풍납토성에서 출토한 소가야계 토기가 고성지역으로부터 반출되었다고 하였는데, 이 소가야계 뚜껑의 상대서열은 어떻게 위치시킬 것인지와 풍납토성 출토 소가야계 뚜껑과 동일 형식의 소가야토기와 TK23형식의 스에키가 공반된 사례가 있는지 밝혀주길 바란다.

3. 소가야권역에서 출토한 신라토기의 역연대를 스에키의 연대에 귀속시켰다. 송학동 1A-1호에서 TK47형식의 스에키와 공반한 신라토기인 부가구연장경호의 역연대가 5세기 후엽으로 되는데, 발표자의 황남대총 남분의 역연대가 언제인지 알려주길 바란다.

4. 일본 奈良縣 下田 2호분의 방형주구에 조영된 목관 하판 아래에서 TK23형식과 TK47형식의 스에키가 공반되었고, 목관의 연륜연대치가 550년대로 나왔다는 보고(中久保辰夫, 2010, 「四. 古墳時代」『2009年度の歷史學界-回顧と展望-』史學雜誌, 119-5, 史學會, 628~629쪽.)가 있고, 본 발표문에는 449+∝년으로 측정되어 10년 전후의 연대를 더한다면 460년에 해당한다는 견해를 인용하였는데, 어느 것이 올바른지와 함께 왜 TK47형식의 존재는 배제하였는지에 대해 발표자의 견해를 듣고 싶다.

Ⅱ. 교역주체와 루트

1. 5세기 전반에 동래 복천동집단이 남해안의 국제교역을 중심적으로 수행하였다고 하였는데, 그 구체적인 물질자료 제시와 함께 어떤 교류구도였고, 그 성격은 무엇인지 궁금하다.

2. 몽촌토성 85-3호 저장공 출토 스에키와 풍납토성 출토 소가야계 토기의 반출 주체를 고성 소가야인으로, 반출 루트를 남-서해안으로 설정하였다. 그렇지만 뒤에는 내륙의 소가야루트도 상정하였는데, 왜 몽촌토성 85-3호 저장공 출토 스에키와 풍납토성 출토 소가야계 토기는 내륙루트를 통하지 않고 해안루트를 통했는지 설명 바란다. 고성이 교역 중간기착지라고 표현하였는데, 중개교역의 가능성은 없는지?

이와 연계해서 몽촌토성 85-3호 저장공 출토 스에키와 풍납토성 출토 소가야계 토기가 서해안 루트를 통해 갔다면, 호남지역의 스에키 반입주체는 누구인지 설명 바란다.

Ⅲ. 해석의 문제

1. 송학동유형 석실을 설정하였는데, 송학동유형 석실의 특징과 구체적 사례를 제시해 주길 바란다.

2. 고성지역 출토 외래계 유물의 해석과 의미에 있어 차이가 있다. 예를 들면 대가야계 유물, 영산강수계 유물, 왜계 유물과 유구은 소가야 수장층들의 주체적 활동(또는 대등한 관계)의 소산물로 해석하였으나 신라유물에 대해서는 신라의 진출로 표현하여 그 의미를 다르게 해석하였는데, 그 근거는 무엇인지 궁금하다.

3. 중간기착지란 소가야의 주체적 역할을 인정하지 않는 것으로도 받아들여질 수 있어 발표 논지와 부합하지 않는데, 발표자가 말하는 중간기착지란 교류(또는 교역) 관계에서 어떤 의미인지 고견을 듣고 싶다.

4. 중간기착지, 고성과 영산강수계에서 각 계통 유물의 빈약함, 물적 정신적 공감대 형성에 의한 동질성, 北部九州系 석실의 도입과 공유 등은 서로 부합하지 않는 표현이다.

5. 고성 송학동고분군, 율대리고분군, 내산리고분군의 분구묘의 계통을 영산강수계에 구하고, 또 송학동 1호분의 분구를 전방후원형으로 파악하고, 이 전방후원형 분구도 영산강수계로부터 계통을 구하면서 고성 소가야 수장층이 영산강수계 수장층과의 정치적 관

계 속에서 도입하였을 것으로 추정하였는데, 이때의 정치적 관계는 무엇인지? 소가야 수장층은 착장형위세품 시스템도 성립되지 않은 영산강수계의 문화를 수용한 목적이 무엇인지 궁금하다.

6. 송학동 1호분을 전방후원형 고분으로 보려는 노력을 기울이는 모습이 역력하다. 그런데 적어도 1세대 이상의 시차를 가진 A호분과 B호분을 연접하였고, A호분은 매장주체시설이 다곽식이고, 분구를 조성한 후, 시차를 두면서 구축하였는데, 이러한 속성이 열도의 전방후원분에 존재하는지 존재한다면 사례를 제시바란다. 송학동 1호분은 확인된 사실 그대로 인정하고 해석을 하는 것이 바람직할 것이다.

Ⅳ. 소가야의 대외교류 의미

1. 대외교류가 소가야의 정치·경제·문화에 어떤 영향을 주었는지와 왜 소가야 수장층들은 백제·신라·대가야 등의 선진 정치체를 제쳐두고 착장형위세품 시스템조차 갖추지 못할 정도로 정치·경제·사회·문화 수준이 낮은 영산강수계 집단과 동질성을 확보하고자 했는지 궁금하다. 소가야 수장층이 대외교류를 통해 추구하고자 한 이상이 무엇인지 발표자의 고견을 바란다.
2. 4세기대 금관가야 중심의 교류와 5세기 후반 이후 고성 소가야 중심의 교류 형식과 내용, 그리고 그 역사적 의미에 차이가 있는지? 차이가 있다면 무엇인지 궁금하다.

대가야의 해상활동
- 하지의 대중국교류를 중심으로 -

이형기*

| 目 次 |

I. 머리말
II. 4~5세기 大加耶의 발전
III. 대가야의 대중국 교역로
IV. 대중국 교류의 의의
V. 맺음말

I. 머리말

필자는 기본적으로 대가야를 1~3세기의 삼한소국단계를 지나 4세기의 지역연맹체단계, 5세기 이후로 구분할 수 있다고 생각한 바 있다[1]. 고령지역에서는 자료가 부족한 가운데 각각의 단계를 추정할 수 있게 해 주는 고고학 자료들이 확인되고 있는 사실도 이를 뒷받침해주고 있다. 반운리 와질토기유적, 쾌빈동고분군, 지산동고분

---

* 국립해양박물관건립추진기획단
1) 李炯基, 2009, 『大加耶의 形成과 發展 硏究』, 景仁文化社.

군 등이 그러하다.

　이 글에서는 4~5세기대 한반도 사회의 변화에 따른 기왕의 연구성과 위에 대가야의 대외교류 특히 해상교류와 관련하여 언급하고자 한다. 이를 풀어나가기 위하여 단편적이나마 대가야의 대외교류와 교역로문제에 대해 다루었다. 일반적으로 대가야의 교역로로 많은 연구자들이 생각하는 반월상의 교역로와 더불어 대중국 교류의 시발점으로서의 부안 죽막동 제사유적[2]에 관심을 가지고 살펴보았다. 이와 관련하여 대가야가 단독으로 교류를 진행하였는지의 여부에도 관심을 가졌다.

　이 글을 작성하는 동안 막연하게 배를 타고 바다를 건너갔다는 내용에만 관심을 가졌을 뿐 실제 교류에 필요한 해상운송 체계 등에 대해서 살펴본 연구성과가 거의 없었다는[3] 사실을 알게 되었다. 따라서 향후 연구가 진행되어야 하겠다는 생각을 하면서 진행한 이 글은 일천한 필자의 지식에 의해 주로 억측으로 작성되었다. 선학들의 질정을 바란다.

---

2) 國立全州博物館, 1994,『扶安 竹幕洞 祭祀遺蹟』.
3) 국제무역활동을 이루어낸 운송수단인 선박에 관하여는 문헌 및 고고학적 자료의 부족으로 막연히 짐작하는 수준에 머무른다는 지적이 이미 있었는데(최근식, 2001,「9세기 '新羅船'과 그 구조」『韓國史學報』11, 高麗史學會, p. 15; 2005,『신라해양사연구』, 고려대학교출판부, p. 73) 타당한 견해라 생각한다. 원활한 해상교류를 위해서는 항해에 적합한 선박 외에도 선박이 접안하여 물품을 싣거나 내릴 수 있는 접안시설과 도로, 창고 등을 포함하는 항만시설, 항해에 숙련된 선원, 해사행정체계 등을 필요로 할 것이다. 필자가 확인한 바로는 교류나 교역 결과와 거기에 사용된 선박과 항로 등에 대한 연구성과들은 있으나 정작 이들을 하나의 체계화로 교류가 가능하도록 하는 해상운송체계에 대한 연구는 전무한 실정이었다. 따라서 앞으로 선박에 대한 연구는 물론 해상운송체계 전반에 대한 검토가 필요하리라 생각하였다.

Ⅱ. 4~5세기 大加耶의 발전

　낙랑·대방군과의 교역을 통해서 성장해 나가던 김해 구야국은 낙랑·대방군의 축출로 인한 교역의 구심점이 사라지게 되면서 가야지역에서의 영향력을 잃게 되었다. 이 무렵부터 가야 내륙 각지에서는 지역연맹체가 형성되었던 것으로 생각한다. 고령지역에서도 4세기 무렵부터 반로국을 중심으로 지역연맹체단계인 加羅國단계까지 성장하였던 것으로 짐작된다. 4세기 지역연맹체 단계에 이른 대가야에서 변화가 감지되는 것은 4세기 중반을 넘어서면서부터이다. 이 무렵 대가야의 변화에 큰 계기로서 작용하는 것이 백제와의 새로운 관계정립이다. 比自㶱, 南加羅, 卓淳 등 가라7국을 평정하였다는『일본서기』, 신공기 49년의[4] 기록은 가야를 완전히 백제의 영역화하는 것이 아니라 그들의 독자성을 인정하면서 공납을 바치게 하는 등 臣屬하는 것으로 여겨진다. 이는 6세기대 백제 성왕이 백제와 가야가 서로 부자 혹은 형제관계를 맺었다고 회고하는 사실로도 짐작할 수 있다[5].

　백제와의 이러한 관계는 선진문물을 직접 수입할 수 있는 계기가 마련되었다는 점에서 가라국에게는 큰 도움이 되었을 것이다. 농

---

4) 因以 平定比自㶱南加羅 喙國 安羅 多羅 卓淳 加羅七國(『日本書紀』, 神功紀 49年 3月條)
5) 聖明王曰 昔我先祖速古王 貴首王之世 安羅·加羅·卓淳旱岐等 初遣使相通 厚結親好 以爲子弟 冀可恆隆(『日本書紀』, 欽明紀 2年 4月條)
　昔我先祖速古王·貴首王 與故旱岐等 始約和親 式爲兄弟 於是 我以汝爲子弟 汝以我爲父兄(『日本書紀』, 欽明紀 2年 7月條)

업생산력을 바탕으로 완만한 성장을 해 나가던 가라국은 4세기 후반 백제의 가야진출과 내재적 발전으로 말미암아 점점 가야사의 전면에 부각되기 시작하였다. 이러한 가운데 가야사회에 큰 변화를 주는 사건이 일어난다. 400년 고구려 남정이 그것이다. 고구려의 남정은 가야사회에 큰 타격을 입혔고 이로 인하여 구야국은 거의 해체되다시피 하였다. 또한 경남해안지대 뿐만 아니라 가라국에도 큰 영향을 끼쳤으리라 생각된다. 이는 5세기대 들어 고령지역의 정치집단이 가야사의 전면에 부각되는 것으로 짐작할 수 있겠다. 4세기 이전부터 점진적인 성장에 의한 것으로 보기에는 5세기를 기준으로 그 전과 후의 발전양상에 너무 큰 차이가 나므로 어떤 충격이 있었던 것으로 보아야 할 것 같다. 이를 잘 보여주는 것이 지산동고분군이다[6]. 지산동고분군이 축조되는 시기에 이른바 '고령양식의 토기'들이 제작되기 시작한 것으로 보인다. 이 고분군은 주산에서 남쪽으로 뻗어내린 능선과 동쪽으로 뻗은 가지능선 사면에 걸쳐 넓게 퍼져 있으며, 남쪽으로 뻗은 주능선 위, 대가야의 왕도였던 고령읍을 한 눈에 내려볼 수 있는 위치에 웅장하게 조성되어 있는 대형고분 5기를 비롯해서 크고 작은 고분 수백기가 남아있다[7]. 이들 중에서 '折上天井塚'과 고아리 능선 자락 끝의 고아동벽화고분과 그 옆의 고아고분 등 3기만 횡혈식석실분으로 여겨지고 나머지는

---

[6] 대가야사 연구의 현황과 과제를 다룬 학술회의에서 많은 연구자들이 이구동성으로 '지산동고분군의 발굴'을 대가야를 비롯한 가야사 연구의 획기로 지적하였다. 필자도 이 지적은 타당하다고 생각한다. 특히 지산동고분군의 발굴 성과를 활용한 가야사 연구에 대해서는 조영현선생의 정리가 참고된다.(曺永鉉, 2011,「大加耶 墓制의 연구현황과 과제-高靈 池山洞古墳群을 중심으로-」『대가야사 연구의 현황과 과제』(제8회 대가야사 학술회의 발표자료집))

모두 수혈식석실묘 또는 수혈식석곽묘로 고령지역 뿐만 아니라 가야지역 전체에서도 최대 규모이다.

　이 고분군의 발굴을 통해서 대가야 지역 내에 새로운 신앙체계가 도입된 것도 짐작할 수 있다. 주석실 하부석곽 개석을 파괴한 암각화로 만들었다는 사실은 암각화가 신앙대상으로서의 기능을 상실하였음을 추정케 한다. 무덤의 주인공이 신앙체계를 파괴할 수 있었음을 보여주는 이러한 모습은 기왕의 신앙체계가 필요없게 되었거나, 새로운 신앙체계를 나타내어 주는 것이라 생각한다. 기왕의 신앙체계를 무너뜨릴 수 있는 신분은 일반인들과는 다른 신성한 존재로 생각되었을 것이다. 그 전제조건으로는 새로운 신앙체계의 성립이다. 그렇다면 그러한 역할을 한 신앙체계는 무엇일까? 그 무렵의 자료가 없어 확인할 수 없지만 6세기에 조영된 벽화고분과 건국신화의 내용이 이를 어느 정도 찾을 수 있게 해주진 않을까 생각한다. 즉 벽화고분에 새겨진 연화문의 내용과 대가야의 건국신화에 보이는 '正見母主'에서 보이는 불교적 색깔의 용어를 통해 불교의 등장을 추정케 해준다[8]. 즉 불교가 이를 대신하였을 것이라 짐작할 수 있겠다.

　이후 직접적으로 이 지역의 최고지배층의 모습을 보여주는 곳이

---

7) 2010년 대동문화재연구원에서는 대규모 조사를 통해 봉분의 흔적을 찾을 수 있는 고분까지 포함해서 모두 704기의 봉토분을 찾아 일련번호를 부여한 바 있다.(曺永鉉, 2010, 『고령지산동고분군 종합정비계획수립을 위한 정밀지표조사 결과보고서』, (재)대동문화재연구원)
8) '正見'은 불교의 팔정도 즉 正見・正思・正言・正業・正命・正精進・正思惟・正念을 말하며, 母主는 '聖母'에서 유래된 것이라 한다.(丁仲煥, 1962, 『加羅史草』, 釜山大學校 韓日文化研究所; 2000, 『加羅史研究』, 혜안, p. 96)

지산동32호분이다. 5세기 3/4분기에 축조된 것으로 여겨지는 32호분단계부터 王者의식이 싹트고 있음을 확인할 수 있다. 일반인들과는 구별되는 초월적인 존재로서의 '왕'의 존재를 인식시켜 줄 수 있는 권위의 상징으로 금동관이9) 여기서 확인되고 있기 때문이다. 이러한 초월적인 존재의 등장은 건국신화를 만듬으로써 극대화하였을 것으로 여겨진다. 대가야의 건국신화가 천신과 가야산신과의 결합구도 속에서 왕이 등장하고 있음은 최치원이 찬한 『釋利貞傳』에서 확인된다10). 대가야의 건국신화는 천신과 지신의 결합이라는 신화패턴을 가지고 있는데, 그 내용에서 천신보다 산신이 더욱 큰 역할을 하는 것으로 보아 천신족인 유이민집단보다 지신족인 토착세력이 주도한 것으로 여겨진다. 그리고 천신과 산신의 후손임을 강조해 지배계급의 위치를 확고히 하고자 하는 목적이 담겨있었을 것으로 짐작된다. 이러한 내용은 새로운 지배층의 등장을 널리 알리고, 그 권위를 내세우기 위함이 그 목적이었을 것이다. 아울러 왕자의식의 등장과도 무관하지 않을 것으로 여겨진다. 결국 지산동 30호분에서 확인되듯이 새로운 신앙체계를 세우고, 금동관을 착장한 자를 순장시킬 수 있었던 계급의 등장과 32호분에서의 금동관과 무구류는 이 무렵 새로운 지배자로서의 '王'의 등장을 짐작케

---

9) 32호분과 33호분 피장자는 광개토왕 남정으로 인한 고구려와 충돌을 경험했던 부부의 관계이며, 32호분 金銅冠은 대가야의 독자적인 王者意識 형성을 추정할 수 있게 한다고 한다. (李永植, 1997, 「대가야의 영역과 국제관계」『伽倻文化』10, 伽倻文化硏究院, p. 108)

10) 按崔致遠 釋利貞傳云 伽倻山神正見母主 乃爲天神夷毗訶之所感 生大伽倻王惱窒朱日 金官國王惱窒青裔二人 則惱窒朱日爲伊珍阿豉王之別稱 青裔爲首露王之別稱(『新增東國輿地勝覽』高靈郡 建置沿革條)

하는 것이다[11]. 대가야에서의 '王' 호는 뒤의 사료 A의『남제서』에 보이는 하지왕 관련기사와 충남대학교 박물관에서 소장하고 있는 '大王'銘 유개장경호 등을 통해서 확인할 수 있겠다. 대가야왕 하지가 남제에 사신을 파견한 시기가 479년이므로 대가야의 수장에 한기호 대신에 왕호를 처음 사용한 시기는 그 이전이 될 것이며 아마도 지산동30호분 축조단계에서 32호분 축조단계 어느 시점엔가 이러한 변화가 생겼으리라 생각한다.

5세기초 고구려군의 남정으로 인하여 필연적으로 수반된 가야사회의 큰 변화의 흐름은 이전 지역연맹체와는 다른 새로운 단계로의 발전을 보여주는 것이라 짐작된다. 그것이 곧 부체제 단계에 해당하는 대가야로의 발전을 의미하며, 최고 지배자는 '王'을 칭하였을 것으로 생각한다. 왕의 존재는 이후 거대한 고총고분인 지산동 44호분과 45호분 등과 같은 대규모 순장묘를 조성할 수 있었던 것으로 여겨진다. 이들 고분은 5세기 4/4분기~6세기 1/4분기에 축조되었다고 추정되는데, 이때가 대가야 최전성기였을 것이다.

5세기 초부터 주변지역으로 진출하기 시작하여 부체제로까지 발전한 대가야는 가야지역 중심 세력으로서 대외적으로 정통성을 확보 또는 인정을 받고 스스로의 위상을 드높일 필요가 있었다. 그 목적을 가장 잘 실현시킬 수 있는 것이 중국으로부터의 책봉이었다. 이를 단적으로 보여주는 것이 중국 남제에의 사신파견으로 인한 책봉관계 기사로 확인할 수 있다. 다음의 내용을 보기로 한다.

---

11) 支配體制의 변화에 따라 支配者의 칭호가 달라지는 것은 흔히 볼 수 있으며, 따라서 이는 곧 사회의 발전을 그대로 반영하는 것으로 이해할 수 있겠다.(朱甫暾, 1996, 「麻立干時代 新羅의 地方統治」『嶺南考古學』19, 嶺南考古學會, pp. 24~25)

A 加羅國은 三韓의 한 종족이다. 건원 원년(479) 국왕인 하지가 사신을 보내어 공물을 바쳤다. 조서를 내려 "도량넓은 자가 비로소 등극하니 먼 오랑캐가 교화한다. 가라왕 荷知가 바다 밖에서 방문하여 동쪽 멀리서 폐백을 바치니 '輔國將軍本國王'을 제수할 것을 허락한다."라 하였다.(『南齊書』, 東南夷傳 加羅國條)[12]

479년 가라국왕 하지는 중국 남제에 사신을 보내어 '輔國將軍' 本國王을 제수받았다. 이 기록은 가야사회 전체를 통틀어 중국과 직접 교류한 사실을 전하는 유일한 자료로서 매우 중요한 의미를 지닌다. 여기에서의 가라를 김해[13] 또는 함안[14], 고령[15]으로 보는 견해들이 제시되어 왔으나 당시의 고고학 자료 등을 참고할 때 고령으로 보는 견해가 지배적이며 현재는 별다른 이견이 없는 실정이

---

[12] "加羅國 三韓種也 建元元年 國王荷知使來獻 詔日 量廣登始 遠夷洽化 加羅王荷知 款關海外 奉贄東遐 可授輔國將軍本國王"
[13] 今西龍, 1940, 「加羅疆域考」『朝鮮古史의 研究』, 國書刊行會.
　　村上西男, 1961, 「金官國世系と卒支公」『朝鮮古代史研究』, 開明書館.
　　연민수, 1998, 『고대한일교류사』, 혜안.
[14] 鬼頭淸明, 1974, 「加羅諸國의 史的發掘について」『古代朝鮮と日本』, 龍溪書舍.
[15] 千寬宇, 1976, 「三韓의 國家形成(下)」『韓國學報』3, 一志社.
　　山尾幸久, 1978, 「任那に關する一試論」『古代東アジア史論集』下卷.
　　大山誠一, 1980, 「所謂 "任那日本府"의 成立について(中)」『古代文化』32-11.
　　金鍾徹, 1982, 「大加耶墓制의 編年研究」『韓國學論集』9, 啓明大學校 韓國學研究所.
　　朱甫暾, 1982, 「加耶滅亡問題에 대한 一考察」『慶北史學』4, 慶北史學會.
　　權珠賢, 1990, 「阿羅加耶에 對한 一考察」, 啓明大學校 碩士學位論文.
　　金泰植, 1993, 『加耶聯盟史』, 一潮閣.
　　盧重國, 1995, 「大伽耶의 政治・社會構造」『加耶史研究』, 慶尙北道.
　　李文基, 1995, 「大伽耶의 對外關係」『加耶史研究』, 慶尙北道.
　　梁起錫, 2006, 「大加耶의 南齊 通交」『人文學志』33, 충북대학교 人文研究所.
　　李炯基, 2009, 앞의 책.

다. 그렇다면 이는 당시 대가야가 중국과 직접 교류할 정도까지 발전하였다는 것을 단적으로 보여주는 아주 중요한 자료라 하겠다. 이는 대가야가 당시 한반도 내의 유력한 정치세력이었으며, 또 본국왕 곧 가야왕으로서 가야지역 내의 대표세력임을 확인시켜 주기 때문이다[16]. 이러한 바탕에서 대가야에 '대왕'이라는 왕호를 사용하였으리라 여겨진다.

보국장군은 남제의 官階로는 제3품에 해당되어 驃騎大將軍・征東大將軍・鎭東大將軍 등 제2품을 받은 고구려・백제・왜의 국왕보다는 1등급이 낮다. 남제에서는 대가야를 백제나 왜왕권 보다는 낮게 평가하였던 것을 알 수 있다. 그렇지만, 최초의 사신파견으로 이러한 작호를 받게된 것은 남제가 대가야의 국제적 지위를 상당한 수준으로 인정했던 것으로 풀이할 수 있을 것이다[17]. 특히 '本國王'이

---

16) 중국으로의 조공・책봉 관계는 자국 내에서 권위를 높이는 장치로 활용되거나, 혹은 책봉관계가 국제무대에서 각 국가의 위상을 드러내기도 한다고 한다. 또한 중국의 제왕조에서는 책봉・조공을 통하여 특정 국가와의 교섭관계 뿐만 아니라, 국제관계 전반에서 중국을 중심으로 일정한 질서를 부여하는 의미도 포함한다고 한다. (임기환, 2003, 「南北朝期 韓中 冊封・朝貢 관계의 성격-고구려・백제의 冊封・朝貢에 대한 인식을 중심으로-」『韓國古代史硏究』32, 서경문화사, p. 14.) 또한 교통수단이 미발달한 상황에서 장거리 여행을 하는 것은 상당한 위험부담이 따르지만 이를 무릅쓰고 중국과 조공・책봉한다는 것은 조공과 하사의 형식을 통해 물자교역이 가능하였고 이에 따른 경제적인 이익이 보장되었기 때문일 것이라고도 한다. (李賢惠, 1994, 「三韓의 對外交易體系」『李基白先生古稀紀念韓國史學論叢』(上); 1998, 『한국 고대의 생산과 교역』, 一潮閣, p. 266에서 재인용)

17) 백제나 왜는 실제로 조공을 하고 책봉을 받은 것이 아니라 宋代의 조공으로 인하여 남제가 왕조 개창기념으로 서류상의 승진을 시켜준 것에 지나지 않으므로 중국과 직접적으로 교류한 적이 없던 대가야가 처음으로 조공하여 군호의 등급은 낮다고 해도 의미가 큰 것으로 보아야 한다는 견해는 충분히 공감된다. (김태식, 2006 「중국 남제와의 외교교섭」『대가야 들여다보기』, 고령군 대가야박물관・계명대학교 한국학연구원, pp. 122~123)

라는 작호는 가라국에 대한 통치권을 가지는 왕이라는 인정을 국제
적으로 인정을 받게된 것으로 의미를 부여할 수 있겠다[18]. 이때의
사신파견이 백제로부터의 묵시적 동의 혹은 암묵적 지원을 받았다
하더라도 대가야 지배층들은 확고한 지배력의 확보와 아울러 대외
적인 자신감을 가지게 되었을 것이라는 것에는 이견을 달 수 없으
리라 생각된다.

이때 대가야의 교역품은 어떤 것이었을까? 정확하게 알 수는 없다.
다만 일본 등지에 대가야의 토기들이 확인되는 사실은 이것도 하나의
교역품이었을 가능성이 있겠지만, 경제적인 재화가 가장 중요했을 것
임은 두말할 나위가 없을 것이다. 그렇다면 가장 주된 교역품은 삼한
소국 당시부터 활발하게 이용되었던 '鐵'이었을 것으로 생각된다.

대가야에서도 많은 철이 생산되었음이 관련자료로서 확인된다.
『삼국사기』, 지리지 고령군조에 보이는 赤火縣[19]은 오늘날의 합천
군 야로면, 가야면, 묘산면 일대로 비정된다[20]. 冶爐는 '대장장이'
와 '화로'를 뜻하는 그 이름에서도 알 수 있듯이 철과 관련된 지역
이다. 『세종실록』, 지리지를 통해 이 곳에서 많은 철이 생산되어 일

---

18) 金泰植, 1993, 앞의 책, p. 108. 한편 무령왕의 책봉호인 '寧東大將軍'이라는 誌石
에 남은 사실을 두고 백제의 현실적 기능은 파악하기 곤란하나 백제 내의 정치적
기능과 연관지었을 개연성이 높다고 보는 견해가 있는데(임기환, 2003, 앞의 글, pp.
37~38) 대가야에서도 크게 다르지 않을 것이라 여겨진다.
19) 高靈郡……領縣二. 冶爐縣 本赤火縣 景德王改名 今因之……(『三國史記』34, 地理志
1 高靈郡條)
20) 이 일대를 대가야의 적화현으로 비정하는 것이 통설적 견해이다. 아울러 『大東
輿地圖』에 안림천을 소가천으로 표기한 것도 그때까지는 적어도 안림천이 고령
권의 주하천인 대가천과 비견할 만한 양대 하천이었기 때문으로 해석하기도 한
다.(조영현외, 2000, 「합천군 문화유적의 조사연구」 『陝川地域의 歷史와 文化』, 陝
川文化院・啓明大學校 韓國學研究院, p. 260)

년에 歲貢으로 정철 9,500근을 바쳤다는 사실을 알 수 있다[21]. 세공이 그 정도면 실제 생산되는 양은 훨씬 많았을 터이다. 아울러 야철지가 확인되기도 하였는데 합천군 야로면 야로 2리 및 가야면 성기리 야동마을 뒷편이 그것이다[22]. 그리고 고령군 쌍림면 용리일대에서도 야철지가 확인되었다. 이러한 산지에서 생산된 철은 대가야의 경제적 기반이었을 것이고 중국과의 주 교역품이 되었을 것임은 쉽게 짐작할 수 있겠다[23].

Ⅲ. 대가야의 대중국 교역로

대가야가 중국 남제와 교류하기 위하여는 반드시 바다를 통하여야만 했다. 경북 내륙에 위치한 대가야가 바다로 나아가기 위하여 사용할 수 있었던 대외교역로는 대개 다음과 같이 이야기 되고 있다. 첫째 반월상의 고령 → 거창 → 함양 →남원 운봉 → 구례 → 섬진강 → 하동을 거치는 교역로이다[24]. (그림 1[25] 참조)

물론 산성 등의 고고학적 자료들을 통해서 확인된 교역로이기는 하겠지만, 운봉에서 구례로 가는 길은 험준한 지리산 자락을 넘어

---

21) 沙鐵(産冶爐縣 南心妙里有鐵場 歲貢正鐵九千五百斤)(『世宗實錄』地理志 陜川郡條)
22) 李明植, 1995,「大伽耶의 歷史・地理的 環境과 境域」『加耶史研究』, 慶尙北道, p. 77.
23) 중국과의 교역에서 사용된 철을 남원 두락리, 월산리고분군을 축조했던 세력에 의해서 운봉고원에서 생산된 다량의 철을 수출한 것으로 보는 견해도 있다.(곽장근, 2011,「삼국시대 교통로의 조직망과 재편과정-전북지역을 중심으로-」(제24회 한국고대사학회 합동토론회 발표자료))

가야 하기 때문에 어려움이 있을 것으로 생각된다. 특히 대가야가 대외교역을 할 때 주된 교역품이었을 가능성이 가장 높은 대상이 철이었다고 한다면 계속해서 이야기할 가능 코스 중 가장 험난한 길이 될 것은 쉽게 추정할 수 있다. 철은 그 무게가 상당하기 때문에 육상교통의 중요 수단인 도로시설, 마차 등이 발달하지 않은 상태에서는 다량의 이동이란 불가하기 때문이다[26]. 따라서 내륙에서 하동까지 연결되는 반월상의 교역로 상에 위치하고 있는 백두대간의 시점이자 종점인 지리산은 어마어마한 장애요인이 되었을 것이다. 이에 필자는 이 노선 중 운봉에서 구례로 이어지는 부분에 대해서는 비교적 회의적인 생각을 가지고 있다. 이와 관련하여 대사지역을 남원시 대강면에서 곡성읍 일대로 비정하는 견해를[27] 따른다면 차라리 아영면에서 남원을 지나 곡성을 거쳐 구례로 해서 섬진강수계를 이용하는 것이 타당하지 않을까 생각한다. 그렇지만 필자는 이 길이 과연 대가야 당시에 기능하였는지에 대해서는 의문을 가지고 있다. 만약 기능이 발휘되었다 하더라도 백제가 내부혼란으로 말미암아, 이 지역에 대한 영향력이 줄어들어 극히 짧은 기간에 대가야가 진출 가능하였을 무렵[28] 한시적으로 사용될 수는 있

---

24) 朴天秀, 1996,「大伽耶의 古代國家形成」,『碩晤尹容鎭敎授停年退任紀念論叢』, 碩晤尹容鎭敎授停年退任紀念論叢刊行委員會.
    지산동44호분, 45호분 순장곽에서 조개와 생선뼈 등이 출토되는 사실은 간접적으로 지역적인 복속관계를 보여준다고 볼 수 있으며, 고령 이외의 지역에서 왕의 장례를 위해 공납되어진 물품으로 이들은 섬진강 수계를 통해 유입되었으며 중국 남제로의 사신파견도 이들 교통로를 이용하였을 것으로 보기도 한다. (李永植, 1997, 앞의 글, pp. 111~116)
25) 朴天秀, 1996,「伽耶의 古代國家形成過程」, 大阪大學 博士學位論文 圖 19를 전재함.
26) 윤재운, 2006,『한국 고대무역사 연구』, 景仁文化社, p. 51.
27) 郭長根, 1999,『湖南 東部地域 石槨墓 硏究』, 書景文化社, pp. 286~288.

었을 것이지만 항상의 교통로는 아니었을 것으로 생각된다. 실제 이 길은 거리상으로 너무 먼 거리를 우회해야 하기 때문에 교통로의 기본조건인 경제성과 신속성을 충족시켜 주지 못하다는 점을 지적한 견해가[29] 있다. 또한 이 길에서 중요한 역할을 하는 하동 姑蘇城에 대한 시굴조사 결

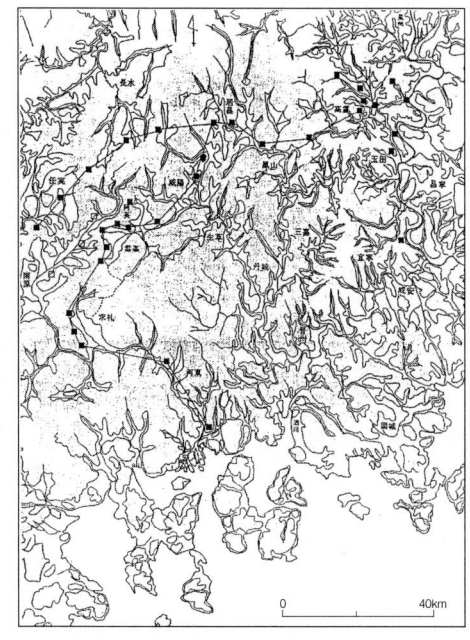

그림 1. 大加耶의 山城네트워크를 이용한 交易路

과를 통해서 성을 쌓은 주체가 누구인지, 그리고 대가야와 관련지어 생각할만한 흔적이 확인되지 않았다[30]. 이러한 점을 고려해 볼 때 이러한 교역로의 설정은 다시 한 번 검토가 있어야 할 것으로 여겨진다.

　두 번째는 고령 → 합천 묘산 → 합천 삼가 → 의령 대의 → 산청 단성 → 하동 옥종 → 하동의 교역로가 될 것이다. 이 길은 일찍이 대가야의 영향 아래 편입된 묘산을 지나 합천 대병면을 거쳐 斯二

---

28) 이는 섬진강수계권에 5세기 말엽 이전으로 소급되는 전형적 고령양식 토기가 출토되지 않는다는 사실에서도 확인된다.(郭長根, 1999, 앞의 책, p. 228)
29) 곽장근, 2011, 앞의 글 참조.
30) 沈奉謹, 2000, 「河東 姑蘇城에 대해서」『섬진강 주변의 백제산성』(第23回 韓國上古史學會 學術發表大會 發表要旨)

岐國이 위치하였던 삼가지역을[31) 거치는 코스이다. 삼가고분군이 위치한 삼가면 소재지를 지나면 의령군 대의면 소재지를 거쳐 경호강 지류를 따라 산청군 단성면에 다다르게 된다. 이 곳에서 하동 옥종지역을 거쳐 하동 섬진강포구로 나아가는 이 코스는 중간에 큰 고개 등이 없고 고대사회에서 교통로로서 중요한 역할을

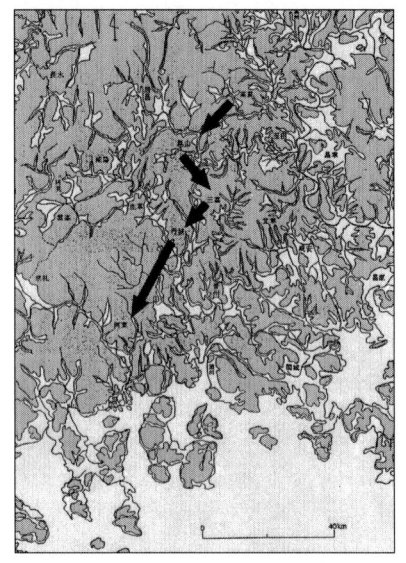

그림 2. 三嘉로 이어지는 대가야의 대외교역로

했던 水系를 이용할 수 있다는 점에서 오히려 대가야의 주교역로로 사용되었을 가능성이 가장 높았으리라 생각한다[32). 이 교역로도 결국 多沙津으로 이어지는 것으로 보아 대일본과의 교역로로 사용되었을 가능성이 높다고 하겠다(그림 2 참조)[33).

---

31) 李炯基, 2000, 「大加耶의 聯盟構造에 대한 試論」 『韓國古代史研究』 18, 서경문화사, p. 32; 2002, 「于勒十二曲의 上加羅都와 下加羅都-大加耶의 地方支配에 관한 試論的 考察-」 『盟主로서의 금관가야와 대가야』(第8回 加耶史學術會議 發表要旨), 金海文化院, p. 89.
32) 이 교역로는 삼가까지의 고고학성과들이 집적되어 있지만 그 아래 지역은 아직 그렇지 못하다. 의령 대의를 지나 옥종까지의 고고학성과들이 모여진다면 이 길의 사용여부는 보다 분명해지리라 생각한다. 그렇지만 이들 지역에서 비록 대가야계통의 유물·유적이 확인되지 않는다 하더라도 5세기 후반과 6세기대 함안과 고성, 창원 등 다른 가야지역에서 대가야계통 유물들이 발견되는 것으로 보아, 묵시적 동의 혹은 서로간의 합의하에 왕래가 이루어졌을 가능성도 있을 수 있다.

세 번째는 고령 → 거창 → 함양 → 육십령 → 장수 → 진안 → 임실 → 葛潭川 → 임실 운정리 → 정읍 → 부안 → 竹幕洞이다. 장수지역이 위치한 금강 상류지역은 가야문화 특히 대가야를 기반으로 소국체제를 유지하며 발전했던 것으로 여겨져[34] 여기까지는 문제가 없다. 실제로 앞의 〈그림 1〉에서도 확인하였듯이 산성네트워크가 이미 구축되어 있음이 확인되어 있는 사실도 이를 추정할 수 있게 한다. 이후 임실, 정읍을 거쳐 부안을 통할 때는 아마도 내부혼란으로 인한 백제의 통제력이 부족했거나, 암묵적 동의를 힘입어 죽막동을 이용할 수 있었으리라 생각된다. 한편 김정호의 『東輿圖』를 보면 죽막동에서 위쪽으로 20km 떨어진 동진강 하구에 '加耶浦'가 위치하고 있는 것이 확인된다. 이곳에서 밀집파상문이 시문된 회청색 경질토기편이 수습된 적도 있어 대가야와 관련이 있는 것으로 여겨져 이 곳이 대가야의 대중국 교역로 상에 위치한 항구, 즉 출발지였을 가능성이 있다[35].

부안 죽막동 제사유적은 1991년 국립전주박물관이 전라북도내 서해안지역의 유적분포상황 파악을 위한 지표조사 중에 발견되었다. 그리하여 1992년 5월~6월 중에 발굴조사를 실시하여 이 유적이 삼국시대부터 최근까지 해양교섭능력을 가진 토착세력에 의해 제사가 이루어진 제사유적임이 확인되었다[36]. 조사결과 마한의 제사단

---

33) 일본과의 교역로로 또 하나 생각할 수 있는 것은 고성을 통한 방법이다. 여기서는 비록 다루지 못하였지만 소위 '소가야루트'도 대가야가 사용할 수 있는 하나의 교역로가 될 수 있었을 것이다.(본서 하승철 논고 참조)
34) 郭長根, 1999, 앞의 책, pp. 249~253.
35) 곽장근, 2011, 앞의 글.
36) 國立全州博物館, 1994, 앞의 책.

계로 보여지는 3세기 후반의 Ⅰ단계, 마한, 백제가 제사를 지냈던 Ⅱ단계(4세기), 백제, 가야, 왜의 제사가 이루어진 Ⅲ단계(5세기 전반~6세기 전반), 6세기 중·후반~7세기 전반 백제의 제사단계인 Ⅳ단계 등으로 크게 나눌 수 있다고 한다. 여기에서는 합천 옥전 M3호분과 지산동 44호분에서 출토된 것과 유사한 劍菱形杏葉이 출토되어 대가야와의 일정한 교류를 알 수 있다. 대가야 최고지배층의 고분에서 출토되는 유물들이 죽막동에서 원거리항해상의 안전이나 해상교통로의 안전을 기원하기 위해 제사하던 유물과 같다는 사실은 대가야의 지배층이 죽막동에서 祭祀權을 직접 행사하였다는 사실을 나타내어 준다고 하였다[37].

이에 479년 중국 남제와의 교류에는 위의 세 가지 교역로 중에서 장수, 진안을 거쳐 부안 죽막동에서 출발하는 교역로가 이용되었으리라 추측한다. 그러나 어느 항로를 사용하였을 지는 정확하게 추정할 수 없다. 다만 뒤에서 이야기하듯 해양국가로서의 위상을 가진 백제가 연안 또는 근해항로를 사용했을 것으로 추정되는 것으로 보아 대가야도 그러한 항로를 택하였을 것이다[38].

그렇다면 이러한 중국과의 대외교류가 대가야 단독으로 진행될 수 있었을까의 문제를 검토하기로 한다. 먼저 중국과의 교류를 위해서는 해당국에 대한 동태를 파악하고, 외교창구 개설, 외교인력 및 외교시스템 구축, 실제 교류하기 위한 항해술 등이 필요하다[39].

---

37) 俞炳夏, 1998, 「扶安 竹幕洞遺蹟에서 進行된 三國時代의 海神祭祀」 『扶安 竹幕洞 祭祀遺蹟 硏究』(開館五周年紀念 學術심포지움 論文集), 國立全州博物館, pp. 211~216.
38) 낙동강을 따라 항해하여 김해지역에서, 아니면 섬진강구 하동지역까지 육로로 와서 항해를 시작하여 한반도 중부해안까지 와서 황해 횡단을 하였을 것이라 생각하는 견해가 있다. (金泰植, 1993, 앞의 책, p. 107)

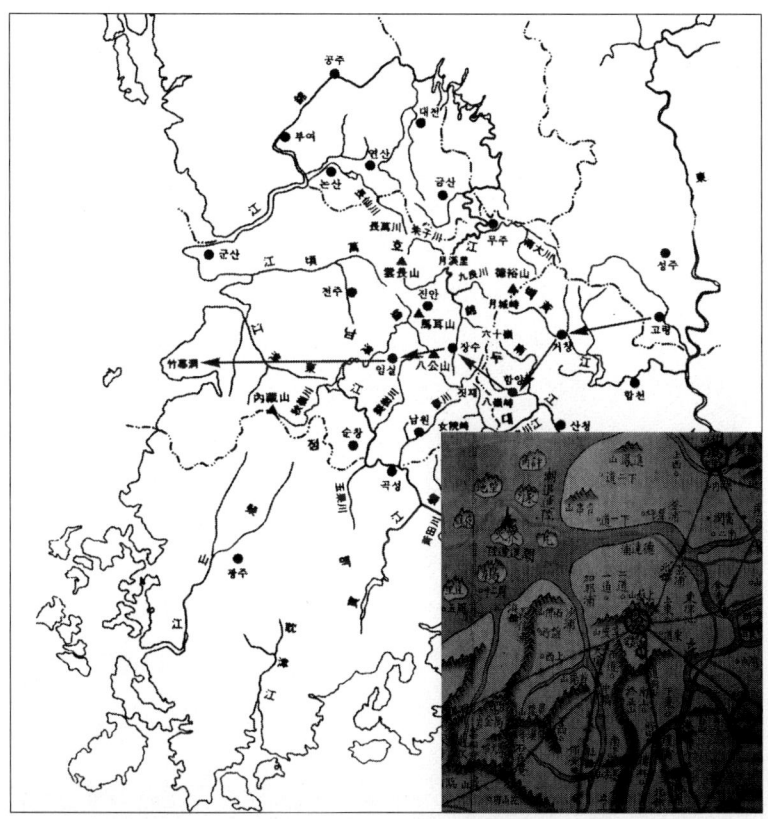

그림 3. 죽막동을 이용한 대외교역로 및 『東輿圖』의 加耶浦

이와 더불어 바다를 관장하는 시스템과[40] 실제 바다를 운항할 수 있는 선박을 건조하는 조선술, 선박이 여객이나 화물 등을 싣고 내리는 부두시설[41] 등이 필요할 것이다. 가야고분에서 선박모양의 토기가 출토되는 사실은 가야에서도 조선술을 어느 정도 갖추고 있었

---

39) 梁起錫, 2006, 앞의 글, p. 13.
40) 신라의 경우에는 舟楫을 관할하는 船府가 문무왕 18년(668년)에 설치되었다.(『三國史記』38, 雜志7 職官上 船府條)

음을 시사한다42). 백제의 경우에는 비록 후대인 650년이긴 하지만 『일본서기』에 '백제선' 이라는 백제 고유의 선박이 등장하고43) 왜가 송으로 가는 길에 백제에서 선박을 수리하는 등의 기록44)으로 보아 역시 나름대로의 선박건조술을 가지고 있었던 것을 알 수 있다. 이 때의 백제선은 단순하게 백제사람들이 타고 다니는 배가 아니라, 백제사람들이 만드는 특유형식의 배를 의미한다고 한다45). 그렇지만 내륙에 위치한 대가야는 바다의 생리나 선박 등에 대한 지식과 시스템을 갖추고 있었을 것이라 추정하기란 상당히 어렵다46). 고구려의 남정 결과, 몰락하게 된 전기가야연맹의 잔여세력이 자신의 영향권 아래에 있던 경상도 내륙지방으로 파급되어47) 구야국 등에서 이미 보유하고 있던 해상운송 등에 대한 지식이 전파되었다고 하더라도 대가야가 대외활동을 하는데까지는 상당한 기간이 소요

---

41) 최근 선착장과 관련 제반시설인 주거공간, 창고공간, 생산공간, 교역로 등 유기적인 결합체로서의 유적성격을 보여주는 부두시설에 대한 발굴성과가 최근 발표되었다.(三江文化財研究院, 2009, 『金海 官洞里 三國時代 津址』; 蘇培慶선생의 본서 논고) 한국 해양사에 있어 획기적인 조사로 이야기할 수 있는 이러한 발굴성과를 토대로 향후 보다 많은 연구결과를 기대한다.
42) 선박모양 토기를 실제 선박으로 복원하였을 경우의 항해술에 대해서는 鄭鎭述, 1995,「三國時代 舟形土器船의 航海術」『日本學』14, 東國大學校 日本學研究所 참조.
43) 遣倭漢直縣 白髮部連鐙 難波吉士胡床 於安藝國 使造百濟舶二隻(『日本書紀』25, 孝德紀 白雉元年 冬10月條.)
44) 『宋書』 倭國傳 順帝 昇明 2年條.
45) 최근식, 2001, 앞의 글, p. 19.
46) 대가야의 관직체계를 알 수 없는 이 시점에서 논한다는 것 자체가 한계가 있지만 바다와 접하지 않고 있는 국가에서 해상운송 관련 조직의 구성을 추정하기란 어렵다.
47) 金泰植, 1993, 앞의 책, pp. 92~95.

되었고, 바다와 접하지 않는 지리적 조건으로 말미암아 체계적으로 해상교류를 준비하였다고는 생각하기 어렵다. 특히 중국과의 교류를 위해서는 황해를 건너야 하는데 이는 간단한 문제가 아니다[48]. 원거리항해를 견딜 수 있을 정도로 튼튼한 선박을 만들 수 있는 조선술은 물론, 항해술과 함께 노련한 선원들까지 갖추어져야 가능하다. 대가야는 바다와 접한 곳을 직접적으로 지배하지 못하여 바다에 대한 직접적인 지식을 가지지 못하였다는 점을 생각한다면 이런 여러 조건들을 대가야가 갖추고 있었다고는 생각하기 어렵다. 따라서 백제가 475년 장수왕의 공격으로 한성이 함락되고 개로왕 자신도 피살되는 등 백제 내부의 혼란으로 인한 대가야를 견제할 여력을 갖지 못하던 형편에 대가야가 독자적인 대외관계를 모색하는 중 남제에의 조공이 나타났다고 보는 견해는[49] 무리가 따른다고 생각된다.

---

[48] 황해를 횡단하는 항로가 '일상적 항로'로 사용된 것은 삼국통일 이후의 일로 여겨지며 그 이전까지는 '연안항로'가 동아시아 문물교류의 가장 중요한 교통로로 활용되었다고 한다. (강봉룡, 2010, 「고대 동아시아 연안항로와 영산강·낙동강유역의 동향」 『島嶼文化』 36, 목포대학교 도서문화연구원, p. 9.) 그러나 이것은 너무 늦다고 보여지며 475년 북위에 의해 산동반도 북안의 동래로부터 황해도 연안, 대청도 혹은 백령도를 경유하여 서해를 횡단하는 항로가 처음으로 이용되었을 것으로 설명하기도 한다. (정진술, 2009, 『한국해양사-고대편-』, 景仁文化社, pp. 73~77) 그런데 이 항로 또한 475년 이전 백제에 의해 개척되었을 개연성은 있으나 확인되지 않고 있다는 부연설명을 하고 있다.

[49] 李文基, 1995, 앞의 글, p. 222. 대가야가 백제의 간섭과 감시를 벗어나 자립하기 위하여 오랫동안 애써왔기 때문에 백제의 정치적 혼동을 틈타 기반을 마련하게 되었다고도 보기도 한다. (朱甫暾, 2008, 「새로운 大加耶史의 定立을 위하여」 『嶺南學』 13, 경북대학교 영남문화연구원, pp. 52~53) 그런데 원양항해라고 하는 것이 단기간에 준비할 수 있는 것은 아니기 때문에 이 견해에 대해 필자는 선뜻 동의할 수 없다.

그런데 백제의 경우는 일찍부터 해양국가로서의 면모를 보여주고 있었다. 일찍부터 낙랑과 대방이 수행하던 동아시아 국제교역의 중개를 주도한 동아시아 교역체계를 근초고왕대에 백제 중심으로 구축하였다[50]. 비록 고구려의 반격 등으로 힘을 잃긴 하였으나 해양국가의 면모는 가지고 있었기 때문에 일찍부터 친연관계를 유지해 온 대가야에게는 대중국교역에 있어 백제의 지원은 큰 힘이 되었을 것이다.

그렇다면 어떻게 대가야가 백제의 지원을 얻게 되었을까? 5세기대는 지속적인 고구려의 남하정책으로 인하여 신라와 백제 사이에 이른바 '羅濟同盟'이 형성되어 있었다. 이 무렵의 대가야 사회의 동향은 정확하게 알 수 없다. 다만 주목되는 것은 백제 - 가야 - 왜 연합세력의 일원이었던 왜가 이 시기에 집요하게 신라를 침공하고 있는 점이다[51]. 이는 이들 연합세력의 대외관계가 반드시 동일한 궤도에서 움직이지 않았다는 것을 의미하지만, 대가야는 왜와 같이 신라에 대해서 적대관계를 지속했을 가능성이 없지 않다. 그리고 475년에 백제는 장수왕의 공격으로 한성이 함락되고 개로왕이 전사하는 큰 고비를 맞이하게 된다[52]. 이에 문주왕은 신라에 구원을 요청하여, 신라병 일만과 함께 한성으로 돌아갔으나 이미 성은 함락되고 왕은 전사한 뒤였다. 그래서 문주왕이 즉위를 하고 웅진으

---

50) 姜鳳龍, 2002,「고대 동아시아 海上交易에서의 百濟의 역할」『韓國上古史學報』38, pp. 82~85.
51) 『三國史記』, 新羅本紀 訥祇麻立干 24・28年, 慈悲麻立干 2・5・6年條.
52) 麗王巨璉帥兵三萬 來圍王都漢城 王閉城門不能出戰 麗人分兵爲四道 夾攻 又乘風 縱火 焚燒城門 人心危懼 或有欲出降者 王窘不知所圖 領數十騎 出門西走 麗人追而 害之(『三國史記』25, 百濟本紀3 蓋鹵王21年 9月條)

로 천도하였다[53]. 백제로서도 정정의 불안을 해소하기 위해 적극 중
국 남조와의 교류를 모색하였으나[54] 목적을 이루지 못하였다. 그런
데 왜의 경우 477년, 478년, 479에도 송과 조공한 것으로 보아[55] 고
구려가 모든 국가를 통제한 것은 아니었던 것 같다[56]. 그래서 대가
야는 중국과 교류가 가능했던 것이고[57] 백제는 이를 적극 후원하였
으리라 짐작된다. 결국 대가야는 백제의 묵시적 동의 혹은 암묵적
지원으로 중국과 직접 통교할 수 있었을 것이다.

---

53) 蓋鹵王在位二十一年 高句麗來侵 圍漢城 蓋鹵嬰城自固 使文周求救於新羅 得兵一
萬廻 麗兵雖退 城破王死 遂卽位……冬十月 移都於熊津(『三國史記』26, 百濟本紀4 文
周王卽位條)
54) 三月 遣使朝宋 高句麗塞路 不達而環(『三國史記』26, 百濟本紀4 文周王2年 3月條)
秋七月 遣內法佐平沙若思如南齊朝貢 若思至西海中 遇高句麗兵 不進(『三國史記』
26, 百濟本紀4 東城王6年 7月條)
55) 『宋書』倭國傳, 『南齊書』倭國傳.
56) 근해항해의 경우 육지와 떨어져 일정한 거리로 항해하는 것인데 해안의 국부적인
환경에 영향을 받지 않으면서도 먼거리에 있는 육지나 높은 산을 보면서 항해하
기 때문에 익숙한 지형일 경우 어디서나 자기위치를 확인할 수 있다고 한다. 반면
육지의 관측자는 먼거리 바다에 있는 선박을 관측할 수 없어 선박에 의한 해양정
찰활동만 피한다면 육지의 적으로부터 비교적 안전한 항태를 유지하며 항해할 수
있다고 한다.(尹明喆, 1998, 「西海岸一帶의 海洋歷史的 環境에 對한 檢討」 『扶安 竹
幕洞 祭祀遺蹟 硏究』, 國立全州博物館, p. 109) 따라서 그것이 통제의 결과였는지,
近海航海의 결과였는지는 분명하지 않다. 다만, 길을 막고 있었다는 표현은 선박
에 의한 통제가 아니었을까 생각한다.
57) 479년의 대중국 사신파견은 대가야가 중국 남제를 목적으로 교섭을 전개한 것이
아니라는 의견이 있다. 대가야에서 중국 남조로 가는데 통상 1개월 이상의 시간이
걸린다는 점에서 보아 남제의 건국은 479년 4월이고, 대가야의 사신파견은 동년 5
월이기 때문이라 한다. 그리면시 실제로는 478년 말이나 479년 초에 宋을 목표로
하였을 것이라 설명하는데(梁起錫, 2006, 앞의 글, pp. 11~12) 충분히 경청할 만한
견해라 생각된다.

Ⅳ. 대중국 교류의 의의

하지왕의 대중국 교류의 성공은 대가야 내부에 적지 않은 영향을 끼친 것으로 여겨진다. 그때 문물을 수입하였다는 직접적인 고고학 자료는 보이지 않지만 이러한 정황을 뒷받침해줄 수 있는 자료는 확인된 바 있다. 가야지역 유일의 벽화고분으로 고령 고아동벽화고분이 있다. 여기에 그려진 연화문의 안료를 분석한 결과 현실 연화문을 그리는데 적색의 辰砂(황화수은-HgS-)를 주성분으로 하는 천연광물), 백색의 鉛白(염기성탄산납-$PbCO_3 \cdot Pb(OH)_2$-)을 주성분으로 하는 백색안료), 녹색의 동화합물(탄산동 또는 염화동) 등의 천연 무기안료를 사용하였음을 알 수 있었다[58]. 그리고 연도에서의 철(Fe)를 이용한 적색안료와 비교하여 현실안료가 고급안료였음이 확인되었다 한다. 6세기 초까지 진사와 연백의 사용을 확인한 최초의 분석예라고 한다. 백제의 무령왕릉이나 공주 송산리고분에서 조사되지 않았던 녹색의 동화합물 계통의 안료나 백색의 납화합물이 이용되었다는 사실은 일정한 의미를 지니는 것으로 여겨질 수 있겠다. 특히 진사광산은 한반도에서는 알려지지 않았고, 중국 남부의 귀주성과 호남성 등지에 진사의 산지가 널리 알려져 있다고 할 때, 479년 중국 남제와의 교류때 이들 안료도 함께 수입되었을 가능성이 있겠다. 그런데 고아동벽화고분의 경우 당시 백제

---

58) 文煥晳외, 2002,「고대 벽화안료 재질분석 연구-봉정사 대웅전 후불벽화 및 고아동 고분벽화를 중심으로-」『文化財』35, 국립문화재연구소, pp. 174~182.

에 유행하던 공주지역의 횡혈식전축분의 양식을 채용하고 있다는 점에 주목하여야 할 것이다. 즉 백제에서 유행하던 횡혈식전축분을 본떠 돌을 벽돌처럼 잘라 축조하였던 것으로 짐작된다. 이러한 고분구조와 중국 남조로부터의 안료수입은 백제로부터의 일정한 관계가 아니고서는 설명할 방법이 없는 것이다.

　이와 함께 대가야는 중국과는 물론 일본과의 교역도 상당히 활발했던 것 같다. 일본열도 각지에서 5세기대 이후의 대가야계통 유물들이 다량으로 확인된다. 각지에서 확인되는 장경호를 비롯한 토기류는 물론, 검릉형행엽, 금제이식, 지산동32호출토 금동관을 모방한 은도금관 등이 교류 혹은 교역사실을 나타내어준다. 특히 6세기 전반대에는 西日本일대 거의 전역에 관련유물들이 출토되고 있어 야마토정권을 매개하지 않는 지역호족들과 대가야간의 독자적인 교역로의 존재가능성이 상정되기도 할 정도이다[59]. 지산동고분군에서도 일본계통의 유물들이 확인되고 있어 상호 교류가 확인된다. 지산동32호분 출토 충각부주, 지산동44호분출토 야광조개국자 등이 대표적이라 할 수 있겠다. 결국 대가야는 중국과는 물론 일본과의 교역이 상당히 활발했다는 사실을 확인할 수 있겠다. 활발한 대외교류는 멀리 대중국외교의 성공이라는 자신감이 지배층 내에 일었기 때문으로 생각되기도 한다.

　이러한 대가야의 자신감을 보여주는 방증자료로서 다음이 주목된다. 대가야 가실왕은 우륵으로 하여금 우륵 12곡을 작곡하게 하

---

[59] 定森秀夫, 2002,「陶質土器로 본 倭와 大加耶」『大加耶와 周邊諸國』, 高靈郡・韓國上古史學會, pp. 220~225.

는데 이를 정리해보면 〈표 1〉과 같다[60]. 여기에 보이는 우륵십이곡에 보이는 여러 이름들에 대해서는 대다수의 연구자들이 가야금곡을 당시의 소국에 연결하려 하고 있으며, 나아가 대가야연맹에 소속된 소국으로 해석하고 이를 통해서 대가야연맹을 분석하기도 하

표 1. 우륵십이곡의 지명비정

研究者 曲名	李丙燾	末松保和	梁柱東	金東旭	田中俊明	金泰植	白承忠	筆者
下加羅都	大加耶 (高靈)		阿羅 (咸安)	金官 (金海)	多羅(多伐) 陜川 雙冊	南加耶 金海市	陜川 玉田	陜川 鳳山일대
上加羅都	本加耶 (金海)		大伽耶 (高靈)	大伽耶 (高靈)	大加耶 高靈邑	大加耶 高靈邑	大加耶 高靈	大加耶 高靈
寶伎			金丸과 관계 有	祭典과 관계 有	浦村 泗川 昆陽	金丸과 비슷한 伎樂		
達已	達已 (醴泉)	達已縣, 達句火	達己縣 (醴泉)	達已 (醴泉)	達已(帶沙) 河東邑	미상	河東	帶沙
思勿	史勿 (泗川)	史勿 (泗川)	史勿縣 (泗川)	史勿縣 (泗川)	史勿 泗川邑	史勿縣 泗川邑	泗川	史勿國 泗川
勿慧	미상	勿阿兮 (務安)	馬利縣 (咸陽)	芼兮縣 (軍威)	蚊火良 固城 上里	미상	芼兮縣 軍威?	미상
下奇物	미상	今勿, 居斯勿	今勿縣 (金泉)	今勿 (金泉)	下己汶 南原市	下己汶 南原市	南原	下己汶 南原
師子伎			狹猊와 관계있음	開場의 厄풀이樂	三支 陜川 大幷	狹猊와 비슷한 伎樂		
居烈	古寧 加耶 (晋州)	居昌, 晋州	居烈郡 (居昌)	居烈郡 (居昌)	居烈郡 居昌邑	居烈郡 居昌邑	晋州 또는 居昌	居烈郡 居昌
沙八兮	미상	草八兮 (草谿)	草八兮 (草谿)	草八兮 (草谿)	草八兮 (散半奚) 草溪	草八兮 草溪面	草谿	(散半奚) 新反·富林
爾赦	미상		미상	伊西, 彌列比	斯二岐 宜寧 富林	미상	미상	미상
上奇物	미상	下奇物 과 同	下奇物 과 同		上己汶 長水 蟠岩	上己汶 任實邑	南原	上己汶 南原

였다[61]. 모든 곡을 대가야연맹 소속 소국으로 해석하는 부분에서는 수긍하기 힘든 점이 있지만 당시 우륵 12곡의 해석에서는 탁월한 견해였다고 할 수 있겠다. 최근 가야사를 다루는 연구자들의 경우 각론에서는 그 견해를 달리 할지라도 총론에서는 이러한 방향에 대해 동의하고 있는 실정이다[62]. 필자도 이러한 움직임에 대해서는 찬동하는 입장에 있다. 그런데 여기서 짚고 넘어가야 할 것은 '思勿'은 '史勿縣' 즉 사물국[63]이었다고 한다면 대가야가 이 지역까지 전혀 진출한 적이 없었다는 사실은 주목할 만하다. 즉 대가야의 영향권이 전혀 미치지 않은 곳으로 알려진 지역이 가야금곡에 포함되어 있는 것인데 이를 풀려면 작곡배경을 통해서 살펴볼 필요가 있다. 가실왕은 우륵에게 곡을 짓게 할 때 각각 나라들이 서로 말이 다름을 탄식하면서, 이를 극복하기 위하였다고 기록되어 있다[64]. 가실왕의 이러한 태도는 당시 대가야의 모습, 즉 여러 소국들을 통합하려하는 모습을 보여주는 것이라 생각된다. 그렇다고 해서 이들 국가들이 대가야의 중앙집권체제 속에 편입되어 완전한 지방지배를 받은 것으로는 생각되지 않는데[65], 이러한 사실들은 대가야의 가

---

60) 李炯基, 2009, 앞의 책, p. 155.
61) 田中俊明, 1992, 『大加耶連盟の興亡と任那』, 吉川弘文館.
62) 대가야 왕의 치세 중 영역에 편입된 지역이거나, 대외진출에 중요한 거점지역 혹은 국방상 주요 성촌 지역 등의 지역이름과 불교행사나 국가제사와 같은 국가 의례상 주요행사 등을 1년 12달에 맞추어 상징화한 국가예악으로 보기도 한다.(김세기, 2003, 『고분자료로 본 대가야 연구』, 학연문화사, p. 281)
63) 李炯基, 1997, 「小伽耶聯盟體의 成立과 그 推移」『民族文化論叢』17, 嶺南大學校 民族文化研究所.
64) 王以謂諸國方言各異聲音豈可一哉 乃命樂師省熱縣人于勒造十二曲……(『三國史記』 32, 樂志1 加耶琴條)

야에 대한 천하관을 알 수 있게 하는 것이라 생각한다. 이는 대가야가 '본국왕'을 제수받았다는 사실에 가야 지역 전체를 아우르고자 하는 자신감의 발현이라고도 여겨진다.

그러나 대가야의 대중국 외교는 지속되지 못하였다. 몇가지 이유가 있겠지만 첫 번째로 들 수 있는 것이 대가야가 가지고 있는 지리적인 폐쇄성이다. 백두대간과 그 지맥, 그리고 낙동강은 대가야가 대외적인 관계를 맺는데 상당히 불리한 작용을 하였을 것임을 쉽게 짐작하게 한다. 대가야가 대외교역을 하기 위해서는 내륙 여러 지역을 돌아서, 해안으로 나아갈 수 밖에 없다. 그리고 내륙 깊숙한 곳에 위치한 국가여서 바다를 이해하지 못하는 지배층이 해상운송시스템을 유지하기란 무척이나 곤란했을 것이다. 대가야가 부체제에 접어들고 6세기 전반경 강력한 체제를 구축해 갈 때만 하더라도 폐쇄적인 지리적 조건을 뛰어넘은 것으로 보이지만, 이를 극복하기 위해 소요되는 많은 경제적 부담은 결국 대가야에 큰 짐이 되었을 터이다.

또 하나 교역물품의 변화에 대가야가 적절히 대처하지 못한 것도 하나의 이유가 되었으리라 생각한다. 대가야의 주된 교역품이 철이었을 가능성은 앞에서 이야기한 바 있다. 앞에서 대가야의 발전을 이야기할 때 그 바탕이 되었던 것이 철이었다고 할 때, 나중에 이것이 한계로 작용하였다는 사실은 아이러니라 할 수 있겠다. 신

---

65) 金世基는 6세기 중엽 대가야 최성기의 영역을 직접지배지역으로 상부인 고령지역과 하부인 합천, 거창, 함양, 산청, 의령 등이, 간접지배지역으로 남원 월산리, 두락리고분군이 위치하는 운봉고원, 구례, 진주 등으로 파악하였다. 즉 상당한 지역을 대가야가 직접 지배한 것으로 파악하고 있다. (김세기, 2003, 앞의 책, p. 256)

라는 4세기 이후가 되면 교역품이 '金銀'과 같은 재보로 이동하였는데, 대가야는 그러한 모습이 보이지 않고 있다. 이미 4세기초 낙랑·대방군을 둘러싼 교역체계의 변화에 대응하지 못하여 새로운 체제로 이동하지 못하여 백제, 신라에 뒤떨어진 경험이 있었던 가야사회가[66] 교역품의 변화에도 대응하지 못하고 있었던 것이다. 금은이 교역품이 되었다는 사실은 종래 철을 둘러싼 교역체계상에 중대한 변화가 초래되었음을 추측케 한다. 기왕에는 대가야처럼 '冶爐'라는 유력한 철산지를 보유하거나 혹은 생산된 철을 집산할 수 있는 곳이 교역상의 유리한 위치를 점하였고 나아가 정치적으로 강력한 힘을 가질 수가 있었다고 한다면, 이후에는 이를 생산하거나 가공할 수 있는 능력이 교역의 주도권 장악 여부를 결정짓는 기본적인 조건으로 가능하였던 것이 아닐까 싶다[67]. 이는 기존의 교역체계에 일정한 변화를 야기하는 큰 요인으로 작용하게 된 것이다. 물론 일정한 시기까지는 철이 교역품으로서의 역할을 수행할 수 있었겠지만 소량으로도 막대한 양의 철을 대신할 수 있는 가치를 지닌 금은으로 무게중심이 이동하리라는 사실은 두말할 나위가 없을 것이다. 결국 이러한 점은 대가야가 국제사회와의 교류를 지속적으로 유지하는데 어려움으로 작용하였을 것임은 물론이다.

---

66) 朱甫暾, 1995, 「序說-加耶史의 새로운 定立을 위하여-」『加耶史研究』, 慶尙北道, p. 20, 註 36.
67) 朱甫暾, 1996, 앞의 글, pp. 22~23.

V. 맺음말

이상으로 대가야의 해상교류에 대하여 간단히 살펴보았다. 4세기의 지역연맹체단계를 거쳐 대가야로 성장해 간 고령세력은 스스로의 위상을 나타내려 독자적인 대외관계를 구축하려 노력하였으며 그 결과로 대중국교류가 이루어졌다.

이 글에서 필자는 4~5세기대 한반도 사회의 변화에 따른 기왕의 연구성과 위에 대가야의 대외교류를 해상교류적 관점에서 서술하려 하였다. 대가야는 거창-함양-임실을 거쳐 부안으로 이어지는 교역로를 통해 중국으로 나아갔을 것이라 추정되었다. 그러나 내륙국가라는 한계는 대가야의 해상교류가 백제의 도움 또는 묵시적 동의로 이루어졌을 것이라는 추정으로 귀결하게 하였다.

고대의 해양교류에 관한 역사는 거시적인 시각에서 언급하거나, 선박사 또는 항해로 등의 세부 주제별로 관심을 가졌다는 사실을 알게 되었다. 그래서 억측이나마 해양교류에 필요한 최소한의 조건을 상정해 보고 그것을 적용시켜 보려하였으나 이 분야에 대한 일천한 지식을 가진 필자로서는 한계를 절감만 할 뿐이었다. 향후 해양교류사에 대한 관심을 가져보려 한다. 이 글은 일천한 필자의 지식에 의해 주로 억측이 대부분이다. 선학들의 질정을 통해 향후 공부에 도움을 얻게되기를 희망한다.

첨언 : 약정토론을 맡아주신 동국대학교 윤명철선생님은 해양관계사에 대해 처음 글을 쓴 필자에게 많은 도움되는 말씀을 해주셨

다. 그러나 일천한 지식을 가지고 있는 필자로서는 선생님의 가르침을 글에 담지는 못하였다. 향후 필자가 해양관계 공부를 진행하면서 하나씩 되새겨 보기로 하겠다.

참고문헌

姜鳳龍, 2002,「고대 동아시아 海上交易에서의 百濟의 역할」『韓國上古史學報』 38.

郭長根, 1999,『湖南 東部地域 石槨墓 硏究』, 書景文化社, pp. 286~288.

權珠賢, 1990,「阿羅加耶에 對한 一考察」, 啓明大學校 碩士學位論文.

金鍾徹, 1982,「大加耶墓制의 編年硏究」『韓國學論集』9, 啓明大學校 韓國學硏究所.

盧重國, 1995,「大伽耶의 政治·社會構造」『加耶史硏究』, 慶尙北道.

大山誠一, 1980,「所謂 "任那日本府"の成立について(中)」『古代文化』32-11.

朴天秀, 1996,「大伽耶의 古代國家形成」『碩晤尹容鎭敎授停年退任紀念論叢』, 碩晤尹容鎭敎授停年退任紀念論叢刊行委員會.

山尾幸久, 1978,「任那に關する一試論」『古代東アジア史論集』下卷.

梁起錫, 2006,「大加耶의 南齊 通交」『人文學志』33, 충북대학교 人文學硏究所.

李文基, 1995,「大加耶의 對外關係」『加耶史硏究』, 慶尙北道.

李永植, 1997,「대가야의 영역과 국제관계」『伽倻文化』10, 伽倻文化硏究院.

李賢惠, 1994,「三韓의 對外交易體系」『李基白先生古稀紀念韓國史學論叢』(上).

田中俊明, 1992,『大加耶連盟の興亡と任那』, 吉川弘文館.

朱甫暾, 1982,「加耶滅亡問題에 대한 一考察」『慶北史學』4, 慶北史學會.

朱甫暾, 1995,「序說-加耶史의 새로운 定立을 위하여-」『加耶史硏究』, 慶尙北道.

千寬宇, 1976,「三韓의 國家形成(下)」『韓國學報』3, 一志社.

國立全州博物館, 1994,『扶安 竹幕洞 祭祀遺蹟』.

金泰植, 1993,『加耶聯盟史』, 一潮閣.

김세기, 2003,『고분자료로 본 대가야 연구』, 학연문화사.

연민수, 1998,『고대한일교류사』, 혜안.

윤명철, 2002,『한민족의 해양활동과 동아지중해』, 학연문화사.

윤재운, 2006,『한국 고대무역사 연구』, 景仁文化社.

李炯基, 2009,『大加耶의 形成과 發展 硏究』, 景仁文化社.

정진술, 2009,『한국해양사-고대편-』, 景仁文化社.

최근식, 2005,『신라해양사연구』, 고려대학교출판부.

「대가야의 해상활동」에 대한 토론문

윤명철*

토론자는 가야사에 대해서 공부한 바가 별로 없습니다.

이번 학술회의를 통해서 가야사를 공부하고자 주최측의 양해하에 참여하였습니다. 따라서 발표문을 보고 가야와 관련하여 궁금한 점 몇 가지를 질문하겠습니다.

그리고 해양과 연관하여 발표자의 글을 중심으로 몇 가지 견해를 피력하고자 합니다.

Ⅰ. 총론

1. 발표문 전체에서 각주가 생략되어있습니다.

제목자체가 해상활동이라는 일반적인 주제와 소재가 아닌 만큼 신중하게 글을 작성할 필요가 있습니다. 필자의 견해가 아닌 부분이나 인용한 부분들도 가능하면 원논문을 찾아서 각주를 다는 것이 필요합니다. 잘못된 글을 인용하였을 경우에 발생하는 문제점을 어느 정도 예방할 수 있습니다. 또한 본인이 과학적인 근거나 다

---

* 동국대학교 교양교육원

른 연구자들의 연구 성과에 대한 이해 없이 추상적으로 이해하거나 표현했을 경우에 오류가 발생할 가능성이 있습니다. 또한 다른 연구자들로부터 글의 신뢰성을 얻기 힘듭니다.

2. 연구사 검토가 부족했다는 느낌이 강합니다.
머리말 끝부분에서 '…해상운송체계 등에 대해서 살펴본 연구가 거의 없다는 사실을 알게 되었다.…' 라는 문장이 있습니다.
발표자가 지칭한 해상운송체계가 정확하게 무엇을 뜻하는지 알 수 없지만, 꼭 그렇지는 않습니다. 차제에 해상운송체계에 대한 발표자의 견해를 확립해 주시길 바랍니다.
한국의 해양사는 이제 초보단계이기 때문에 언어나 개념 등에서 공유된 부분들이 많지 않습니다. 또한 공유하려는 시도나 노력들이 부족합니다. 한국해양사를 처음 시작한 필자로서 책임감을 느낍니다. 그럴수록 연구자들이 신중하게 접근하고, 그동안의 연구 성과를 최대한 충분하게 활용해야 합니다.
참고삼아 말씀드리면 토론자는 해양과 연관하여 100여 편 가까이 논문을 집필을 했고, 몇 권의 단행본과 몇 권의 논문집을 오래 전부터 출판한바 있습니다. 해양사관을 처음 제기한 이후에 해륙사관 동아지중해모델, 터이론, 역사유기체론 등을 전개하였습니다. 또한 각론적으로 해양사학이론, 항로, 해양활동, 해양방어체제, 해양도시 등의 주제로 유형화하여 이론을 전개하면서 실제분석을 시도하였습니다.
발표자를 비롯하여 해양과 연관하여 역사를 연구하는 학자들은 토론자와 함께 연구활동을 하면서 보다 정치한 이론을 구축하고,

아울러 한국 역사학 연구의 한계점과 부족한 점을 보완하는 역할을 담당했으면 합니다. 참고삼아 말씀드리면 해양사와 연관하여 연구사나 연구목록은 필자의 '한국해양사'를 비롯한 연구물들에 종합적으로 정리되어 있습니다. 조선술과 연관해서는 최근식 선생의 책도 있습니다.

3. 역사학은 논리적인 사고와 과학적인 이론과 근거를 토대로 연구되는 학문입니다. 한국 역사학의 풍토와 한계 때문이라고 하지만 본고에서 사용된 몇몇 단어와 개념들은 추상적이고, 일상적이어서 구체적인 근거를 갖고 사용했는지 궁금합니다.

해양활동 내지 해양사를 이해하는 데는 본고가 언급한 항로와 항구 조건 등을 비롯해서 해양의 독특한 시스템과 메카니즘을 이해하는 작업이 필요합니다. 본고에서 사용했고, 인용한 문장 등에도 '서해중부항로' 등 몇 가지 용례가 보이고 있는데, 구체적으로 표현하거나 각주 또는 다른 연구자의 연구 성과를 인용해서 구체성을 얻도록 해야 합니다.

'섬진강 수계'와 '산성 네트워크'라는 단어 또한 이론을 전개하거나 소개한 후에 사용하는 것이 바람직합니다. 강물이 흐른다고 하계망이 형성되는 것은 아니고, 더욱이 수로망과 직결되는 것은 아닙니다. 설사 분석대상 지역의 성격이 그렇다 해도 이론적 뒷받침을 표현하지 않고 단어나 개념만을 차용하면 학문적인 성과를 내기 힘듭니다.

네트워크라는 단어를 어떤 의미로 사용했는지 궁금합니다. 그 지역의 현상을 모르는 토론자로서는 공부에 매우 도움이 되리라고 생각합니다.

4. 용어사용문제

해상, 중국, 일본, 신앙체계, 네트워크, 가야, 가라, 금관가야 등 용어의 사용하는 과정에서 문장이 맥락과 일치되지 않거나, 추상적이며 불명확한점들이 있습니다.

II. 각론

1. 본문에 '낙랑·대방군과의 교역을 통해서 성장해 나가던 狗邪國은 낙랑·대방군의 축출로 인한 교역의 구심점이 사라지게 되면서 가야지역에서의 영향력을 잃게 되었다.' 는 내용이 있습니다.

비전공자로서 궁금합니다. 교역의 규모에 대한 연구성과는 얼마나 있습니까? 낙랑 대방이 교역의 구심점이었다면, 어느 시기였으며, 그 이유는 무엇입니까?

그 무렵의 항로거점인 산동지역은 魏를 이어 서진에 이르고 있습니다. 낙랑 대방지역의 실체들이 위나 서진의 중심부와 교역 또는 정치적인 관계를 맺은 흔적들은 어떤 것이 있습니까?

2. '比自㶱, 南加羅, 卓淳 등 加羅七國을 평정하였다는『일본서기』, 신공기 49년조의 기록은 가야를 완전히 백제의 영역화하는 것이 아니라 그들의 독자성을 인정하면서 공납을 바치게 하는 등 臣屬하

는 것으로 여겨진다.'

 필자는 이 견해에 동조하는지요? 이 분야 전공자들이 생각하는 영역의 개념은 무엇인가요? 공납이나 신속이라는 용어가 이 관계에 적용될 수 있는가요?

 발표문에서 사용한 '지역연맹체 단계'라는 표현에 대해서 가야사 전공자들은 어떤 이론을 전개하고 있는가요? 본문을 보면 지산동 32호분 축조 전 단계의 상태는 문화적으로 후진적이며, 일반적이고 비과학적인 표현이지만 소위 역사발전단계에서 국가이전의 상태로 오해될 수 있습니다. 발표자의 생각은 어떻습니까?

 금관가야와 대가야는 필자가 몇 군데에서 언급하였듯이 해양과의 연접성 등 자연환경의 차이에서 비롯되는 차이점이 많습니다. 이는 비단 금관가야 등 뿐만이 아니라 한반도 해안일대에서 성장한 정치세력 일반에게 해당되는 점입니다. 필자는 95년도의 죽막동 유적회의에서 삼한 소국들의 '나루국가설', 즉 '해양폴리스 설'을 제기하면서, 그 시대 그 상황을 해양의 메카니즘을 통해서 평가할 것을 주장해왔습니다. 그 이후에 도시와 연결된 글들을 '河港도시', '海港도시', '江海도시' 등의 이론과 함께 분석한 글을 다수 발표해왔습니다. 해양과 밀접하게 연관된 정치세력들에 대한 성격과 국가발전단계 등에 대한 기존의 설을 재검토할 필요가 있다고 생각합니다. 당연한 일이지만 해양의 메카니즘과 과학적인 지식, 국제관계의 특성 등을 고려해야 합니다.

 특히 금관가야를 비롯한 해양세력들의 성장과 활동을 야요이 후기부터 등장한 전방후원분들의 규모와 부장품 등과 연결시키고 비교하면서 성격을 규명해야 하지 않을까 생각합니다.

3. 새로운 신앙체계의 도입

'대가야 지역 내에 새로운 신앙체계가 도입된 것도 짐작할 수 있다. (30호분) 주석실 하부석곽 개석을 파괴한 암각화로 만들었다는 사실은 암각화가 신앙대상으로서의 기능을 상실하였음을 추정케 한다. … 새로운 신앙체계의 성립이다. … 6세기에 조영된 벽화고분에 새겨진 연화문의 내용과 대가야의 건국신화에 보이는 '正見母主'에서 보이는 불교적 색깔의 용어를 통해 불교의 등장, …'

이 문장을 보면 불교가 수용되면서 왕자의식이 생기고 국가가 발전했다는 논리가 되고 있습니다. 거기에 천신과 지신의 결합이라는 건국신화의 내용과 구조를 인용하고 있습니다.

제 분야가 아니므로 언급하지 않겠습니다만, 궁금한 점이 있습니다. 지산동 고분 등에서 불교적인 요소는 안나오는지요?

또 이 논리가 맞다면 역으로 지산동 고분(30호분) 축조 이전까지는 불교와는 다른 신앙체계가 있었다는 셈인데, 그렇다면 그 신앙체계는 무엇으로 표현할 수 있을까요? 그리고 대가야 정치세력의 성격에 어떤 영향을 끼쳤을까요?

4. 대가야의 대중국 교역로

'對南齊 교역로' 또는 '對南齊 교섭로'라는 표현을 고려해보실 의향은 없는지요? 짧은 기간 존속했던 남제를 중국으로 일반화 시키는 이유는 무엇인가요?

5. 교통로의 문제

본문의 내용에 있어서,

1) 남원을 지나 곡성을 거쳐 구례로 해서 섬진강수계를 이용하는 것이 타당하지 않을까 생각합니다. 그렇지만 필자는 이 길이 과연 대가야 당시에 기능하였는지에 대해서는 의문이 있는 바,

2) '경호강 지류를 따라 산청군 단성면에 다다르게 된다. 이 곳에서 하동 옥종지역을 거쳐 하동 섬진강포구로 나아가는 이 코스는 중간에 큰 고개 등이 없고 고대사회에서 교통로로서 중요한 역할을 했던 수계를 이용할 수 있다는 점에서 오히려 대가야의 주교역로로 사용되었을 가능성이 가장 높았으리라 생각한다.…'
강상수운과 교통로의 체계에 대해서 구체적으로 언급할 필요가 있습니다.

3) '고령→거창→함양→육십령→장수→진안→임실→갈담천→임실 운정리→정읍→부안→죽막동이다.'
매우 흥미롭고, 전부터 관심을 가진 부분입니다. 이 교통로를 구체적으로 알고 싶습니다. 또 그 사이에서 교통로서의 기능을 한 증거들은 무엇이 있습니까? 역사학 연구에서 교통로라는 용어와 역할 기능, 시스템에 대한 연구가 필요하며, 이를 위해서는 인문지리 및 도시연구의 도움을 받을 필요가 있습니다.

6. '해양국가로서의 위상을 가진 백제가 연안 또는 근해항로를 사용했을 것으로 추정되는 것으로 보아 대가야도 그러한 항로를 택하였을 것이다.'
백제는 해양국가라는 표현을 2번 이상 사용하고 있습니다. 필자

의 견해입니까? 그렇다면 그 논리는 무엇입니까? 해양국가라는 용어를 사용할 만큼 비중이 컸던 나라는 세계사적으로도 극히 일부밖에 없습니다.

'낙동강을 따라 항해하여 김해지역에서, 아니면 섬진강구 하동지역까지 육로로 와서 항해를 시작하여 한반도 중부해안까지 와서 황해 횡단을 하였을 것이라 생각하는 견해가 있다.(金泰植, 1993 앞의 책, p. 107)'

이 문장에서 한반도 중부해안이 어디를 가리키는가요? 가야인들은 어떤 교통망을 활용하여 중부해안까지 왔을까요? 해안과 해양은 엄격하게 말하면 차이가 큽니다. 그 시대는 고구려의 장수왕이 충남지역까지 남진하고 있었고, 문주왕·동성왕도 남제교류에 방해를 받고 있는 상황입니다.

7. '바다를 건조할 수 있는 시스템, 조선술'
이 부분에 대한 구체적인 내용과 각주의 내용이 부족합니다.

8. '일찍부터 낙랑과 대방이 수행하던 동아시아 국제교역의 중개를 주도한 동아시아 교역체계를 근초고왕대에 백제 중심으로 구축하였다.'

그러한 주장의 근거는 무엇인가요? 저는 사용한 단어와 문장에도 문제를 제기할 수 있지만, 그러한 유사한 논리 또한 선학들의 연구를 이어받아 이도학 선생이 언급한 것은 익히 알려진 사실입니다. 가능하면 첫 연구자들의 연구성과를 적극적으로 활용하는 자세가 필요합니다.

9. '대가야에서 중국 남조로 가는데 통상 1개월 이상의 시간이 걸린다는 점에서 보아 남제의 건국은 479년 4월이고, 대가야의 사신파견은 동년 5월이기 때문이라 한다. 그러면서 실제로는 478년 말이나 479년 초에 宋을 목표로 하였을 것이라 설명하는데(梁起錫, 2006 앞의 글, pp. 11~12) 발표자는 충분히 경청할 만하다고 생각한다.'
발표자가 경청할 만하다고 서술한 이유를 듣고 싶습니다.

10. 대중국 교역의 의의
'적지 않은 영향을 끼친 것으로 여겨진다. 그때문물을 수입하였다는 직접적인 고고학 자료는 보이지 않지만 이러한 정황을 뒷받침해 줄 수 있는 자료는 확인된 바 있다. 가야지역 유일의 벽화고분으로 고령 고아동벽화고분이 있다. … 진사광산은 한반도에서는 알려지지 않았고, 중국 남부의 귀주성과 호남성 등지에 진사의 산지가 널리 알려져 있다고 할 때,…'
유일한 벽화의 안료 외에 가야가 받은 적지 않은 영향의 내용은 무엇이 있는지요? 안료문제는 최근에 발표된 논문을 참고하면 좋을 것 같습니다.

11. '대가야는 중국과는 물론 일본과의 교역도 상당히 활발했던 것 같다. 일본열도 각지에서 5세기대 이후의 대가야계통 유물들이 다량으로 확인된다. … 지산동32호출토 금동관을 모방한 은도금관(후꾸이현의 二本松本 은동관) 등이 교류 혹은 교역사실을 나타내어준다. 특히 6세기 전반대에는 西日本일대 거의 전역에 관련유물들이 출토되고 있어 야마토정권을 매개하지 않는 지역호족들과 대가야간의 독

자적인 교역루트의 존재가능성이 상정되기도 할 정도이다.(定森秀夫, 2002「陶質土器로 본 倭와 大加耶」『大加耶와 周邊諸國』, 高靈郡·韓國上古史學會, pp. 220~225)'

고령지역의 대가야와 후꾸이현의 二本松本 은동관을 연결시킬 때 그 교섭로(?)는 어떻게, 특히 항구와 해로는 어떻게 연결될 수 있나요? 동일한 논리라면 대가야뿐만 아니라 가야영토 내지 영역내의 여러 지역과 일본열도 지역과의 교류를 상정해 볼 수 있습니다. 그리고 출발항구에 따라서 도착항구가 달리질수 있습니다. 따라서 정치세력의 성격과 분포도 영향 받을 수밖에 없습니다.

12. '가야의 대중국 외교는 지속되지 못하였다. 첫 번째 … 대가야가 가지고 있는 지리적인 폐쇄성이다. … 대외교역을 하기 위해서는 내륙 여러 지역을 돌아서, 해안으로 나아갈 수 밖에 없다. 그리고 내륙 깊숙한 곳에 위치한 국가여서 바다를 이해하지 못하는 지배층이 해상운송시스템을 유지하기란 무척이나 곤란했을 것이다.'

가능한 추론이고, 토론자도 동의하지만 일반적인 견해입니다. 하지만 구체성을 확보하려면 좀 더 다양한 사례와 논증, 그리고 해양과 연관된 논리계발이 필요합니다. 그런데 중요한 것은 대가야도 해양을 이용하여 대외교류를 하였다는 점입니다. 이 부분을 어떻게 생각합니까?

그 외 많은 궁금한 점이 있습니다. 가야사 전공자가 아니므로 발표장에서 많은 가르침을 받겠습니다.

한민족 역사전도

제작 | 윤명철

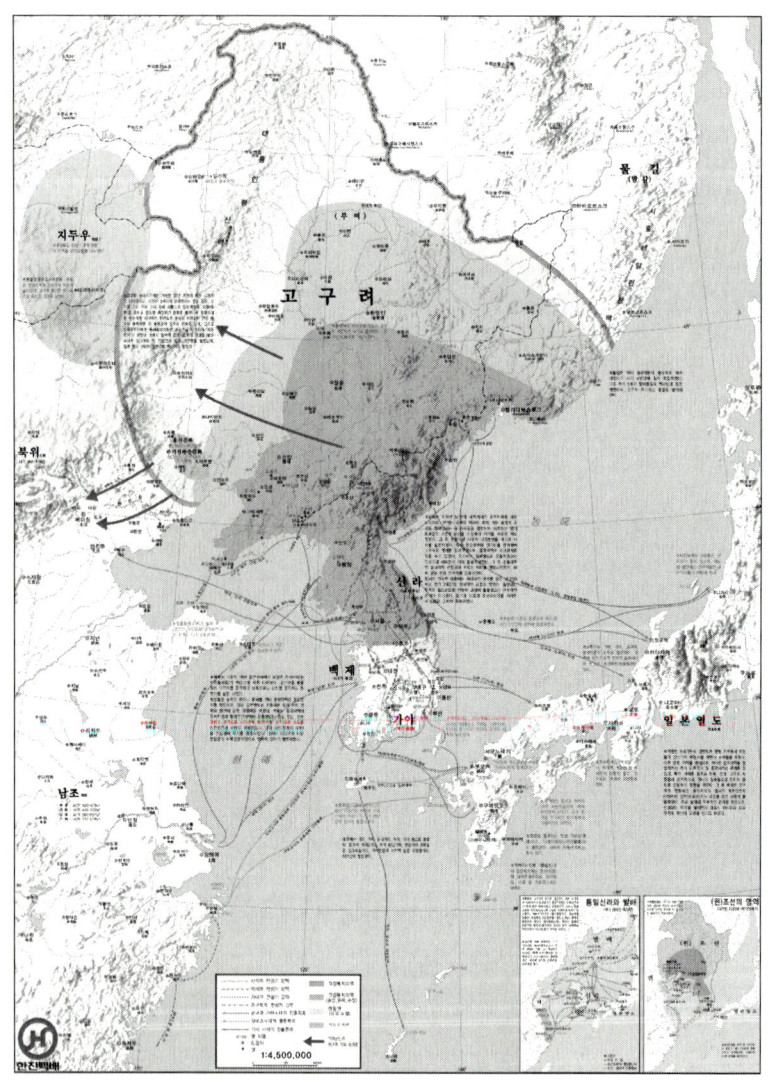

종합토론

- 일시 : 2011. 4. 15. (금) 16:00 ~ 17:50
- 장소 : 국립김해박물관 강당

윤태영 : 지금부터 가야의 포구와 해상활동에 대한 종합토론을 시작하겠습니다. 종합토론 좌장은 경상대학교 조영제 선생님께서 수고해 주시겠습니다.

조영제 : 방금 소개 받은 경상대학교 조영제입니다. 종합토론에서는 각 발표 지정토론자의 토론문을 중심으로 진행하겠습니다.
 소배경 선생님의 발표에 대해서 심재용 선생님, 토론문을 요약해서 다시 한 번 말씀해주시겠습니까? 아니면 답변을 바로 듣는 것으로 하시겠습니까?

소배경 : 제가 바로 답변하는 것으로 하겠습니다. 첫 번째 발표라 기억이 안 나실 수도 있을 것 같아 질문을 요약해 드리겠습니다.
 먼저 관동리유적이 형성될 당시, 해발 2.6m까지 해수면이 도달한 것으로 파악하는지에 대한 질문입니다. 최근 해안선의 문제는 고김해만의 경우, 자연지리학적 분석과 더불어 많은 유구들은 아니지만 고고학적 조사를 통하여 어느 정도 해안선에 대해 공감대가 형성돼 있는 것으로 생각됩니다. 문제는 해안선의 시간차가 높다는 것입니다. 보통 B.P 10,000년을 단위로 해서 구분되는 해안선이고, 그 사이에 상승과 하강이 계속 반복되는 문제가 있었을 것입니다. 향후 자료의 축적이 진행된다면, 정확한 해안선의 높이를 추정해 볼 수 있을 것입니다. 현재 관

동리유적에서 확인된 해안선의 최고위는 황상일 선생님의 분석에 따르면, 2.6m입니다.

토론자 분께서 말씀하신 것처럼 2.6m를 최고위로 보게 되면, 해안가에 위치하고 있는 수혈이라든지 고상가옥 건물지가 물에 잠기는 양상이 됩니다. 이러한 현상을 볼 때, 유사시에는 해안선이 더 낮았던 것으로 판단합니다. 그 근거는 잔교시설의 위치입니다. 잔교시설의 교각 가장 아래쪽이 해발 1.4m입니다. 잔교시설의 가장 높은 면이 해발 2.3m입니다. 그렇게 본다면, 1.4~2.3m 사이가 평균적인 해수면 높이였을 것으로 판단합니다.

태풍이 왔을 경우, 일반적으로 자연지리학에서는 해수면이 3m정도 차이가 난다고 합니다. 그렇기 때문에 유사시에는 그보다 높은 최고위의 해수면이 들어왔을 가능성도 있습니다. 그런 것들을 감안하는 것이 좋을 것 같습니다. 딱 이렇다 할 수 있는 근거는 현재 잔교시설로 보는 1.4~2.3m 사이가 아니겠는가, 그렇게 보고 있습니다.

다음으로, 관동리유적 건물지의 폐기와 관련된 공간구성의 문제입니다. 역시 저희들도 조사를 하면서 건물지의 중복관계라든지 선후관계를 통해서 시기를 구분해 보려 하였지만, 건물지가 확인되는 유물들의 시기 폭이 너무 크지 않습니다.

5~6세기 중심의 건물지고, 선후관계를 통해서 일부 확인할 수는 있지만, 본문에서는 다루지 못했습니다. 향후 이런 것들을 검토한다면, 해수면 변동과 관련된 건물지의 입지도 검토해볼 수 있을 거라 생각합니다.

다음으로 5호 대형건물지와 관련된 1호 구(溝)에 대한 문제입니다. 구에서 확인되는 제사행위와 관련된 유물들과 대형건물지들과의 관계에 있어, 해양제사로 볼 수 있느냐는 질문이었습니다.

대형건물지 가운데 5호 건물지가 가장 공력이 많이 들어간 건물지입니다. 벽구시설이라든지 직경이 160㎝나 되는 대형주혈 등을 봤을 때, 이 건물지가 아마 특수건물이 아니겠는가 판단했습니다. 역시 A군 구상유구 자연암괴에서 광구소호, 소형단경호 등이 함께 출토되고 있어, 의례행위는 구에서 이루어지지 않았나 생각됩니다. 이 관계와 대형건물지와의 관계가 연관성이 있다고 판단해서 아마 제의와 관련된 공간인 것으로 보았습니다.

네 번째 질문은 사실관계의 문제인데요, 선착장 인근에 위치하고 있는 107호 건물지를 저는 지면식건물지로 보고 있는데, 해안선의 해수면 변동에 따라서 시간차를 가지는 건물지가 아니겠는가, 혹시 지면식건물지로 봤던 근거 중에 하나가 소결토면이 확인된 피열범위가 확인된 아궁이, 로(爐)와 관련된 흔적들이 있는데 그런것들이 중복된 수혈 55호와 관련된 것이 아닌가 하는 사실관계 문제였습니다.

선후관계의 문제는 선착장 주변에서 확인되는 수혈은 상부구조가 55호의 경우 후대에 삭평되고 확인될 당시에는 범위정도만 파악이 되는 중복관계였습니다. 그래서 건물지와 관련된 피열흔이 아니겠는가로 보았기 때문에, 피열흔이라면 로(爐)와 관련된 흔적이라 보았습니다.

마지막 질문은 고김해만에 항구와 관련된 추정해 볼 수 있는 후보지가 과연 어딘가 입니다. 관동리유적에서 확인된 입지가 대형건물이라든지 수혈주거지, 우물, 도로 등을 갖춘 취락과 교역시설인 잔교, 관동리고분군이 입지하고 있는 플랜들이 아마도 김해지역에서 확인되고 있는 유하리패총이라든지 농소패총 등과 함께 구릉에 있는 고분군과 연결시켜 본다면, 이런 곳들이 아마 후보지로 적당하지 않은가 질문하셨습니다.

저 역시 그런 플랜을 갖추고 있는 취락과 교역시설인 잔교, 그리고 고분군을 본다면, 그런 곳이 아마도 가장 적합한 후보지가 아닐까 생각 합니다. 관동리유적 역시 내만의 형태를 띠고, 봉황동유적도 마찬가지로 내만의 형태를 띠고 있는 형태이고, 주변에 구릉에 고분군과 취락이 입지하고 있습니다. 때문에 더 후보지를 찾는다면, 유하리패총이라든지 농소패총 인근 구릉에 잔교시설과 같은 교역시설이 있지 않을까 생각합니다.

조영제 : 심재용 선생님, 잘문에 대한 답이 충분하십니까?

심재용 : 네, 충분합니다.

조영제 : 조금 전 쉬는 시간에 홍보식 선생님의 말을 들어보니, 관동리유적 유물의 시기 폭이 상당하다 합니다. 저는 그 유물들을 보지 못했습니다만, 그런 자료를 통해서 봤을 때 관동리 포구랄까 진(津)이 언제부터 언제까지 사용되었는지 알고 싶습니다.

소배경 : 잔교에서 확인되는 유물 중에는 전형적인 4세기 대 유물

이 많이 출토되었습니다. 건물지나 도로에서 확인되는 유물은, 도로의 경우 기능상 누대에 걸쳐 사용되는 특징이 있긴 합니다만, 5세기, 6세기 대의 유물이 많이 확인되었습니다. 시기 폭을 따지자면, 4세기에서 6세기까지 사용된 시설로 보는 것이 맞지 않나 생각합니다.

유물상에 있어서 잔교에서 나오는 유물과 건물지에서 나오는 유물의 시기 폭이 조금 차이가 있어, 저희들이 가지는 고민이었습니다.

그리고 도로의 문제인데요, 도로는 저희가 삼국시대부터 통일기의 도로로 볼 수 있었던 근거 중에 하나가 건물지와의 중복관계였습니다. 건물지에서 확인되는 유물이 5·6세기 대의 것들이고, 도로는 성격상 오랜 시간에 걸쳐 사용되기 때문에, 그리고 간선도로의 경우 동쪽 건물지쪽으로 확장하면서 건물지를 잠식하고 들어가는 형태로 확인되었기 때문에, 이런 오랜 시간에 걸친 기능상의 특징이 있지 않았나 판단했습니다.

조영제 : 잔교(棧橋)라는 표현을 쓰시는데, 어떤 의미인지 이해가 잘 되지 않습니다. 방청석에 학생들도 많이 있으니, 설명을 조금 부탁드립니다.

소배경 : 저희들도 처음 시굴조사과정에서는 부교가 아니겠는가 해서 이런 용어를 사용하기도 했지만, 해안변에 돌출되게 설치되어 있는 시설물을 '잔교' 라고 하는 의미가 있어서 이 용어를 쓰게 되었습니다. 더욱더 좋은 의견들이 있으면 충분히 반영할 수 있습니다.

조영제 : 우리가 이해하기 쉽다면, 선착장의 한 부분으로 보면 되겠습니까?

소배경 : 예, 맞습니다.

조영제 : 제가 추가로 이렇게 질문을 드렸던 이유는, 오늘 주제인 포구와 해상활동에 있어서 유일하게 포구와 직접 관계있는 유적을 발표해 주셨기 때문에, 중요성을 한 번 더 여러분들께 부각시키고자 하는 의미였습니다.
이형기 선생님, 질문하시겠습니까?

이형기 : 네. 국립해양박물관건립추진단의 이형기입니다. 사실 제가 오늘 학술회의에서 가장 흥미 있었던 발표가 소배경 선생님의 발표였습니다. 그런데 발표를 들으면서 의문을 가졌던 것이 왜 하필 '진(津)'이라는 표현을 썼을까 입니다. '진'이라는 것은 흔히 강에서 조그마한 나룻배를 타고 왔다 갔다 하는 곳을 지칭합니다.

지금 발표자께서 말씀하신 개념으로 한다면, '항구'의 개념을 포함하고 있습니다. 창고도 있고 선착장도 있고, 도로까지 있는 것은 현대의 완벽한 항구와 마찬가지인데, 그리고 성격도 대외교류를 하기 위한 곳인데, 왜 하필 '진'이라는 표현을 썼는지 무척 궁금했습니다. 그래서 차라리 '진'이라 하기보다 '포(浦)'라는 표현이 훨씬 더 적합하지 않은가 생각됩니다.

소배경 : 사실 저도 가지고 있는 고민 중 하나가 고고학적인 물질자료로서, 너무 확대해석을 하면, 문제가 많이 생기는 점이 있습니다.

그러나 여기서 고민을 가진 것은, 확인된 잔교시설에 비해 무역항이라든지 항구로 보기에는 규모가 너무 작다는 것입니다.

예를 들어, 자연지리학의 분석에 따른 홀스돈계산법에 의하면 조석간만의 차이 때문에 잔교시설에 들어올 수 있는 배의 깊이가 68㎝정도 밖에 안 된다고 합니다. 이런 조간대지역에서 큰 배가 들어오는 어려운 점이 있고, 그리고 수입품이라 할 수 있는 유물들이 많이 확인되지 않았습니다. 왜계 토기 한 점이 그것도 구연부편만 한 점 출토된 상황이고, 교역과 관련된 유물들이 많이 나오지 않고 선착장 규모가 작고, 그러다 보니까 이제 거기에 맞추어서 생각 한 것이 '진'이었습니다.

역시 포구로 봐도 무방합니다만, 고고학적 자료를 통해서 보자면 '진'에 더 가깝지 않나 생각했습니다. 향후 인근 신문리유적이라든지 구릉의 발굴조사가 이루어져 관련시설들이 더 발견된다면, '항구' 또는 '포'와 관련된 여러 가지 플랜들을 더 구체적으로 확인할 수 있다고 생각합니다.

이형기 : 한 가지만 더 질문하겠습니다. 선착장의 규모가 23m 라고 하는 점에서, 저도 사실 배를 적당히 대기 위해서 저는 길이도 중요하지만 수심이 확보되어야 한다고 생각합니다. 다른 경우도 생각해 볼 수 있지 않을까요? 외부에서 들어온 배가 굳이 선착장에 대는 것이 아니라, 현재 선착장을 확보하지 못한 섬에 들어갈 때, 작은배로 갈아타고 들어가는 것처럼 당시에도 이런 방식으로 물품

을 교류했을 가능성도 있지 않나, 그런 것도 생각해보시면, 앞으로 발굴성과들을 정리하실 때, 도움이 되지 않을까 생각해 봅니다.

조영제 : 홍보식 선생님 질문있으십니까?

홍보식 : 네. 발표 잘 들었습니다. 관동리유적이 한반도에서 거의 처음 나오는 성격의 유적이라서 중요한 것 같습니다. 저도 실물은 못 봤습니다만, 발표내용에서 나오는 유구, 유물들을 보면 일단 도로의 경우, 측구시설과 암거시설이 있다고 들었습니다. 그런데 도로에서 측구나 암거시설의 경우, 통일신라시대부터 나타나는데 과연 삼국시대에도 이런 도로구조가 있었는지 의문입니다.

그리고 기와를 가야 유물로 보고 있는데, 기와에 우리가 흔히 말하는 평행타날(승조타날)이 된 기와가 있습니다. 이 기와는 7세기대부터 고려전기까지 주도 사용되었습니다. 그래서 이 기와의 존재, 더불어 가야의 가형토기 중 기와로 표현된 가형토기가 전혀 없습니다. 그래서 과연 가야시기에 기와지붕이 있는가 문제와 와적건물의 경우 하중이 있기 때문에 초석이라든지 하부구조가 나타나야 하는데, 그런 것에 대한 설명이 되지 않았습니다.

또 하나는 석조 우물이 상당히 많았죠? 석조 우물 자체도 통일신라 이전에는 사례가 거의 없습니다. 가야에 과연 석조 우물시설이 있었는가도 의문입니다.

마지막으로 착완의 존재인데요, 착완 역시 가야시대 유적에는 보이지 않았습니다. 주로 통일신라에 나타납니다.

　배수구가 있는 도로, 석조 우물, 타날된 기와, 착완 등을 봤을 때, 통일신라시대의 어떤 때 만들어진 것으로 추정되는 시설물들이 상당히 존재하는 것으로 보이는데, 굳이 4세기에서 6세기까지로 한정한 특별한 근거가 있습니까?

소배경 : 4세기에서 6세기로 한정하기 보다는 중심연대는 5~6세기로 보고 있고, 선착장과 관련된 잔교에서 나오는 유물들이 4세기 때 유물이 많이 나오고 있습니다.

　유구나 유물이 아닌 유적 전체를 가지고 시기를 이해할 필요가 있다고 생각합니다. 도로에서 나오는 유물을 가지고 시기를 한정짓기는 어려움이 있습니다. 그래서 중복관계인 건물지와 연관해서 생각해본 것입니다. 기와 같은 경우 타날이 일부 확인되고 있습니다. 그런데 실제 관찰해 보면 역시 손으로 제작한 흔적이 많이 나타납니다. 기와의 두께가 1cm로 얇고, 소성정도라든지 이런 것들을 봤을 때, 통일기에 나오는 기와와는 차이가 있다는 생각입니다. 와적의 문제는 전면을 와적한 건물지는 아니라 봅니다. 주로 이엉이나 볏짚을 이용한 형태의 건물에 일부 기와를 사용한 건물지가 아니겠는가 하는 생각입니다.

　그리고 기둥을 받칠 수 있는 초석 및 초판의 문제는 화면에서는 초석만 소개 했습니다만, 아주 많은 초판이라든지 기둥의 하중을 견디기 위한 방법들이 다양하게 확인 됩니다. 그래서 충분하게 토벽이라든지 이런 초판과 초석을 봤을 때, 일부 와적한 건물은 가능하다는 생각이었습니다.

유물 중에 수레 이동수단과 관련된 부분인데요, 강두정은 역시 상층에서 확인된 조선시대 도로에서 주로 확인되었습니다. 착안만 상층의 도로를 제거하고 나서 삼국시대 · 통일기로 생각되는 도로 노면에서 노출되었기 때문에 삼국시대 유물로 생각하였던 것입니다.

조영제 : 소배경 선생님에 대한 질문은 일단 여기서 마무리 하겠습니다.

다음 주제로 넘어가겠습니다. 가야의 해상활동을 하다보니까 남해안을 끼고, 왜와 남해안일대에서 발견되는 고고자료의 분포양상을 통해 이창희 선생님은 가야성립 이전, 하승철 선생님은 소가야의 5세기 후반부터 6세기 대를 중심으로 다루었습니다.

고고자료에서 특히 인간이 이주해 왔는지, 유물만 이동해 왔는지, 또는 사람이 올 때 유물을 가져 왔는지, 아니면 여기서 직접 제작했는지 같은 상당히 어려운 발표내용을 이창희 선생님이 하셨습니다. 지정토론자이신 이성주 선생님 질문하여 주시기 바랍니다.

이성주 : 강릉원주대학교의 이성주입니다. 이창희 선생님의 발표문 재미있게 잘 읽었습니다. 원래 석사학위 논문을 제가 남해안지역 일상용 토기 연구로 하셨는데, 당시 일상용 토기에 대해 별로 연구가 이루어지지 않은 상황에서 선구적인 연구를 하셨습니다.

그 뒤 제가 원삼국시대 무문토기 전통이 어떻게 전개되는가를 연구하다가 이창희 선생님 논문을 많이 참고하였습니다. 아마 이런 남해안지역 일상용 토기 연구가 바탕이 되어서, 지금 이와 같은 연구를 하게 된 것으로 생각됩니다.

대체로 기원전 1~2세기 단계에는 무문을 중심으로 우리나라는 남해안, 일본에서는 북부구주(北部九州) 지방 양 지역의 토기문화가 서로 다른 전통으로 계속 유지되어 왔습니다. 그런데 상당한 유적에서 서로 다른 지역 전통의 토기가, 즉 남해안지방에서는 북부구주의 토기가, 북부구주에서는 남해안지방의 토기가 확인되는 것은 아주 흥미로운 현상입니다.

이러한 현상은 청동기와 철기의 생산과 연관하여 생각해 볼 수 있고, 특히 울산에서 최근 자주 확인된 제철관련 유적에서 야요이 토기가 나오고 있어 중요한 연구대상이 되고 있습니다. 이런 것들을 묶어서 흥미로운 내용을 발표해 주신 것 같습니다.

제 토론의 질문은 네 가지입니다. 일단 시간관계상 간단하게 반드시 해야 할 질문은 두 가지 정도입니다. 첫 번째, 이창희 선생님께서 논문을 쓰실 때, 대전제를 토기는 교역품이었다고 하셨습니다. 흥미로운 전제인데요, 사실 토기가 교역된 일이 꽤 있습니다. 선사시대 토기들이 세계 여러 지역에서 교역된 사례들이 있고, 특히 의례적인 관계에서 교역된 일이라든가, 식량을 교환하기 위해 또는 식품을 선물하기 위해서 교역된 사례가 있습니다. 물론 토기 그 자체도 교역의 대상이 되었습니다.

그런 점에서 생활유적 토기에서 그러한 특성상 전제를 받아들인다고 한다면, 이주해 온 사람이 만든 토기를 반입품, 박재품(舶載品)으로 보고, 그 사람이 이 지역의 흙을 가지고 이 지역 본래 토기를 똑같이 만들었다면 원품(原品)이라 표현했습니다. 원품과 박재품을 변별하는 문제는 고고학적으로 굉장히 중요할 것 같습니다.

이창희 선생님의 논리에 따른다면, 반입품이 많다는 것은 자주 안 어울렸다는 이야기가 되구요, 원품이 많다는 것은 여기서 오래 거주했다는 얘기가 됩니다. 그에 따라 해석의 여지가 달라질 수 있습니다. 그 두 가지를 과연 구별할 수 있는 근거가 있는지 알고 싶습니다.

다음으로 이창희 선생님의 논제가 가야성립 이전의 토기의 이동을 통한 한일관계입니다. 때문에 가야성립을 언제로 보느냐는 것이 중요한 문제인 것 같습니다. 가야성립 이전 한일교류관계이기 때문에, 가야성립과 관련해서 한일교류관계가 어떠한 역할을 했느냐도 중요한 문제인 것 같습니다.

이창희 선생님은 가야성립을 원삼국시대 어느 시점이나 그 이후로 보시는 것 같은데, 발표문에서는 기원전 1세기까지만 다루었습니다. 지면관계상 그리고 논리에 맞게 하기 위해 이 부분만 다루신 것으로 보입니다.

기원전 1세기 이후의 상황을 어떻게 말씀하셨냐 하면, 야요이 후기 토기의 격감, 늑도유적의 와해, 김해지역 왜계토기의 등장 등 이렇게 말씀하셨습니다. 말하자면 토기를 통한 주민의 이주가 줄어들고 위세품 위주의 교역을 김해가 했던 것으로 이해를 할 수 있습니다.

가야의 성립과 관련해서 왜와 가야성립 이전 이 지역과의 교역과 역할, 관계 등을 조금 말씀해 주시면 좋겠습니다.

조영제 : 이창희 선생님 답변 부탁드립니다.

**이창희** : 우선 두 번째 질문부터 말씀드리겠습니다. 제가 사실 가야전공자가 아닙니다. 그리고 여기가 가야사학술회의인데, 그래도 제목에 가야라도 넣어야 되지 않겠느냐 해서, 일부러 가야성립 이전이라는 타이틀을 넣었습니다.

그리고 원만하게 연결시키기 위해서는 기원후 300년간의 검토가 이루어지는 것이 옳다고 생각합니다. 그러나 자료가 너무 방대해 무척 어렵습니다.

제가 직접 기원후 300년간의 자료를 직접 검토하지 않은 상황에서 말씀드리기 그렇습니다만, 제가 생각하는 것 역시 이성주 선생님의 기원후 300년간의 연구와 별로 차이가 없습니다.

우선 유물로서 한반도에 남아 있는 왜계유물이 제가 오늘 다룬 기원전 1세기에는 없습니다. 그런데 가장 다른 것은 기원후에는 유물이 있습니다. 생산지가 어디냐에 따라 논란이 있습니다만, 일단 왜계라고 하는 청동제 중광형동모(中広形銅鉾), 동과(銅戈), 광형동모(広形銅鉾) 등의 청동기라든지, 그밖에 소형방제경(小形倣制鏡) 등이 남아 있습니다.

그런데 그 당시 왜는 어떠한가를 보면, 우리는 왜계 청동기가 유물에서 출토되는데, 일본에서는 그렇지 않습니다. 일부 편들이 대마도에서 출토된 바 있습니다만, 주로 저는 부장과 매납이라는 용어를 구별하고 싶은데, 매납유구라고 하는 제사유구에 주로 출토되고 있습니다.

광형동모라든지 동검을 모아 가지고 제사를 지내는 의례적인 공간에 매납되고 있는 반면, 우리는 무덤에 부장되고 있기 때문에, 역시 이 청동기에 대해서 생각하고 있는 가치관이 다르지 않나, 역시 우리는 가치가 있는 물건으로서, 위신재로서 생각하지 않았느냐 생각합니다.

당시 일본은 주로 수장연합사회로 불리는 여러 '국(國)'이 있었습니다. 그 가운데 우리와 교류가 있는 곳은 '나국(奴國)'인데요, 기원후 1·2세기가 최전성기에 해당됩니다.

일본에서 왜 청동기 제사유물이 발달하고, 우리나라의 이기(利器)가 철기로 넘어가는데도 계속 청동기를 계속 이용한 것에 대한 제 생각은 당시 일본에서 만들 수 있는 국산품은 청동기였고 철기는 한반도나 중국에서 가져온 것이기 때문에, 청동기는 일본에서 상당한 수준까지 발달된 것으로 생각합니다. 그렇기 때문에 우리가 철기로 갈 무렵 일본에서는 아직까지 청동기를 중시하고, '나국'의 최고 전성기에는 일본사회 자체도 내재적인 성장이 있어, 한반도에서 철 소재나 원료를 수입하는 반대급부로 왜계 청동기를 준 것이 아닌가 생각됩니다.

우리나라에서도 주로 청동기가 철기로 변화됐지만, 아직까지 부장품으로서 수요가 있었습니다. 그렇기 때문에 많은 청동기들이 우리 무덤에서 많이 확인되는 것이라 생각합니다. 역시 제일 다른 것은 청동기 자체가 유물로서 나온다는 것이고, 가야의 성립과 연결시켜 보면, 사천지역이라든지 부산·김해지역, 울산지역 등 교역의 여러 거점들이 존재했는데, 왜계 청동기란 것이 물론 처음에는 비산동이라든지 명천동 등 대구·경북지역에서도 나타나지만, 결국에 김해지역에 집중되고 있습니다. 그것이 늑도유적이 갑자기 해체가 되고, 갑작스럽게 교역의 역할을 상실했다고 보고 있는데, 그 이유는 아직 상세히 잘 모르겠습니다.

아무튼 그와 동시에 야요이토기(彌生土器)는, 제가 사실 이틀 전에 내동유적에서 나왔다는 야요이토기 관련 논문을 봤습니다만, 고배 몇 점이 확실히 야요이후기토기로 볼 수 있었습니다. 그래서 정황근거입니다만, 양적으로 이전단계에 비해 야요이 주민들이 활발히 한반도 가야지역에 이주를 했다고 볼 수가 없는 상황이지만, 그 대신에 왜계 청동기가 나오는 상황들이 일치하고 있기 때문에 저는 가야가 역시 왜계 청동기가 가장 많이 나온 것은 양동리 집단이든 그리고 대형목관묘가 출현하고 그렇기 때문에 대성동고분이 축조되기 이전 단계가 양동리라고 봐도 될는지 모르겠는데, 김해의 중심이 그래서 양동리 대형목곽묘가, 제가 전공이 아니라서 구야국(狗邪國)이라 해도 좋을지 모르겠는데, 그때부터 저는 가야라고 생각해도 좋지 않은가 그런 생각을 가지고 있습니다.

첫 번째 질문은 사실 반입품, 원품의 문제인데요, 원품은 일단 제가 알기 쉽게 진짜라고 표현하도록 하겠습니다. 진짜라는 것은 가져온 것은 당연히 진짜가 되겠구요, 이주민이 자기 원래 고향 스타일로 만든 것도 진짜가 되겠습니다. 그렇기 때문에 반입 원품이란 것은 제가 용어를 조금 남발했기 때문에 이렇게 된 것 같은데, 원품 즉 진짜라는 것은 반입품과 더불어 본인들이 와서 여기 흙으로 만든 토기들이 되겠습니다.

사실 태토를 분석한다든지 하면 어느 정도 구분이 되었을 건데, 사실 토기들이 반입품인지 아니면 야요이인들이 여기 와서 직접 이 흙으로 똑같이 만든 것인지를 구분할 수가 없습니다. 그래서 사실 발표에서 말씀드렸듯이 제가 연구하는 이 시기에 한해서는 토기 자체를 서로 맞바꾸는 경우는 없다고 생각합니다. 물론 토기를 그 전 시기라든지 이후에 교환한 사례가 있었던 경우는 알고 있습니다. 토기가 상당히 많이 나오는 경우에 한해서 왜래계 토기가 전부 바다를 건너 온 것인가 라는 의문점에서 사실 출발한 것입니다.

그래서 배를 타고 건너 올 때 도항일정에 필요한 식기, 아니면 음식물들을 넣어둘 저장용기, 그리고 헌상품, 교역품 등이 있겠는데, 본문에도 있지만, 사실 많은 교역품을 싣기 위해서는 토기보다는 섬유재로 된 운반구라든지 배에 직접 선적하는 편이 더 효율적입니다. 그래서 이런 대형 토기들은 저는 컨테이너 역할로서 안에 교역품을 넣는 용도라 생각했기 때문에, 토기 자체는 도항일정에 그렇게 많은 수가 건너오지 않았다고 봅니다.

물론 계속 교환을 반복하면서, 토기를 두고 간다면, 이 토기 역시 반입품이 되겠는데, 그것이 쌓인 건지 아니면 이주를 하게 되면서 여기에서 만든 건지는, 제가 가장 중요하게 생각하고 있는 것은 기종구성이라고 생각하고 있습니다. 그래서 야요이인들이 올 때, 왜 제사용 및 제외용 단도미언토기를 비롯해 호라든지 옹 등 식기 저장기, 취사용기 등을 다 가져왔는지에 의문점이 있었기 때문에 이런 기종들이 출토된다는 것은 토기편들만 확인되는 경우와는 의미가 다르다고 생각되어, 이주한 현지에서 만들었던 가능성이 많지 않은가 생각하고 있습니다. 소성유구라든지 그런 뭔가 토기를 제작한 듯한 유구에서 야요이토기들이 출토되는 예가 많기 때문에 역시 현지 제작품이 다량 있지 않은가 생각하고 있습니다.

조영제 : 이성주 선생님, 2~4세기 대는 나중에 이야기하기로 하

고, 나머지 부분에 대해서 추가 질문 하실 것이 있으십니까?

이성주 : 아닙니다. 저도 사실은 특별한 답을 할 수 없는 어려운 질문이라고 생각됩니다.

조영제 : 네, 감사합니다. 그러면 미리 말씀드린 것처럼 순서를 바꾸어서 하승철 선생님의 소가야지역 발표에 대해서 홍보식 선생님의 토론문을 보시면, 크게는 네 부분인데, 작은 항목으로 질문이 14가지입니다. 그래서 일단 개별 토론이기 때문에 토론을 들어보고 발표자가 조절해서 답변을 해 주셨으면 감사하겠습니다. 홍보식 선생님 질문하여 주시기 바랍니다.

홍보식 : 네, 아마 작년 10월이었습니까? 창원에서 그때도 하승철 선생님이 발표하고, 제가 토론을 맡았습니다만, 아마 그때 주제도 발표문과 비슷했던 것 같습니다. 보시다시피 하승철 선생님의 발표는 많은 부분을 다루고 있습니다. 그 중에서도 가장 큰 게 아마 고성 소가야와 소가야인의 대외교류에 있어 주체적인 활동 모습을 상당히 강조하고 있는데요, 저도 이 장소에서 6·7년 전에 5세기 후반 내지 6세기 전반의 소가야 대외활동을 주목한 바가 있었습니다. 그래서 대체적으로 공감을 합니다만, 하승철 선생님이 워낙 많은 내용을 다루고 있기 때문에, 저 역시 많은 질문을 해야 되는데, 다 일일이는 못하고 크게 네 가지 문제, 예를 든다면 연대문제와 연대라고 하는 것은 과연 송학동 1A호분이 어느 시기인가, 기년상 언제정도인가 하는 문제와 그 다음에 교역주체와 루트, 그리고 고고

자료에 대한 해석의 문제, 그리고 소가야 대외교류의 의미, 소가야가 왜 어떤 목적으로, 어떤 위상을 가지고 대외교류에 능동적으로 참가를 했는지 하는 네 가지 문제에 대해서 질문을 드리도록 하겠습니다.

　아마 연대문제는 여러분들도 다 잘 알다시피 고고학의 최종목적은 아니지만, 예를 들어 우리가 송학동 1A호분이 만들어지던 시기가 과연 언제인가에 따라서 해석이 굉장히 달라질 수 있습니다. 해석을 하는 데 있어 가장 기본적인 시간축이기 때문에 연대문제는 굉장히 중요한 문제입니다. 중요한 만큼 연구자들마다 견해차가 굉장히 심한 부분의 하나입니다. 하승철 선생님의 발표문에도 보면, 아마 스에키(須惠器)를 가지고 연대 또는 편년을 한 것이 주 내용인 것 같은데요, 그래서 봤을 때 우리가 TK23형식의 어떤 절대연대 기년자체를 정하는 데 있어서 많은 연구자들이 인용하고 있는 자료가 있습니다. 그것은 서울 몽촌토성 85-3호 저장공입니다. 이 저장공에는 스에키 TK23형식의 배(杯)가 1점 확인되는데, 이 85-3호 저장공에는 엄청난 양의 유물이 있습니다. 여기에는 백제토기도 있고 고구려토기도 있고, 또 하나는 우리가 중요한 유물로서 생각하는 편자가 있습니다. 기존 보고서 작성 시의 연구를 본다면, 몽촌토성에 고구려토기와 백제토기가 나오는 자체는 한성함락, 서기 475년 이전일 가능성도 있다고 했는데, 최근의 연구성과를 본다면 고구려토기와 공반되는 유구 또는 백제토기의 연대는 475년 이후에, 한성 함락 이후에 되었을 가능성이 상당히 높다라고 하는 것이 지배적입니다. 왜냐하면 풍납토성의 발굴 결과를 기초로 했기 때문에 굉장히 설득력이 있습니다. 그래서 몽촌토성 85-3호 저장공에서의 유물의 출토양상, 기종의 조성관계 이런 것들을 우리가 주목해야 되지 않은가 했을 때 고구려토기의 존재, 편자의 존재도 굉장히 중요하다고 생각됩니다. 그 문제에 대해서 발표자의 견해를 말씀해 주시기 바랍니다.

그 다음에 풍납토성에서 고성 소가야계 토기가 5점 정도 나왔다고 하는데, 그 중에 2점은 불확실하고 나머지는 확실한 것 같습니다. 풍납토성에서 나오는 소가야계 토기는 풍납토성의 상층 유구에서 주로 나왔습니다. 상층유구는 하한연대가 백제가 한성을 함락당하는 475년 이전입니다. 이전이기 때문에 아마 연대 자체는 5세기의 3/4분기 정도로 보고 있는데, 이 풍납토성에서 출토된 소가야 토기와 같은 형식의 소가야계 토기와 스에키 TK23형식이 공반된 사례가 정확하게 있는지가 두 번째 질문입니다.

다음에 소가야권에서 나오는 신라토기의 연대도 전체적으로 본다면 스에키하고 소가야계 토기의 편년틀 속에다 넣어서 해석했는데, 그럴 경우 문제가 되는 것은 송학동 1A-11호에서 신라토기가 공반됐는데, 이 신라토기는 부가구연장경호(附加口緣長頸壺)입니다. 이 부가구연장경호의 역연대는 5세기 후엽으로 설정했는데, 그럴 경우 발표자가 가지고 있는 황남대총 남분의 연대, 남분의 연대를 어떻게 보느냐에 따라서 이 해석이 굉장히 달라질 수 가 있습니다.

마지막으로 네 번째는 일부분은 발표자와 이야기를 했었는데, 일본 나라의 시모다히가시(下田東)2호분 목관의 연륜연대가 550년이라고 하는 연구결과가 있습니다. 이것을 발표자는 449년으로 보고 있습니다. 이것은 차치하고 이 고분에서 나온 스에키 자체를 일본 연구자들은 TK23형식과 47형식이 공반되었다고 합니다. 발표문에

449년이라는 연대를 인용한 것은 아마 와다(和田)선생의 논문을 인용한 것 같습니다. 그런데 와다선생은 논문에 스에키가 TK47형식이라고 분명히 설명하고 있는데, 왜 47형식은 언급하지 않고, 23형식을 언급했는지, 그리고 47형식을 5세기 후엽으로 했다면, 이 연륜연대하고도 맞지 않지 않으냐는 문제가 크게 연대의 문제입니다.

조영제 : 질문이 너무 많고 길기 때문에 여기서 먼저 답변을 듣도록 하겠습니다. 하승철 선생님 답변해 주시기 바랍니다.

하승철 : 네, 먼저 몽촌토성 85-3호 저장공 대단히 중요합니다. 홍보식 선생님께서는 고구려토기와의 공반관계 문제, 층위문제를 질문하셨는데요, 이전에는 팽팽하게 고구려토기가 475년 이전이다 이후다로 맞섰는데, 지금은 한 쪽으로 기울어서 다시 해석해야 한다는 의견도 있습니다. 제가 주목한 것들은 고구려토기와 백제토기를 함께 다루면, 제기 도저히 감당할 수 없는 분량이기 때문에, 제가 여기에서 초점을 맞춘 것은 스에키는 고구려보다는 백제와의 관계 속에서 유입되었을 공산이 크다는 점과 경당9호분에서 소가야토기가 나왔는데, 그 상층에서도 소가야토기가 나왔습니다. 그런데 상층 유물들은 굉장히 많은 고구려토기, 백제토기가 소가야토기와 섞여 있기 때문에 믿을 것이 못되고, 경당9호분에서 나온 소가야계토기는 앞서 보신 함안 오곡리M1호분의 소가야토기 뚜껑과 풍납토성의 소가야토기 뚜껑이 거의 동일한 형식이라 보기 때문에, 그렇게 편년하고 있습니다. 그래서 몽촌토성

과 풍납토성의 자료를 인용하게 된 계기는, 공반된 소가야토기를 기준으로 해서, 오곡리 M1호분 도면을 보시면, 거의 유사합니다. 그래서 제가 편년하는 소가야토기의 뚜껑의 연대를 보면, 5세기 중·후엽으로 편년하고 있습니다. 즉 중엽보다는 후엽에 더 가까운 것으로 보고 있습니다.

두 번째가 이제 황남대총 연대입니다. 저는 황남대총 연대를 450년 정도로 생각하고 있습니다. 그래서 고성지역에서 나온 신라토기 편년의 근거는 저는 대부장경호를 근거로 했습니다. 1A-1호분에서 나온 대부장경호는 월성로고분군 발굴연대를 보면, 가4호 출토 대부장경호와 거의 유사합니다. 가4호가 6세기 1/4분기의 이른 시기로 편년되고 있습니다. 그래서 그것과 맞추어 생각했습니다. 그리고 내산리8호라든지 영락부유대장경호 등은 6세기 1/4분기로 볼 수도 있고, 분기를 나누기가 어렵기도 합니다. 저는 일단 이 두 가지를 6세기 전엽으로 편년했습니다. 그리고 대부분의 신라토기를 편년할 때는 대부장경호와 완 등을 홍보식 선생님을 논문을 많이 인용하여 했습니다. 1A-1호와 1B-1호, 그리고 내산리8호, 34호 등 전체적으로 고성지역에서 나오는 유구들을 형식편년으로 나열해 보았을 때, 이것들을 어떻게 조정하는 것이 좋은 것인가 해서, 일부분에 제 의견을 섞어서 정리를 했습니다. 그래서 황남대총 연대는 450년대인 것으로 보입니다.

그리고 마지막 질문은 저도 선생님 말씀을 듣고 깜짝 놀랐습니다. 550년이 나왔다는 것이 어디서 나왔는가 해서 급히 일본에 연락해 보니까 글을 썼던 사람이 오타라고 합니다. 다시 오타를 수정한 논문을 보면 그때 다시 논의 하기로 하고, 공반된 TK23, 47형식은 굉장히 논란이 많습니다. 저도 구분하기가 어려울 경우가 많습니다. 일본연구자들도 그런 경우가 많은데, 특히 시모다2호에서 나온 스에키는 어떤 분들은 TK23형식으로 보고, 다른 분들은 47형식으로 보고, 또 다른 분들은 답변을 유보한 상태입니다. 그래서 저는 대답을 유보하기 보다는 일단 말을 해야겠다는 입장이었습니다.

조영제 : 다 느끼고 계시겠습니다만, 고고학 논문의 태반 이상이 편년에 관한 내용들로 채워져 있습니다. 그래서 그만큼 중요하다고 생각되는데, 편년의 결정이라는 것은 토론과정에서도 이야기가 나왔습니다만은 가야토기를 편년하는데 가야토기만 가지고 하는 것도 아니고, 일본, 백제토기, 고구려토기 등을 전부 연결해서, 또 오늘은 여기 단상에 계시지 않지만 토기 뿐 아니라 마구라든지 이런 쪽으로 다른 편년관들이 존재하고 있습니다. 이러한 것들을 종합적으로 해야만 안정된 편년관이 만들어 집니다. 최근에 들어서 발표자인 하승철 선생님이 추종하는 편입니다만은 일본의 연륜연대, 즉 자연과학적인 방법을 통해서 획득된 절대연대를 상당히 신봉하면서 연대를 올려야 한다 아니다 등 논란이 많은 게 사실인데, 연대론에 대해서는 연구자들마다 기준을 어디에 잡아가지고 자기 나름대로 구축하는지에 따라 상당히 생각들이 다를 수 있습니다.

또 늘 보면, 토론하고 발표하는 과정 속에서는 잘 승복을 하지 않는 문제 가운데 하나입니다. 그게 연대가 어떻게 결정되느냐에 따라 홍보식 선생님이 말씀하신 것처럼, 그 이후 역사의 해석문제가 굉장히 달라지기 때문에 자기가 구축한 많은 내용들을 수정해야되는 부분이 있어서 상당히 바꾸기를 꺼려하는 것이기 때문에, 지금도 역시 질문이 이렇게 이렇게 아니지 않느냐 하면, 발표자는 나는 이래서 바꿀 생각이 없다 뭐 그런 거죠. 상당히 복잡한 문제이기 때문에 이 부분을 계속한다면 굉장히 시간이 많이 필요하고 광범위한 자료동원이 되어야 할 부분입니다. 그래서 다음 질문으로 넘어갔으면 좋겠습니다.

홍보식 : 네, 알겠습니다. 두 번째는 교역주체와 루트의 문제입니다. 서언에 5세기 전반에 복천동집단이 남해안의 국제교역을 중심적으로 수행하였다고 했는데, 구체적인 사례라든지 어떤 교류 구도였는지를 말씀해 주시기 바랍니다. 그 다음에 몽촌토성 85-3호 저장공 출토 스에키와 풍납토성 출토 소가야토기의 반출주체를 고성 소가야인으로 설정하고 반출루트를 남해에서 서해안을 통해서 한강으로 들어갔다고 하셨는데, 그 뒤에는 내륙루트도 상정하고 있는 것 같습니다. 그러면 내륙루트가 있는데도 불구하고, 왜 해안루트를 경유했는지, 또 영산강유역에도 스에키가 상당히 많죠. 많은데 그러면 영산강유역의 스에키는 과연 누가 그쪽으로 반출을 했는지의 문제가 서로간에 결부되어 있는 것 같습니다. 그 문제에 대해서 답변 부탁드립니다.

하승철 : 네, 복천동 문제는 저는 4세기 후엽부터는 신라문물들이 많이 들어온 것으로 봐서는 뭔가 대성동세력들하고 차이가 나는 것으로 봅니다. 그래서 복천동집단은 신라 쪽으로 많이 기우는 상황이었던 것으로 생각됩니다. 그리고 5세기 전엽에 복천동세력과 왜의 관계입니다. 일본의 노나카고분(野中古墳)을 저는 430년으

로 보고, 일본에서는 450년 정도로 보는 분들도 계시는데, 이 고분에서 유개대부파수부배가 세트로 나왔습니다. 그것을 어떤 분들은 함안토기다 어떤 분들은 김해토기라 하는데, 저는 유개대부파수부호는 복천동집단에서 갔을 가능성이 높다고 생각합니다. 그리고 유개대부파수부호는 복천동고분군에 굉장히 많이 출토되고 있습니다. 그런데 이 유물들이 노나카고분을 비롯하여 교토부(京都府) 시바가하라(柴ヶ原)9호분에서 출토되었습니다. 그래서 긴키(近畿)지역까지 가는 항로상에 있는 오카야마(岡山) 등지를 살펴보면 5세기 전반대만 해도 아직 금관가야 토기들이 나오고 있습니다. 그래서 금관가야 토기의 반출주체를 저는 복천동고분군집단으로 보고 있고, 복천동고분군집단과 5세기 전반, 그리고 후반대에 낙동강이 어떻게 변해가느냐, 그리고 신라와 왜, 복천동이라든지 낙동강연안에 있는 중소 수장층들이 어떤 관련을 가지고 가느냐, 이 문제에 저도 관심이 있어서 다음 논문 주제로 삼을까 생각하고 있습니다. 그래서 낙동강루트를 통해서 역시 창녕이라든지 양산 집단들을 중요시하게 되는 상황이 발생하기도 합니다. 창녕에 보면 왜계 목관이라든지 왜계 유물들이 나오고 있고, 하여튼 5세기 전반 대 이후에 조금 양상이 변해가고, 역시 낙동강 연안에 있는 양산이라든지 창녕 쪽으로 뭔가 중심이동이 되어가는 양상이 나오고 있다고 생각합니다. 그 부분에서는 좀 더 자료를 천착해서 글을 전개하도록 하겠습니다.

   그 다음에 소가야루트입니다. 저는 남강루트를 따라서 금강유역과 연결되는 것은 5세기 전반 대까지라고 생각합니다. 그래서 4세기 대의 자료들은 잘 모르고 있기 때문에 4세기 대와 5세기 전반 대까지는 산청 옥산리라든지를 보면 금강지역과 관련하여 뭔가 교류를 했다는 게 보이고 있습니다. 그리고 왜 갑자기 이 루트가 폐쇄되고 서남해안으로 돌아가게 되느냐 문제는 결국 대가야 때문입니다. 대가야가 5세기 후엽 이후로는 함양이라든지 거창이라든지 이쪽으로 굉장히 많이 급진적으로 확산합니다. 그 루트를 이제 대가야에게 뺏기게 되는 겁니다. 그래서 대가야가 그쪽으로 북부 가야 내륙 쪽으로 전개하면서 소가야는 이제 활로를 해안 쪽으로, 그 다음에 서남해안 쪽으로 돌렸기 때문에 그 쪽으로 해서 백제·마한과 교류를 했다고 볼 수 있습니다.

홍보식: 우리가 한 가지 또 대외교류에 있어서 관심을 가져야 될 부분이 과연 그 당시의 정치적인 구도하고 일상적인 교류가 상관관계를 가지고 전개되느냐 하는 문제인데요, 우리가 얼마 전만 하더라도 냉전시대에 있어서도 우리나라 물자가 중국에 갔습니다. 소련에도 갔구요. 때문에 이 문제는 구분해서 생각해야 한다고 봅니다. 고대에 있어서도 교류의 레벨은 상위레벨과 하위레벨로 구분해서 해석하면서, 상위레벨 같은 경우의 교류에서는 정치적인 구도관계가 굉장히 중요한 역할을 하겠습니다만, 하위레벨은 생활적인 측면에서의 교류에서는 역시 정치적인 관계보다는 그야말로 사람의 욕구를 채워줄 수 있는 측면에서 검토를 해야 되지 않은가 하는 생각을 가집니다.

   그 다음에 세 번째 해석의 문제입니다. 송학동 석실을 설정했었는데, 이것도 지난번에 문제가 되었습니다만, 송학동 석실의 특징과 구체적인 사례를 아주 간단하게 설명해 주시고, 그 다음에 고성지역에서 출토된 왜래계유물의 해석과 의미에 있어서 약간 차이가 있습니다. 예를 들면, 대가야계 유물이나 영산강수계 왜계유물과 유구는 소가야 수장층의 활동 또는 대등한 관계의 소산물로 해석을 하고 있습니다만은, 신라유물에 대해서는 신라의 진출로 표현하고 있습니다. 그래서 그 의미를 다르게 해석하고 있는데, 과연 그 근거가 구체적으로 무엇인지, 왜 신라유물만 어떤 정치적인 의미를 부여하는지에 대한 발표자의 설명을 부탁드립니다.

 다음으로 발표자는 중간기착지라는 표현을 썼습니다. 우리가 일반적으로 중간기착지라 하는 것은 B라는 지역이 있으면 A라는 지역에 있는 사람들이 B지역을 거쳐 가지고 C지역으로 간다든지 하는 그런 의미를 많이 내포하고 있는데, 아마 중간기착지라고 하는 자체와 발표문의 전체적인 내용이 의미가 잘 맞지 않는 것 같습니다. 그랬을 때, 발표자가 생각하고 있는 중간기착지란 교류 또는 교역관계에서 어떤 의미인지 설명해 주시기 바랍니다. 이와 관련해서 중간기착지 고성과 영산강수계에서 각 계통유물의 빈약함, 물적·정신적 공감대형성에 의한 동질성, 북부구주계 석실의 도입과 공유 등 이런 표현을 하고 있는데, 중간기착지, 각 계통유물의 빈약함하고 그 뒤 쪽하고는 서로 맞지 않는, 내용적으로 부합하지 않는 점들이 있는데, 이것을 어떻게 유기적으로 설명을 할 수 있는지 하는 문제와 더불어, 오히려 소가야 고성지역 같은 경우에는 분묘라든지 유물에서 왜계 유물들이 압도적인 수를 차지하고 있는데, 왜와의 동질성관계는 왜 설명을 하고 있지 않는지 그 부분에 대해서 어떤 생각을 가지고 있는지도 답변 부탁드립니다.

 다음으로 송학동, 율대리, 내산리에서 확인되는 소위 분구묘의 계통을 영산강수계에서 구하고, 또 송학동1호분의 분구를 전방후원분으로 파악하면서, 이것도 역시 영산강수계로부터 영향을 받아 만들었다고 하시면서, 그런 점을 봤을 때, 고성 소가야 수장층하고 영산강수계의 수장층과의 어떤 정치적인 관계 속에서 소가야 수장층이 도입하였을 것으로 추정하고 있습니다. 이 때 어떤 정치적인 관계라고 한다면, 구체적으로 무엇인지, 그리고 또 소가야 수장층은 착장형 위세품 시스템을 갖추지 않은 영산강 수계의 문화를 수용한 목적이 과연 무엇인가 하는 부분에 대해서도 역시 설명이 필요한 것 같습니다.

다음으로 송학동1호분을 전방후원분으로 보고, 해석하려고 하는데, 이 부분도 작년 10월에 이야기가 되었습니다. 일본측 연구자도 송학동1호분은 전방후원분형 고분으로 보기에는 어렵지 않은가 설명했는데, 송학동1호분은 발굴조사한대로 원분(圓墳) 2기가 합쳐진, 시기를 달리 두면서 합쳐진 것으로 해석하는 것이 더 자연스럽지 않은가 하는 것이 질문입니다.

조영제 : 홍선생님, 여섯 가지 질문인데, 1·3·4번은 나중에 개별적으로 이야기를 듣기로 하고, 2번과 5번, 6번은 사실확인 관계라든지 의미가 중요하기 때문에, 그 세 가지에 대한 답변을 듣기로 하겠습니다. 하승철 선생님 부탁합니다.

하승철 : 네, 신라문물의 해석입니다. 신라는 영산강하고 왜하고 대가야와는 다릅니다. 소가야 문물은 5세기 전반까지만 해도 김해라든지 낙동강 연안 쪽에 토기라든지 이런 것들이 많이 나오고 있

습니다. 그래서 복천동까지 5세기 전반 대까지 유물이 나오는 것이 확인되고 있습니다. 그런데 제가 아직 자료를 확보하지 못해서인지는 몰라도 5세기 후반 대에는 굉장히 반입량이 거의 찾아볼 수 없을 정도로 줄어듭니다. 늦은 시기 6세기 대에 예안리 유물이 있지만, 이것이 뭔가 신라세력화가 진행됨으로 해서 낙동강 하류역 금관가야 쪽하고 소가야는 굉장히 교류가 큰 의미가 있다고 생각합니다. 어느 순간부터 단절되기 시작합니다. 그래서 좀 전에 말씀드린 대로 신라토기, 신라문물 역시 소가야지역에 반입된 게 손에 꼽을 정돕니다. 옥산리라든지 이렇게 몇 점 안됩니다. 그런데 6세기에 접어들면, 이것이 물밀 듯이 밀려옵니다. 남해안을 통해서 고성지역 소가야 토기가 굉장히 많이 반입됩니다. 그리고 창녕을 통해서 의령지역에 반입되고, 의령지역 토기들도 몇 점 창녕으로 넘어가고 있지만, 이런 양상들을 보면 소가야와 대가야, 소가야와 아라가야, 소가야와 왜, 소가야와 영산강지역과의 양상과 다릅니다. 그래서 이 네 가지를 판단하면, 신라부분은 뭔가 다른 관련이 있다고 생각되며, 소가야의 선택이 아니고 저는 신라이 선택이 아닌기 생각됩니다.

그리고 다섯 번째 질문인데요, 전방후원분이 굉장히 문제입니다. 일단 제가 송학동을 전방후원형 고분의 모방이라고 한 것은, 이 분형(墳形) 자체가 1983년도부터 제기된 문제이지만, 분형자체가 소가야에서는 찾아볼 수 없습니다. 그리고 제가 처음에 고성을 연구하고 할 때도 처음에 다 같은 가야인줄 알았는데, 다 같은 소가야 중에서도 시기가 지나면서 시기별로 결합하고 떨어지고 하는 것들이 유동적이다, 그래서 같은 소가야지역이지만, 산청, 합천 삼가와 소가야 고성지역은 묘제도 달라지고, 토기도 뭔가 차이가 나지 않느냐, 그래서 같은 소가야 전체 권역이지만, 소가야가 어디하고 좀 더 많은 교류를 가지고 어디를 중점으로 이용하는가에 따라서 달라진다고 생각합니다. 그래서 고성지역에 있는 소가야는 아라가야라든지 대가야에 눈을 돌리고 있지만, 크게 주목하고 있는 것은 역시 마한·백제·왜 이쪽 라인입니다. 그래서 고성 쪽에 들어오는 마한 및 영산강 쪽에 있는 분형이라든지 주구, 석실에 도입되는 이런 왜계 요소들, 이런 것들을 보면 역시 북부 구주하고 고성하고 영산강하고 삼자들은 그렇게 고도의 정치적 기술이라든지 발달된 체계는 가지고 있지 않지만, 이 루트를 굉장히 중요시했다 생각합니다. 그래서 저는 금관가야세력이 넘어가서 대가야로 갔다가 백제로 이어지는 흐름이 이루어진다고 말씀하시는 분들이 계시지만, 저는 5세기 전반 이후에는 제일 큰 흐름은 북구주, 고성, 백제·마한 루트라고 생각합니다. 그래서 이런 루트를 굉장히 중요시했기 때문에 그런 부분에서 뭔가 고성지역은 다른 지역과 차별을 하게 되었고, 그리고 그런 쪽에 있는 묘제라든지 이런 문물들을 도입하기 시작한 것이 아닌가 생각하고 있습니다.

조영제 : 홍보식 선생님은 더 많은 질문을 하고 싶고, 더 많은 답변을 듣고 싶으시겠지만, 일단 시간 관계상 고고학적인 토론은 여기서 마무리 하도록 하겠습니다. 다음으로 포상팔국 전쟁에 대해서 백승충 선생님의 질문을 받도록 하겠습니다.

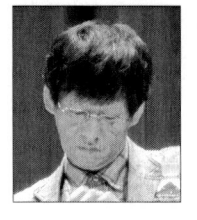 **백승충** : 제가 토론문을 6가지 정도로 요약을 했습니다. 첫 번째는 예전에 썼던 제 논고와 관련된 부분이라서 접근방법과 해석, 이해에 있어 약간의 오해가 있지 않은가 생각 돼서, 제가 질문을 드리지는 않도록 하겠습니다. 두 번째부터 질문을 하겠습니다.

발표자는 낙랑·대방군의 소멸에 따른 교역권의 변동과 관련지은 4세기 전반설을 주목하면서도, 그 이전에 이미 교역체계의 다양화가 보이는 점과 우로의 생몰연대의 추정을 근거로 그 기년은 3세기말~4세기 초로 소급할 수 있다고 주장합니다. 이 사건과 우로의 관련성 여부에 대해서는 논란이 많기 때문에 일단 논외로 하고, 교역체계의 다양화 문제는 달리 해석할 여지가 있다고 생각합니다. 즉 1~3세기 가야에서는 중국계·왜계 유물이 지속적으로 보이기 때문에 교역체계의 다양화를 논하는 기준으로 삼기는 어렵고, 교역체계의 변동(혹은 다양화)의 시작은, 2군 소멸 훨씬 이전인 '환령지간(桓靈之間)'과 '한예강성(韓濊疆盛)'때 그 단초를 찾을 수 있으며, 3세기 이후 가야지역에서는 전세품을 제외하고는 중국계 유물이 희소하다는 점 등입니다. 이에 대한 발표자의 견해를 듣고 싶습니다.

다음으로 발표자는 "포상팔국(浦上八國) 가운데 중심국은 고성의 고자국(古自國)일 가능성도 있지만, 사료에 입각하여 물계자의 발언에 초점을 맞추어 보면 보라국(保羅國)일 가능성이 더 높다."고 서술하고 있는데, 8국의 중심국을 고자국 혹은 보라국으로 볼 수 있는 근거는 어디에서도 찾을 수 없습니다. 특히 보라국의 경우 『삼국유사』 물계자전에는 1차 전쟁 때는 보이다가 2차 전쟁 때는 사라지고, 꾸준히 등장하는 것은 오히려 골포국 등 3국입니다. 또한 "지금의 칠원지역(함안군 칠원, 칠서, 칠북면)에 존재했던 것으로 보이는 칠포국(柒浦國)의 경우, 5세기 후반 대까지 독립된 국(國)으로 존재하고 있었다고 보기 어렵습니다. 칠원지역은 3세기 말~4세기 전반 대에 함안의 안라국 곧 아라가야 권역으로 포함된 지역으로 보인다."고 하였는데, 발표자의 견해대로 이 기사의 편년을 4세기 전후로 보더라도 안라국 권역의 상정과 칠포국의 귀속을 상정할만한 근거가 있는지 의문입니다. 이 점에 대한 발표자의 견해를 듣고 싶습니다.

넷째, 발표자는 사료ⓑ와 ⓒ는 동일시기 동일 사건에 대한 기술이고, ⓐ는 다른 시기 다른 사건을 기술한 것으로 보면서, 내해왕 14년 포상팔국의 김해의 남가라(南加羅) 공격, 3년 후인 내해왕 17년 포상팔국의 함안 아라국(阿羅國) 공격, 내해왕 20년 골포(骨浦)・칠포(柒浦)・고사포(古史浦) 3국의 갈화성(竭火城) 공격으로 정리하였습니다. 사료ⓒ를 기준으로 ⓑ의 연대를 확정하고, 이와는 연대를 달리 하는 사료 ⓐ를 별개의 사건으로 추정한 것 입니다. 이러한 논리전개는 독창성을 가지는 것으로서 적어도 기년 정리에 있어서는 정합성을 가지고 설득력이 있다고 생각합니다. 문제는 〈표 4〉에 예시된 바와 같이 사료ⓐ와 사료ⓑ의 전반부는 약간의 자구 차이만 보일 뿐 형식과 내용이 거의 동일하기 때문에 객관적으로는 각각 다른 사건을 기록한 것으로 보기는 어렵다는 점입니다. 발표자의 보충적인 견해를 듣고 싶습니다.

다섯째, 포상팔국은 포구나 해양을 근거로 존립하면서 포상팔국

연맹에서 지역국가로의 진입을 위해 전쟁을 통해 새로운 활로를 모색했으나 좌절된 것으로 보고 있습니다. 구체적인 목적으로 가라국은 대외교역권의 유지, 안라국은 농경지의 확보와 내륙에로의 진출 등을 들고 있습니다. 개념 문제는 일단 논외로 하고, 발표문에서는 논지의 중요성에 비해 그 내용이 너무 압축되어 있어 이해하기 힘든 부분이 많습니다. 예를 들면 농경지의 확보를 위해 안라국을 공격했다는 것도 선뜻 이해하기 힘든데, 대외교섭활동을 전제로 하지 않은 채 안라국을 농경국가로 볼 수 있는지 가경지는 얼마나 되는지 의문이고 내륙으로의 진출도 너무 막연합니다. 보충적인 설명을 부탁드립니다.

여섯째는 사료의 문제이기 때문에 생략하도록 하겠습니다. 이상입니다.

백승옥 : 네, 지적 감사합니다. 제 글을 정말 꼼꼼히 읽으셨다는 느낌을 받았습니다. 그리고 지적하신 부분도 전부 제가 고민하고, 쓰면서 이건 좀 문제있다고 생각하던 문제를 정확하게 지적해 주신 것 같습니다. 전체적으로 말씀드린다면 한달 내에 본 논문을 제출하게끔 되어 있는데, 그 기간 내에 전부 보충을 하도록 하겠습니다.

말씀하신 부분들을 제가 구체적으로 답변을 드리면, 첫 번째 질문은 안 하셨는데, 포상팔국 전쟁 관련논문은 이전 일본인인 미시나(三品)나 이병도, 이현혜 선생님께서 아주 부분적으로 언급했지 이 기사를 가지고 본격적으로 천착을 해서 논문을 쓰신 분은 토론자이신 백승충 선생님이십니다. 1989년에 쓴 석사논문에서 이 포상팔국을 주목하신 겁니다. 그래서 그 이후에 많이 언급이 되고 있습니다. 그래서 저는 포상팔국 전쟁 관련해서는 선구자적인 업적을 가지고 계신 것으로 생각하고 있습니다. 그래서 그때 논문도 제가 많이 인용하기도 하였는데, 본 논문을 쓸 때 좀 더 꼼꼼히 읽어 가지고 정리를 하도록 하겠습니다.

두 번째 질문의 경우, 지적하신 그대로입니다. 사실 포상팔국 전쟁의 원인이 무엇인가, 왜 여덟 나라가 힘을 모아서 주변에 있는 나라를 쳤는가, 그 계기는 무엇인가가 문제입니다. 그 계기가 무엇인가, 사실 문헌에도 잘 보여지지 않고, 고고학적으로도 잘 증명이 안 됩니다. 그래서 이전에 어떤 분들은 낙랑소멸이 문제가 된 것이 아닌가, 낙랑소멸이 4세기 초 313년인데, 낙랑·대방 쪽에 문제가 생기니까 한반도 남부의 여덟 나라가 힘을 합쳐 사건을 일으킨 것이다, 이렇게 말씀하셨는데, 사실 막연한 주장입니다. 또 고고학적으로도 외래계유물 그 시기 안에 폭발적으로 뭔가가 보인다던가 하는 부분도 없습니다. 그래서 사실 저도 이 부분은 뭔가 근거로 하는 자료는 없다고 봅니다. 백승충 선생님께서는 '환령지간' 과 '한예강성' 에 주목해 볼 필요가 있지 않느냐 말씀하시는데, 그것도 옳으신 지적이구요, 어쨌든 지금 제 판단으로는 특별히 없다, 그렇지만 한 번 고민은 해 보겠습니다.

세 번째 질문은, 포상팔국의 중심국이 고자국이 아니라, 보라국이라는 근거가 없지 않느냐 하셨는데, 맞습니다. 제가 사실 고성관계 논문을 오래 전에 쓴 적이 있는데, 그 때는 고성을 중심국으로 봤습니다. 왜냐하면 전쟁이 제가 볼 때는 총 세 번 일어났는데, 그래도 두 번 나오는 나라가 고성의 고자국입니다. 아무래도 두 번 중복해서 나오므로, 전쟁의 중심국이 아닌가 생각했었습니다. 그런데 이번에는 제가 보라국을 중심으로 본 이유는 물계자라는 사람이 전쟁에 참가했는데, 삼국유사에는 피은조에 나옵니다. 그래서 공을 세웠음에도 공을 인정받지 못하니까, 낙향하는 내용을 다루고 있는데요. 삼국사기에서도 마찬가지구요, 그런데 삼국유사를 자세히 보면, 자기 부인이 물계자에게 그런 얘기를 합니다. 당신이 그렇게 공을 세웠는데, 좀 홍보를 해라 그렇게 얘기하니까 물계자가 그것을 옛날 자기가 전쟁에 참가한 것을 언급하면서, 그래 내가 옛날 갈화전투 때, 또 보라국전투 때, 이렇게 얘기를 합니다. 그래서 갈화전투, 보라국전투 그렇게 이야기를 꺼냈다는 것은 바로 앞의 갈화는 울산이니까 차치하고, 포상팔국에서 보라국전투때 이렇게 얘기하기 때문에 팔국 중에서도 보라국이 굉장히 중심국가 이었을 가능성이 높다라는 겁니다. 그런 추정에서 제가 말씀 드린 겁니다. 안타까운 것은 보라국의 위치를 사실 잘 모르겠다는 것이 아쉽습니다.

 그 다음에 칠원지역이 언제 함안에 편입되었는지는 사실 정확히 잘 모릅니다. 그런데 함안에 아라가야의 위세라든가 그런 것들을 봐서, 바로 옆이죠, 지금도 함안군 칠원면이잖습니까? 그래서 함안의 5~6세기 대 위세를 봐서는 바로 옆에 있는 칠원이 5세기 대까지 독립국으로 존재했다고 보기 힘들다고 판단했습니다. 그 판단 기준이 뭐냐 이렇게 질문하셨는데, 사실은 시기가 좀 내려오는데, 5~6세기 토기관계하고 지리적 여건 그 두 가지 밖에 없습니다. 그래서 그걸로서 판단한 건데, 그것만 가지고 좀 어렵지 않느냐는 지적이신데, 맞습니다. 고민을 좀 더 하겠습니다.

 그 다음에 네 번째는 바로 제 발표 중에 가장 큰 핵심은 두 가지 입니다. 포상팔국 전쟁의 시기가 언제인가와 기존에는 전쟁을 두 번으로 보았는데, 저는 세 번으로 나누어 본 것입니다. 이 가운데 세 번으로 나누어 보는 것이 어렵지 않느냐가 질문이신데, 이 문제는 사실 제 주장을 고집하고 싶습니다. 81페이지 〈표 4〉가 포상팔국 전쟁을 세 번으로 볼 수 있는 근거인데. 어떻게 보면 비슷비슷한 구조인데, 가서 도와준 인물도 신라왕자고 비슷한 구조인데, 그렇게 생각하실 수도 있겠지만, 저는 그렇게 볼 수 있는 근거도 약하기 때문에 사료에 있는 그대로 보자, 세 번으로 보자 그런 겁니다. 그래서 그렇게 두 번으로 굳이 합해 보는 명확한 근거도 없기 때문에, 사료에 있는 그대로 볼 필요가 있지 않느냐 생각합니다.

　다섯 번째는 앞에 비해 사실 중요한 부분은 3장이 중요한 것 같은데, 3장이 너무 약술됐다는 지적이신데, 맞습니다. 발표문을 쓰다 보니까 너무 양이 많이 늘어나기도 하고, 또 본문에서 보충도 될 것 같아서, 어떻게 보면 용두사미가 된 것 같은데, 사실 중요한 것은, 앞에 거듭 말씀드렸습니다만, 시기 문제하고 그런 문제이기 때문에 서술을 하다 보니까 그렇게 됐는데, 그 부분도 보충하도록 하겠습니다. 감사합니다.

조영제 : 백승충 선생님께서 더 질문하실 것이 있으시겠습니다만, 조금 참아 주시기 바랍니다. 사실 어제 함안에서 발표할 때도, 창원대학교 남재우 선생님이 포상팔국 전쟁을, 그 자체가 목적은 아니었지만, 아라가야의 성장과정을 이야기하면서 이 부분을 언급을 했습니다. 그런데 어제 제가 토론 사회를 함안에서 보면서 그것을 건드릴까 하다가 오늘 보니까 백승옥 선생님께서 본격적으로 포상팔국 전쟁만 발표가 있고, 또 백승충 선생님의 토론이 있는 것을 알

고는 오늘 여기 와서 본격적으로 언급을 해봐야 되겠다, 그런 생각을 가지고 온 주제입니다. 그래서 나중에 조금 있다가 같이 한 번 이야기해볼 기회를 가져야 할 것 아닌가 그런 생각입니다. 그리고 또 멀리 서울서 오시게 해 놓고 너무 오래 기다리게 하는 것도 좀 예의가 아닌 것 같아서, 윤명철 선생님께 마지막으로 토론을 부탁 드리겠습니다.

윤명철 : 네, 감사합니다. 동국대학교 윤명철입니다. 제가 여기 내려온 이유 중에 하나는 주최하시는 분들이 특별히 저한테 부탁을 하셨고, 두 번째는 제가 가야사를 잘 모릅니다. 해양사에 관해서는 비교적 논문을 많이 쓴 편이지만, 가야사에 관해서는 구체적으로 논문을 쓴 적이 없어서, 이번 기회에 공부해 보겠다는 마음으로 내려오게 되었습니다. 제가 늦게 왔음에도 불구하고, 발표와 토론을 들으면서 확실히 단언하건데, 굉장히 열정적으로 연구를 많이 하시는 것 같습니다. 토론이 이렇게 진지하고 복잡하고, 특히 저는 잘 몰랐었는데 하승철 선생님이나 홍보식 선생님 두 분의 발표와 논쟁을 듣다 보니까, 연구는 이렇게 하는 거구나 그런 생각이 들었습니다. 그런데 한편으로 저는 이런 생각도 듭니다. 저는 전공이 해양사 전공자구요, 고구려사를 주로 하고 있습니다. 해양사에 관한 논문을 쓸 때는 해양사의 입장에서 논문을 쓰구요, 그런 과정 속에서 제가 아무래도 문헌 같은 경우에는 중요시합니다만, 기타 다른 방법도 동원을 하고, 고고학적인 지식을 가능한 한 동원하고자 애씁니다. 그런데 역시 저는 고고학자가 아니

기 때문에 아마추어라는 것을 염두에 두고, 늘 신경을 씁니다.

　첫 번째 발표에서 관동리유적 같은 경우에는 상당히 놀라운데요, 얼마 전에 울산 반구동유적 발표가 있었습니다. 그 때도 항구도시와 연관해서 발표하셨는데, 오늘 관동리유적 발표를 들어보고, 자료집을 보니까, 굉장히 쇼킹한 정도를 떠나 뭔가 그럴 듯하다, 왜냐하면 저는 한반도 서남해안에 관해서 일찍부터 관심을 가졌는데, 막상 내려와 보니까 많은 분들이 연구하셨고, 고고학적으로 발굴이 이루어졌기 때문에, 이 부분만 남해안에 대한 해양활동만 제대로 복원이 된다면, 우리 역사에서 상당히 많은 부분을 복원하지 않을까 생각해 봅니다. 특히, 해양과 연관해서, 다만 그런 과정에서 역시 제가 조금 해양사에 대해서 관심을 가졌고 미리 공부한 사람으로서 몇 마디 얘기할 수밖에 없다고 생각합니다. 질문은 몇 가지는 빼고, 간단히 얘기 하겠습니다.

　먼저 용어사용의 문제인데요, 연구사 부족 검토라는 느낌과 함께 제가 제기하는 것 중의 하나는 발표자께서 해상운송체계 등에 대해 이런 용어를 쓰셨는데, 상식선에서 쓰신 용어이신지, 아니면 다른 이 분야 전공자들의 연구를 바탕으로 쓴 것인지 알고 싶습니다. 그리고 연구 성과가 없다는 부분은 제가 꼭 짚어야 된다고 생각합니다. 제가 가야사를 잘 몰랐던 것과 마찬가지입니다. 참고삼아 말씀드리면 사실 제가 해양과 연관하여 100여 편 가까이 논문을 집필했고, 몇 권의 단행본과 몇 권의 논문집을 오래 전부터 출판한바 있습니다. 그런 과정 속에서 여러 가지 이론들도 제기했습니다. 그런 부분들을 저는 역사학자고 거시적으로 담론을 얘기하다보니까 여기에 고고학자들이 미시적으로 구체적으로 접근해 들어간다면, 역사상을 제대로 구현할 수 있지 않을까 생각해 봅니다. 그래서 말씀드리면, 역사에 사관이라든가 연구방법론이 있듯이, 가능하면 꼭 다양한 이론들을 전개하거나 전제하면서 논문을 쓰시면 훨씬 더 좋겠다는 생각을 합니다.

그리고 또 항로의 문제, 항구의 문제가 있는데, 항구도 관동리유적 발표한 선생님께서 몇 가지 조건을 말씀하셨는데, 저도 상당히 바람직하다고 봅니다. 그와 동시에 제가 일찍부터 도시국가이론과 같은 항구에 대한 이론을 정리한 것이 있으니까, 제 것도 참고하시고, 오늘 발표자 것도 제가 참고하면서, 그리고 실제 삼한에 78국의 소국이 있었는데, 제가 1995년도에 천관우 선생님과 이병도 선생님의 위치비정을 가지고 확인해 보니까, 대체로 바닷가 항구거나, 강과 바다가 만나는 접점지역에 있었습니다. 그래서 그런 도시이론 같은 경우도 좀 더 활발히 연구가 되면, 특히 이 지역에서의 연구는 대단히 가치가 있다고 봅니다.

그리고 또 한 가지는 항구와 항로의 문제인데요, 좀 전에 진(津)과 포(浦)의 문제에 대해 말씀하셨죠? 진, 도(渡), 포가 다르죠. 또 잔교라는 용어도 나왔었는데, 그 발표도 그렇고, 이창희 선생님의 발표에서도 저로서는 이해가 잘 가지 않는 부분이 있었습니다. 항구문제도 잘 해석하게 된다면, 대단한 연구가 될 것이라 생각합니다. 그리고 또 한 가지, 항구선택의 가장 중요한 요건 중의 하나는 항로의 문제가 되겠습니다. 항로와 더불어 항구가 선택이 되어야 되고, 그것과 아울러 자연스럽게 도시가 발달되지만, 항로의 선택이란 자연환경도 중요하지만, 당시 각 국가의 역사적 환경, 즉 국가발전전략문제라든가 국가에서 조성한 교통로의 문제, 이런 것들과 더불어 찾는 것이 옳습니다.

또 한 가지는 출발하는 항구가 다르면, 도착하는 항구도 다릅니다. 이것은 해양의 메커니즘 중에 하나구요, 그런 의미에서 볼 때, 포상팔국부터 시작해서 금관가야, 대가야의 문제들, 특히 일본열도 진출이라든가, 아니면 대중국 진출이란 표현을 하셨는데, 남제의 관계문제를 얘기할 때, 이것이 출발한 곳에 따라, 또는 시기에 따라 항로도 달라지고, 도착항구도 달라지고, 거기에 따른 역학관계도 달라진다고 말씀드리고 싶습니다.

또 한 가지는, 용어들 중에서 섬진강수계라든가 산성네트워크라는 용어가 굉장히 신선하게 다가옵니다. 그런데 제가 궁금한 것 중에 하나는 대부분의 발표문에 각주가 없습니다. 그래서 수계라 한다면, 수계망이나 하계망이론 같은 것을 인문지리학자들과 자연지리학자들, 도시전공자이 이론을 각주에 달아야 된다고 봅니다. 그래서 산성네트워크란 용어를 쓰셨는데, 이 때 산성네트워크라는 것이 무엇을 의미하는지, 실제 산성네트워크가 성립됐다면, 굉장한 일이거든요, 저는 고구려는 그렇게 보고, 논문도 있습니다. 그런데 만약 이 지역에서도 산성네트워크라 할 정도로, 조직화된 시스템이 있었다면, 놀라운 일이기 때문에 저는 이런 것을 좀 더 연구하면 좋지 않을까 생각합니다.

다음으로, 해양국가라는 용어를 두 번 이상 사용하셨는데요, 지금 이 지역이 포상팔국을 비롯해서 해양적 성격이 강하긴 하지만, 일반적으로 해양국가란 용어를 쓸 때는 이 지구상에서 해양국가에 걸맞은 나라는 인도네시아에 있었던 몇몇 소국들과 영국의 발전기 때입니다. 그래서 가능하면 해양국가란 용어보다는 다른 용어로 또는 문장 속에서 완화시키시는 게 좋지 않은가 생각합니다.

　또 한 가지는 3세기 전반기에 황해 중부 횡단항로를 사용한 사례가 없다 하시면서, 발표문에 강봉룡 선생님의 글을 인용했는데, 그 부분들에 대해 저는 기본적으로 이미 선사시대부터 황해를 횡단 내지 종단하는 항해가 이루어졌다고 봅니다. 또 한 가지는 고구려의 동천왕과 오의 손권 간에는 일종의 군사동맹이 맺어지면서, 배들이 오고 가고, 군마라든가 기타 무역품들이 수출되기 때문에 이런 것들은 황해를 종단항해한 것입니다. 그 외에도 숱한 근거들이 있기 때문에, 이것은 기본적으로 사료에 대한 검토가 이루어지지 않은 것이라 봅니다. 그 외에도 몇 분들이 황해횡단 등의 용어를 쓰셨는데, 제가 보기에는 일단 여러 의견들을 검토하셔서 더 좋은 연구가 이루어졌으면 합니다.

　조영제 : 네, 윤명철 선생님의 토론은 토론이라기보다는 해양사 전문가로서, 이형기 선생님뿐만 아니라 많은 사람들에게 이랬으면 좋겠다라는 지적이죠, 지적이 중심이고 그 지적은 다득 닥게 받아야 되지 않겠느냐 하는 생각입니다. 그 중에도 혹시 이형기 선생님, 몇 가지 답변하실 것이 있으시면, 해 주시기 바랍니다.

　이형기 : 네, 짧게 말씀 드리겠습니다. 제 발표문의 요지는 두 가지입니다. 대가야는 절대 혼자 중국으로 못 갔다, 그리고 해상운송체계는 갖추지 못했다 입니다. 일단 제가 고백을 하자면, 제가 발표할 때도 말씀드렸습니다만, 가라왕 하지의 남제 조공기사에 대한 연구성과들은 더 이상 이야기할 것이 없다할 정도로 많은 이야

기들이 나왔습니다. 그래서 이야기할 수 있는 부분은 거의 다 나왔다고 봅니다. 그래서 제가 이 주제를 맡아 달라고 하셨을 때, 제가 얼른 든 생각은 뭘 가지고 이야기를 하냐였습니다. 당시 전화를 주셨을 때, 거절은 못하겠고, 할 이야기는 없고 정말 고민이 되었습니다. 그래서 고민하다가 어떻게 이야기를 풀어갈까 하는 고민 속에서 그동안에 했던 이야기들은 결과만 가지고 이야기를 했습니다. 가라왕(加羅王) 하지(荷知)가 479년에 중국에 건너가서 보국장군(輔國將軍) 본국왕(本國王)이라고 하는 작호를 받았다는 결과, 그것이 왜 이루어졌고 그것에 대한 결론은 어떤 것이다라고 하는 결론적인 문제들을 가지고 이야기를 다들 하셨기 때문에, 그렇다면 저는 그것은 논외로 치고, 그렇다면 대가야가 어떻게 갔을까? 그 문제를 한 번 짚어보자는 것이었습니다. 그런데 아쉽게도 윤명철 선생님께서는 굉장히 많은 연구성과들을 내고 하셨지만, 사실 담론이 무척 큽니다. 윤명철 선생님은 세부적인 내용보다는 큰 사실들을 다루고 계시기 때문에, 제가 섣불리 인용할 수도 없고, 그리고 또 제가 준비하는 기간이 굉장히 짧았기 때문에, 선생님의 논문을 다 읽어 본다는 것은 도저히 말도 안 되는 이야기이면서, 제가 선생님 논문을 두어 편 읽었습니다. 그런데 지금 말씀드린 대로 거대한 담론을 담고 계시기 때문에, 이것을 어떻게 이용할까라고 하는 점에서는 상당히 어려웠다는 점을 말씀드리고 싶습니다.

그렇다면 다시 본론으로 돌아와서 해상운송체계를 어떻게 이야기를 할 것인가, 지금 윤명철 선생님께서는 용어문제를 지적하셨습니다만, 저는 상식선에서 이야기를 했습니다. 아주 깊이 있는 왜냐하면 저는 해양사에 대한 깊이가 없기 때문에 상식선에서 해상운송, 즉 바다를 이용해서 교류를 하기 위해서 꼭 필요한 것들, 말씀드렸습니다만, 항만이라든지 선박이라든지 아주 훈련된 숙련된 선원, 그리고 또 이를 지원하는 해사행정시스템 이런 것들이 반드시 필요하지 않았을까, 그렇다면 내륙에 있었던 대가야가 과연 그러한 것들을 갖추고 있었냐는 점, 실제로 신라 같은 경우는 선부라는 조직을 갖추고 있었던 것이 보이고 합니다만, 사실 다른 곳에서는 보이지 않습니다. 그리고 일본서기라든지 다른 어느 기록을 찾아보더라도, 가야가 배를 훌륭하게 만들었다는 사실을 보여 줄만한 기록이 나타나지 않습니다. 다만 일본서기에 보면, 백제의 배가 있다라는 정도는 보이긴 합니다. 그렇다면 이것을 어떻게 풀어 나가야 될 것인가 하는 점에서 상식선에서 제가 이야기를 했다는 점, 그래서 용어선택이 그렇게 적절하지 못했다는 선생님의 지적은 굉장히 적절하시구요, 그것은 제가 본 논문을 완성할 때, 선생님의 지적을 충분히 반영해서 고민을 좀 더 하도록 하겠습니다.

조영제 : 네, 감사합니다. 이상으로 개별 토론을 마치고, 시간이 얼마 없습니다만, 종합토론으로 넘어가야 하는데, 오늘 주제가 가야의 포구와 해상활동입니다. 그런데 다섯 분이 발표를 하셨는데, 주제는 하나지만, 내용을 보면 전혀 시기적으로 5세기 후반 대가야와 소가야 이야기를 한 것 외에는, 시기적으로 안 맞고 지역적으로도 안 맞습니다. 공통적인 문제로 토론을 하기가 굉장히 어렵습니다. 특히나 근본적으로, 어제도 그렇습니다만, 가야 쪽에서 뭔가 토론을 하게 되면, 무엇보다도 물론 고고학 사이에도 연대문제라든지 안 맞는 게 있습니다만, 특히 많은 괴리를 느끼게 하는 게, 고고

학과 문헌학이 타협점이 잘 안 찾아질 정도로, 좀 전에 윤명철 선생님은 고고학이 미시적으로 보면서 문헌사 연구자와 같이 하면, 좋은 성과가 나올거다 하셨는데, 그렇죠 고고학이 특히 가야고고학은 궁극적인 목적이 인간의 삶의 복원보다는 역사복원, 가야의 역사복원에 주로 두고 있기 때문에, 늘 보면 문헌사하고 결과가 같아야 하는데, 결론이 서로 맞지가 않습니다.

오늘도 들어 보셨겠지만, 포상팔국연맹을 고자국이 아니라 백승옥 선생님은 보라국일 가능성이 있다고 하셨는데, 하승철 선생님의 발표를 보면, 5세기 후반에 고성이 굉장히 활발히 대외활동을 했다면, 대내적으로도 상당히 큰 정치체로 성장했지 않았나 하는 생각이 드는데, 이런 역사상이 연대도 그렇고 쉽게 일치시키기가 어려운 부분입니다. 결국 포상팔국 전쟁을 3세기 말에서 4세기 초로 백승옥 선생님은 파악하고, 이 전쟁의 주체는 포상팔국 연맹이고, 그 대상은 김해에 있었던 가라 또는 함안의 안라라고 결론을 내셨는데, 지금부터 이 점에 대해서 주어진 시간동안 각자 의견들을 들어볼까 생각합니다. 먼저, 이형기 선생님, 고령의 대가야가 정체성을 가지고 본격적으로 성장하는 것이 5세기 이후로 보고 계시는데, 대가야보다 소국들인 포상팔국들이 3세기 말 4세기 초에 강대국인 김해나 함안지역의 가야국들을 공격할 가능성이 있다고 보십니까?

이형기 : 저는 개인적으로 포상팔국 전쟁은 삼국사기에 기록 된 대로 3세기 초로 보고 있습니다. 그리고 포상팔국들의 전쟁의 이유라는 것이 결국은 김해를 중심으로 한 세력과의 교역권 다툼이 아닌가로 이해하고 있습니다. 사실 김해의 세력이 성장할 수 있었던

여러 가지 이유가 이제 이현혜 선생님께서 탁견을 내신 관문사회의 개념, 그것을 만약에 받아드린다면, 그것이 남해안 연안에 위치하고 있었던 포상팔국과는 그렇게 다르지 않다라는 게 저의 기본적인 생각이고, 그리고 삼국사기 초기의 기록에 대한, 기년의 신빙성 문제는 저는 굳이 낮추어서 볼 필요가 없다고 봅니다. 그리고 결론적으로 말씀드린다면, 포상팔국은 백승옥 선생님이 처음 썼을 때 이야기가 고자국을 중심으로 하는 포상팔국 동맹의 개념을 제시하셨는데, 저도 거기에는 동의하고 있습니다. 다만 거기에 후원이 안야국이 아닐까 생각해 본 적이 있습니다. 그래서 포상팔국이 김해의 세력과 전쟁을 벌여서 실패한 뒤에 그렇다면 포상팔국이 결국은 쇠락하게 되겠죠, 그렇게 되었을 때, 그 세력을 지원했던 안야국이 포상팔국이 가지고 있던 어떠한 이점들, 지리적 이점들을 본격적으로 활용하게 되는 겁니다. 그래서 바다와 접하지 못했던 안야국이 바다로 진출할 수 있었던 계기가 아마 그 때쯤 마련되지 않았을까, 그렇기 때문에 삼국지에 보이는 구야국과 안야국의 가구(호수)에 대한 기사가 그래서 나오지 않았나가 저의 기본적인 생각이고, 4세기 이후의 고령의 대가야와 그렇게 본다면, 시기적인 충돌이 일어나지 않는다고 생각합니다.

조영제 : 네, 역시 문헌 쪽에서는 그런 대답인데, 하승철 선생님, 고고자료를 볼 때 고성의 고자국이죠, 소가야가 5세기 후엽 이후 활발한 활동을 한 것으로 오늘 발표를 하셨는데, 혹시 포상팔국 전쟁을 주도할 정도로 고자국이 3세기 말 4세기 초에 고성에 존재할 가능성이 고고학적으로 있습니까?

하승철 : 네, 역시 소가야라든지 포상팔국을 언젠가는 한 번 고고학적으로 해봐야겠다는 생각을 하게 되는데, 결국은 포상팔국, 신라, 교역권 등을 따지면, 현재로서는 고고학적인 자료들을 증거로 해서 신라, 포상팔국 등을 따지면, 대상은 역시 복천동세력을 포상팔국이 있는 소가야세력이 공격했다, 그렇다면 그 시기는 지금 현재로서는 5세기 중엽 내지는 그 언저리쯤 될 것이다는 것이 제가 볼 때는 고고학적인 해석인데, 지금 3·4세기 대는 김해라든지 함안 외에는 거의 포상팔국이라는 이야기를 결합시킬만한 자료가 없습니다. 이것이 공백기의 문제인지 아니면 자료의 부족 문제인지는 좀 더 판단을 해봐야겠지만, 지금 현재의 상황으로서는 4세기 대부터 소가야를 이야기하고 있기 때문에, 그것들을 연결시켜서 포상팔국의 어떤 동질감을 이야기할 자료는 없습니다.

조영제 : 지금 이야기를 들으시면서 느끼시겠지만, 문헌 쪽에서는 실체들이 분명한, 단순한 존재정도가 아니라 강력한 리더십을 가지고 전쟁을 할 정도의 포상팔국이 있었다고 보지만, 고고학에서는 실체 자체가 고고학적으로는 없다, 없는 실체가 어떻게 전쟁을 하는지 의문이다는 문제가 앞서 서두에 언급했듯이 문헌사와 고고학의 큰 차이라고 할 수밖에 없는데, 이창희 선생님, 늑도유적을 언급하셨는데, 혹 여기에 위치비정을 보면, 포상팔국 중에 하나인 사물국이 예외 없이 사천지역으로 비정이 되고 있는데, 이 지역에 3세기 말 이전에 사물국이 존재한 흔적을 찾을 수 있습니까?

이창희 : 네, 늑도유적에 대해서 잠깐 말씀드리겠습니다. 이성주

선생님의 질문지에도 늑도유적은 왜 형성되고, 누가 운영하였는가, 그런 질문이 있었습니다. 사실 누가 운영하고, 왜 형성되었는지 하는 문제를 제가 오랜 기간 고민해 보았는데, 아직 답을 못 구하고 있습니다. 그런데 일단 정황적으로 늑도유적이 어느 순간 갑자기 해체됩니다. 그와 동시에 야요이 후기 토기들이 줄어들고, 김해를 중심으로 한 지역에서는 왜계 청동기들이 늘어나고, 뭔가 서부 경남지역에서 김해 쪽으로 옮겨가는 그런 현상이 보입니다. 그래서 제가 6년 전에 논문에 쓴 적이 있습니다만, 늑도유적이 해체되면서 서부 경남지역은 쇠락한 것으로 보입니다. 저는 대형목곽묘 출현을 상당히 중요시하게 생각하는데, 서부 경남지역에는 그런 것이 보이지 않고, 때문에 정치체로 불릴만한 흔적들이 전혀 나타나지 않고, 그래서 당시 논문에는 문화지체현상이라는 용어까지 썼습니다. 하지만, 늑도는 포상팔국보다 앞 시기이기 때문에 고고학적으로는 그런 김해에 비해서 상당히 떨어지지 않은가 생각하는데, 그것이 서부 경남이 늑도가 해체되면서 떨어지기 때문에, 당시 늑도를 운영한 집단은 서부 경남의 어느 집단이 아니었겠는가, 여기서 이 집단은 포상팔국의 전신이 되었을지도 모르지만, 그런 정도로 생각하고 있습니다.

조영제 : 네, 역시 이창희 선생님의 생각도 문헌 쪽에서는 예외 없이 사천일대로 비정하고 있는 포상팔국 중 하나인 사물국의 존재가 애매하다고 보시고 있습니다. 홍보식 선생님, 포상팔국이 김해와 함안의 가야를 공격했다, 어제 남재우 선생님은 함안을 공격했다고 하셨고, 오늘은 세분해서 한 번은 김해, 한 번은 함안, 한 번

은 울산을 공격했는데, 문제는 김해, 함안에 있던 가야들이 너무 약해서 모두 신라가 와서 도와서 포상팔국을 패퇴시켰다고 합니다. 그런데 그렇게 되면, 3세기 말 4세기 초 신라가 김해나 함안까지 군사행동을 했을 가능성이 고고학적으로 볼 때 있습니까?

홍보식 : 현재 고고자료로서는 그렇게 확인할 수 있는 것은 없습니다. 제각 백승옥 선생님의 발표문을 들어 보니까, 포상팔국 전쟁의 결과가 없습니다. 어떤 결과를 미쳤다는 결과가 없습니다. 김해가 도약하게 되는 밑바탕이 되고, 반대로 고성이나 이쪽 지역에 어떤 고대국가가 형성되는 데 지장이 되었다, 그 정도 결론이신 것 같은데, 그것을 가지고 고고학적인 자료를 결부시켜서 얘기하기는 상당히 어렵습니다. 다만, 최근 전라남도 동부지역에서 외절구연고배라든지 파수부대부직구호라든지 하는 금관가야계 토기들이 꽤 나옵니다. 그러게 봤을 때, 그런 지역에서 금관가야 토기가 나오고, 그 다음에 아마 또 소가야 토기들이 대체되는, 약간 시차가 있을지는 모르겠습니다만, 그런 것들을 우리가 전체적으로 안목에 넣어서 해석할 필요가 있지 않은가 생각합니다. 아마 3·4세기 대에서 김해 또는 함안지역에서의 신라의 영향력이라고 하는 것은 고고자료에서는 설명하기가 어렵지 않은가 생각합니다.

조영제 : 네, 지금 가야뿐 아니라 홍보식 선생님의 말씀에 따르면, 가야보다 선진지역인 신라에도 3세기 말 4세기 초에는 기록에 나타나는 것처럼 김해나 안라에 출병해서 포상팔국 전쟁을 막아줄 정도의 고고학적인 증거는 찾기 어렵다고 합니다. 전체적으로 가야

사에 있어 현실입니다. 문헌 쪽은 아주 실체를 가지고 이야기를 하시는데, 고고학적으로 연결해 보면, 완전히 허상처럼 보이는 현상입니다. 지금 대체적으로 이형기 선생님을 제외한 나머지 고고학 쪽의 이야기를 들으셨는데, 백승충 선생님 혹시 말씀하실 것이 있으십니까?

백승충 : 네, 반론이라기보다는 대개 3세기든 4세기든 고고학적으로는 증명이 안 된다고 말씀하셨는데, 기년문제는 사실 문헌사에서도 논란이 있습니다. 신라와 가야의 관계를 이렇게 추정할 수 있는가 하는 문제도 기록의 문제로서, 신라 중심으로 후대의 관점에서 기록한 것이기 때문에, 즉 각 지역별로 일어난 사실을 신라관점에서 기록한 것이어서, 사실 큰 문제는 안 됩니다. 신라가 가야의 영향을 미쳤느냐, 거꾸로 영향을 받았느냐 문제는 기록을 어떻게 보느냐에 따라 달리 해석할 여지가 있습니다. 제가 여기서 포상팔국을 문헌의 입장에서 적극적으로 해석을 하자면, 역설적으로 뚜렷한 족적을 남기지 못할 정도로 미약한 세력이었기 때문에 여덟 나라를 합해서 언급한 것이라 봅니다. 때문에 이것을 가지고 족적을 찾겠다고 하는 것은 조금 전제자체가 문제가 있지 않은가 생각합니다.

조영제 : 윤명철 선생님, 간단하게 마지막으로 말씀해 주시기 바랍니다.

윤명철 : 해양문화의 특성 중의 하나가 불보전성입니다. 육지문화도 그렇지만 특히 해양문화는 바닷가에 근접해 있기 때문에, 유

물이 잘 보존되는 경우가 없습니다. 시간이 지나게 되면, 관동리나 반구동에서 보이는 유적들이 나타날 가능성이 있습니다. 그리고 가야사 전공자들에게 제가 제안하고 싶은 것 중의 하나는, 지중해 폴리스설을 도입하신다면, 국가형태가 달라질 수 있습니다. 도시국가 연합이 될 수도 있고, 폴리스 하면 대단한 것 같지만, 천명이 사는 곳도 폴리스고, 이천명 사는 곳도 폴리스입니다. 그런 도시국가가 리그를 만들었을 때, 우리가 잘 아는 그리스가 된 것입니다.

그리고 또 한 가지는 신라는 저도 신라는 경주가 해양도시라는 논문을 발표 했습니다만, 신라는 내륙지향적인 성격이 더 강하고, 지금 우리가 논의를 삼고 있는 가야라든지 소국들은 해양지향적인 성격이 강하기 때문에, 거기엔 거기 나름의 고유한 관리방식이 있습니다. 그리고 문화도 다릅니다. 이런 것들을 염두에 두고 한다면, 굳이 우리가 생각하고 있는 육지문화 중심으로 해서 역사발전단계, 고대국가의 성립 등 단계별로 차별화 시키는 것은 문제가 있다고 보기 때문에, 앞으로 가야사 전공자들이 이것이 해양도시, 어떤 폴리스, 삼국지 위서 왜인전에 나오는 백여 개의 소국이라든가 30여 개의 소국도 역시 폴리스라고 보는데요, 이런 폴리스적 관점에서 보게 된다면, 가야에 대해서 정말 높이 부각되지 않을까 생각됩니다.

조영제 : 고맙습니다. 오늘 가야 전체를 시야에 두고 해상활동을 살필 때, 발표를 보면 이창희 선생님은 기원전 300년부터 1세기 전후까지를 대상으로 해서 세 곳, 다원적 중심지, 그 가운데 김해지역이 포함이 됩니다만, 다원적 중심지를 상정하시면서 이야기를 해주셨고, 그 다음에 5세기 이후 소가야와 고자국과 포상팔국 연맹국

들의 활발한 활동, 대가야의 부상에 대해서는 오늘 언급이 되었습니다.

　반면에 2세기에서 4세기 사이는 오늘 발표에서는 포상팔국 전쟁으로 채워진 느낌입니다. 실은 이 시기에 김해의 가락국 활동이 주로 언급되어야 하겠죠. 물론 2005년 가야사학술대회의 주제인 가야의 해상세력을 필두로 그동안 여러 번의 학술대회에서 김해 가락국의 대외활동에 대해서 많이 천착된 덕분도 있겠지만, 그래도 오늘 김해시에서 주최하는 학술대회에서 가락국에 대한 언급이 전혀 없다는 것은 이 지역 주민들에게는 굉장히 섭섭한 일입니다만, 그래서 조금 시간을 가지고 이런 부분에 대해서 우리도 간단히 한 마디 하고, 저희에게 질문도 하는 시간을 가지려 했는데, 제가 사회의 미숙으로 시간을 다 보내버렸습니다. 그래서 그런 부분들은 차후에 별도로 가락국이 많이 언급되었지만, 시간이 지나면 또 해야될 것들이 나오게 되는데, 그 때 이야기하도록 하겠습니다. 오늘 종합토론은 여기서 마치겠습니다. 감사합니다.